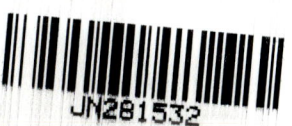

ビジネスの歴史

鈴木良隆・大東英祐・武田晴人［著］

ARMA
有斐閣アルマ
Specialized

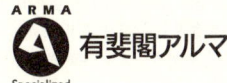

はじめに

本書は，「ビジネス・ヒストリ」（Business History）のテキストである。ビジネス・ヒストリは，日本では「経営史」という名称で定着している。しかし本書は，『経営史』というタイトルを避け，『ビジネスの歴史』というこなれない書名とした。それは本書が，これまで私たちが著してきた経営史関係のテキストとは，内容，対象，視点において，異なっているからである。

第一に，これまでのテキストは，企業内部の経営管理の手法や制度に説明の多くを費やしてきた。大量生産方式，科学的管理，多角化から，事業部制，全社的品質管理，日本的経営に至るまで，文字どおり経営の歴史を扱ってきた。「経営史」がマネジメントの歴史であるなら，それで名実ともにけっこうであろう。しかし「ビジネス・ヒストリ」というからには，もう少し広い守備範囲を持ってよいはずである。本書は，企業外部におけるモノやお金の取引のあり方，それらの盛衰の仕組み，そこでの事業機会への対応などについても説明を加えた。

第二に，これまでのテキストは，階層組織を備えた大企業を現代企業のモデルとしてきた。組織を備えた大企業は，見えざる手が調整していた市場での取引を，垂直統合を通して企業内部に取り込むことによって出現し，長期にわたって安定的な地位を維持する，という説明が行われてきた。このモデルは，アメリカの大規模な製造企業の経験に基づいているが，現代企業としての普遍性を要求している。しかし，以下のように考える根拠も十分にある。

1つには，階層組織は市場に代わる資源配分によって出現するとしても，それはアメリカのように原材料や製品（モノ），つまり垂直統合であるとは限らない。資源には，カネもヒトもある。それらに関しても市場に代わる内部化があり，そこでも組織が出現する。この点で本書は，アメリカの経験を相対化している。

2つめに，大企業だけが現代企業なのではない。世界の各地で，中小企業が繁栄を維持している。また，製造企業だけが現代企業なのではない。金融やサービスは，製造業より多くのひとを雇用し，より多額のお金を動かしている。それらにおいては，大規模な製造企業とは異なった論理が働いているようにみえる。本書は，大規模な階層組織とは異なった仕組みで動くビジネスについても，その形成や盛衰を取り上げる。

3つめに，アメリカの大規模な製造企業にも，もはや長期的安定は見られず，淘汰が進行している。大企業はなぜ強いかではなく，どういう大企業が強いかと問題設定を変えるべきである。

第三に，これまでの経営史のテキストは，そうすることがあたりまえであるかのように「国」や「産業部門」を単位に説明を行ってきた。しかし国境や産業部門は，市場や技術によって容易に越えられるものである。そして企業活動は，その市場や技術をも越える。そればかりではない。企業の当事者である経営者，従業員，株主のだれにとっても，たとえば日本的経営をどうするといったことや，アメリカの自動車産業がどうなるかといったことが問題なのではない。問題は，自分の会社がどうなるかということなのである。

たしかに過去1世紀余を見渡すと，国や産業部門を単位にビジネスを説明できるような時期や場所が見られたことは事実である。しかし反対に，そうすることがおよそ不適切な時代や場所は多い。ある時代のビジネスが，国とか産業部門ごとに扱えるような特徴を持っていたならば，なぜそうであったのか自体が問題なのである。他の時代には，同じような条件下の企業間にも，行動様式や結果の違いが生じている。そうした違いは，どういう仕組みで生じたかという点である。

本書はテキストではあるけれども，狙いを，基礎知識や通念を提供することにとどめなかった。本書の執筆者たちは，これまで教室においては標準的な内容を話すよう努めてきた。しかし通念に反する問題を設定したり，定説が事実に反することを検証したりすることも，歴史を学ぶ大切な意味と考えるようになった。ビジネス・ヒストリは，事実を扱うための歴史的な手法や，現在を過去から説明する考え方を提供することができるのである。

このテキストを書くことになってから，10年近くがたった。これほどまでに時間がたってしまったのは，執筆者各人の事情のためだけでなく，互いの考えがなかなかうまくまとまらなかったためである。この間，実質的な共著者である和田一夫教授（東京大学大学院経済学研究科）は，討論に加わり，草稿のいくつかの部分に対して貴重な意見を下さった。それにもとづいて書き改めた個所がいくつもある。また，有斐閣の伊東晋，藤田裕子の両氏は，われわれの討論に常に同席して適切なアドバイスをして下さるとともに，この10年間を忍耐強く待って下さった。特に記す次第である。

2004年8月

執筆者を代表して

鈴木 良隆

著 者 紹 介

執 筆 順●

鈴木 良隆（すずき よしたか）

執筆分担●第 **1, 2, 3, 4, 5, 9, 10, 15, 16, 17, 24, 25** 章

1944 年生まれ

一橋大学大学院商学研究科教授を経て

現在，一橋大学名誉教授，東京工業大学環境・社会理工学院特任教授

主要著作　*Japanese Management Structures, 1920-1980*, Macmillan, 1991.

『ソーシャル・エンタプライズ論』（編著）有斐閣，2014 年。 ほか

大東 英祐（だいとう えいすけ）

執筆分担●第 **6, 7, 8, 13, 14, 22, 23** 章

1940 年生まれ

東京大学大学院経済学研究科教授を経て

現在，東京大学名誉教授

主要著作　『大企業時代の到来』（共編著）岩波書店，1997 年。

Education and Training in the Development of Modern Corporation, University of Tokyo Press, 1993.（共著）ほか

武田 晴人（たけだ はるひと）

執筆分担●第 **11, 12, 18, 19, 20, 21** 章

1949 年生まれ

東京大学社会科学研究所助手，東京大学大学院経済学研究科教授を経て

現在，東京大学名誉教授

主要著作　『日本産銅業史』東京大学出版会，1987 年。

『日本経済史』有斐閣，2019 年。 ほか

目　次　Contents

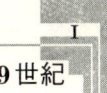

第24章 金融・サービスの復活

第25章 産業地域の再生

第I部

市場経済の発達とビジネス

19世紀

PREFACE

第I部

第I部では，19世紀ヨーロッパを舞台に，発達しつつあった市場経済を背景に形成されてきたいくつかの典型的なビジネスを扱う。本書が19世紀のヨーロッパから始まるのは，今日のビジネスを動かしている諸原理を，いち早くそこに見ることができたからである。

19世紀のヨーロッパでは，機械を導入した工場が出現し，鉄道が普及して，生産や輸送の変化が進行した。しかし19世紀のヨーロッパに出現した近代工業（機械制大工業）は，技術面では熟練を排除せず，資金調達や企業組織の面から見ても大きな変化を引き起こしはしなかった。他方で，19世紀のヨーロッパには市場経済が進展し，近代工業企業はそのなかで専門化することに自らの方向を見出していった。19世紀のヨーロッパではまた，近代工業とは異質な技術原理に立つ在来諸産業が，それまでインドや東アジアの産品が誇っていた圧倒的優位を覆しつつ確立した。さらには，大都市においては，市場経済の権化ともいうべき金融や商業の繁栄をみた。

第I部では，こうした異なったビジネスの仕組みなどを取り上げる。最後に，大西洋の彼方，北アメリカで，ヨーロッパとは異なって大量生産を目指す動きが見られたことを紹介する。第I部は，おおよそ1870年代までの時期を対象としている。

第1章 工業化と多元的発展

近代工業，在来産業，金融・サービス

紡績工場に転用されたスタフォドシャーの水車小屋
（出所） Stanley D. Chapman, *The Early Factory Masters*, Augustus M. Kelley Publishers, 1967.

　アークライトの水力紡績機は，既存の水車小屋を紡績工場へと転換した。写真のような小規模な水力紡績機工場は，ランカシャーからミッドランズにかけて，非常に数多く見られた。

1 近代工業と「規模の経済」

●工場制度の発達

近代工業の出現

「規模の経済」「集積効果」「イノベーション」といった今日のビジネスを動かす基本原理が姿を現したのは，18世紀末以降のヨーロッパの工業化においてであった。「市場経済」の仕組みが確立したのも，19世紀のヨーロッパであった。この章はイギリスについて，次章はヨーロッパ全域について，こうした原理がどのように登場したかを説明したい。

18世紀後半のヨーロッパでは，まずイギリス北西部の繊維工業で機械が使われるようになり，その機械は19世紀初頭までに蒸気機関で動かされるようになった。これが近代工業の始まりであった。1820年代までに，主だった工業都市には従来は考えられなかったような大規模な紡績工場が立ち並ぶようになった。工場は6，7階建てで，その内部には蒸気機関から動力を伝えるベルトが張りめぐらされていた。相前後して，イギリス中西部の製鉄業でも，蒸気機関による強力な送風機構とコークスが使用可能となり，大規模な溶鉱炉が出現した。新技術は，従来よりもはるかに大きな作業場を営むことを有利としたのである。

この変化は当時から「産業革命」の名でよばれた。産業革命は，機械体系の導入という技術革新によってひき起こされ，生産の規模や組織，立地の変化を伴って，それまでのビジネスのあり方を変えることになった。イギリスの北西部や中西部に出現した近代工業は，まもなく大陸ヨーロッパに伝播し，ベルギー，北フランス，スイス，ライン河沿いのドイツなど，北西ヨーロッパ各地に広まった。近代工業の普及と並行して，運河や道路の改良が進み，

表1-1　水力紡績機工場規模別推計（1786〜1803年）

資産（ポンド）	紡錘数（数）	従業員（人）	工場数
3,000以下	1,000以下	60以下	41
3,000〜4,000	1,000〜1,500	80〜100	25
4,000〜6,000	1,500〜2,500	100〜200	6
6,000〜	2,500〜	300〜	10

（出所）　*Manchester Mercury*, 1786-1803，の誌上広告に登場した工場を集計。

ほどなく鉄道建設も始まって，交易や投資の機会も大きく開かれた。

初期の工場経営

もっとも当時の事業家は，機械という新技術の可能性を理解したうえで，初めから「規模の経済」を追求したわけではなかった。潜在的可能性が大きければ大きいほど試行錯誤も多く，新技術にふさわしい生産方式に行き着くには時間を要した。それは，機械導入や工場経営に見られた次のようなプロセスからもわかる。

繊維工業に機械が導入されたのは1770年代だったが，かなりの期間，機械は水車で駆動されるか，手動のままであった。水車は何世紀も前から産業用に使われていたが，自然条件の制約を受け，不安定で規模も小さかった。水力紡績機を使った18世紀末までの大多数の工場は，製粉所など在来産業で使われていた水車小屋を転用したものだった。それは，工場建物の規模や従業員数においても，繊維工業や金属加工業で以前から見られた作業場（しばしば「マニュファクチャー」とよばれる）と比べて差はなかった。20人からせいぜい数十人を雇用するというのが，初期の工場の一般的な姿だった。

初期の工場は，織物や金属加工など旧来の産業中心地やその近郊に立地した。事業を拡張する場合，同じような小工場を増やすという方式がとられた。ピール（R. Peel）は極端な例であるが，20余の小紡績工場を各地に設立した。機械化した工場部門の拡張はほどほどにして，地域内の他事業に広く投資する事業家もいた。なかにはストラット（J. Strutt）のように大工場群を営む例も見られ，それら大工場跡はしばしば今日まで残されている。しかし18世紀中はこうした大工場は例外で，しかもほとんどは立地や技術，経営上の制約条件を克服できず，事業が軌道に乗ることは困難であった。このような一大変革期には新奇な試みも出現したが，技術，市場，管理等の合理的基盤を欠き，失敗したのである。

企業者の役割

しかし19世紀に入る頃から，それまでの典型的な小工場や例外的な大工場とは異なった新タイプの工場が出現する。水力に替わって蒸気力が動力源として導入され，他の産業目的から転用した作業場に替わって専用大工場が建てられ，工場は集まって工業都市を形成した。綿紡績業では，19世紀の最初の十数年間で，1工場当りの生産能力は以前の工場の10倍，従業員数も3倍に増大した。

この変化は，平均を大きく上回る工場を設立した事業家たちによって牽引されたものだった。マンチェスターのマコウネル＆ケネディやプレストンのホロックスは，巨大工場の経営を軌道に乗せた先駆者であった。彼らは，他に先駆けて機械体系が持つ可能性を知覚し，それにふさわしい技術，生産組織，販売経路を採用した。その行動が産業全体に及ぼした影響は大きかった。こうして機械が導入された紡績や製銑《せいせん》などでは，工場制度は圧倒的な力をもって在来の生産方法を駆逐した。この産業上の変革を推進した人たちは，「企業者」とよばれる。新生産方式の導入を始めとする革新を遂行したからである。

こうして機械体系は，生産単位の規模の経済性を決定的にした。

その規模たるや，紡績業でも製鉄業でも，以前は考えられないほど大きなものであった。もちろん工場制度以前の時代にも事業規模の拡大は見られた。その場合，各生産単位は小規模なままその数を増やしたり，他の工程を兼営したり，多角化するといった方式が一般的だった。機械以前の技術水準では，こうした方式が合理的であった。機械導入後もしばらくの間は，従来からの通念に従って従来の方式がとられた。それが初期の工場の姿であった。これに対して機械体系にふさわしく，生産を1カ所に集中して規模の拡大をはかり，機械をたえず改良·更新するという手法は，19世紀初頭以降に波及し，19世紀の技術水準や市場の限界まで推し進められることになった。

2 もうひとつの工業化

●在来型産業の繁栄

存続する在来産業

機械化した近代工業は，技術と生産方式において優れたものでありながら，当時の主だった産業すべてに普及したわけではなかった。機械の導入は19世紀を通して，ヨーロッパのどこにおいても，一部の素材産業，すなわち繊維工業と製鉄業にかぎられていた。

その繊維工業でさえ，近代工業の名にふさわしかったのは紡績部門だけで，他の工程では手作業と中小仕事場による旧来の生産方式が長く続いた。製鉄業でも，大規模な設備は高炉，すなわち製銑工程に限られていた。機械製作業では，機械体系は見られなかった。どの産業においても，最終製品や加工・組立工程では，機械も工場制度も出現しなかった。しかしそうした分野においても，この時期に産業の著しい拡張や繁栄が見られた。これを「在来型の発展」とよぶとすると，そこにはいくつかのタイプを見ることができる。

近代工業下の家内工業

第一のタイプは，機械が導入された産業の機械化されない工程，すなわち繊維工業の織物やメリヤス編み，製鉄業の圧延や金属加工など，川下工程に見られた。そこでは川上の紡績や製銑が機械化によって発展を遂げると，それに対応するように，川下工程は小作業場や家内工業によって拡大をみせた。綿工業では，大規模な紡績工場がマンチェスターとその近隣都市に立地したのに対して，織物業は同じランカシャーの北部一帯に，またメリヤス編みはノッティンガムシャー西部に分布した。羊毛工業でも，織布はヨークシャー西部に，メリヤス編みはレスタシャー北部に集まり，それぞれ隣接する綿織物や綿編物とともに，織機や編機のかつてないほどの集積をもたらした。バーミンガムとその周辺の金属加工業や機械製作業も同様であった。

これらの産業分野は機械化が遅れ，低熟練と低工賃によって存続したといわれてきた。事実そのとおりであった。しかしそれだけならば，従来どおり各地に分散したままでもおかしくはない。なぜ19世紀前半に，これらの部門は在来の技術や方式によりながら，それぞれ特定の地域に集中したのだろうか。それはより広い市場経済のなかで，ビジネスとしてやっていかなければならなかったからである。地域的集中によって，活発な競争と，出荷や材料供給における経済性がもたらされたことは想像に難くない。

それにとどまらず，各産地は製品差別化や多様化を進め，個々の経営体は専門化し，市況に応じて製品を転換させていった。バーミンガムでは，1830年代までに金属加工や機械製作の業種は120に達し，その製品は18世紀末と比べると高度で差別化された構成を持つようになった。ランカシャー北部の織物業でも，変り織りや縞《しま》物など高級綿布を手がける地域が現れた。メリヤス編みにおいても，レースのような新製品が生み出された。

在来産業の繁栄

第二のタイプは，機械化した近代工業とは関連のない産業に見られた。醸造，陶磁器，ガラス，印刷，精密機器，家具などがその例である。これらの産業は，機械化した近代工業へとは向かわず，また第一のタイプと違って近代工業との関係もなかったが，時期を同じくして目ざましい発展を見た。いずれも在来の技術と，従来からの中小作業場のまま，地域的集積を伴いつつ発展を遂げた。

製陶業はその一例である。この産業は18世紀半ばまでは，大都市をはじめ各地で営まれ，粗質陶器や炻器《せっき》を主な製品としていた。18世紀半ば以降，これらに代わって上質陶器が主流となり，立地においてもスタフォドシャー北部への集中が始まった。スタフォドシャー北部の就業者は，1760年に1400人で全体の4割を占めたが，1800年までに8000人，8割近くに達した。上質陶器部門は，同じ期間に全体の3分の1から9割に増大した。ストーク周辺はその一大中心をなした。製陶所の規模は，1800年には平均30人余で，その後も拡大はなかった。ウェジウッド（J. Wedgwood）のように200人を雇用する製陶所も出現したが，大規模な製陶所は中小製陶所を駆逐せず，中小製陶所もその数を著しく増加させた。

製陶業では，紡績業や製鉄業と同時期に蒸気機関が導入された。しかしそれは，紡績業や製鉄業と違って基幹工程の量産化には結びつかなかった。むしろ陶石の破砕や製土に用いられ，材料を均質かつ繊細にすることによって素地の質や歩留まりの向上をもたらした。上質陶器部門への転換にさいして，ろくろ，型，窯《かま》の温度調節など，新技法が考案された。

こうして製陶業は，機械と工場制度によらずに発展を遂げたが，その秘密は地域集積にあった。ストーク周辺には同業者が集まっ

表1-2　製陶業の分布（製陶所数，就業者数）

（単位：数，人）

代表的産地	1760年		1780年		1800年	
	製陶所	就業者	製陶所	就業者	製陶所	就業者
リヴァプール	62	937	70	958	84	1,665
ウースター，ダービー	32	269	36	414	46	606
ブリストル	38	287	35	230	29	196
ボー，チェルシー	39	577	35	339	54	384
ストーク・オン・トレント	60	1,400	77	3,758	116	8,045

（出所）L. Weatherill, *The Growth of the Pottery Industry in England, 1660-1815*, Garland，1986, より作成。

て，互いの競争が喚起され，また，新技法や改良が容易に伝えられて，模倣がさかんに行われた。最新のデザインや，首都や海外市場の嗜好の変化も伝わりやすかった。製土，ろくろ製作，型，図案，デザインなどの関連産業には専門的な業者が参入し，多様な必要に対応した。ウェジウッドをはじめとするブランドは，こうした地域集積のなかから生まれ出てきた。地域集積もまた，一種の規模の経済である。しかしそれは機械化した近代工業と異なって内部経済ではなく，したがって個々の構成員が意識的に追求した規模の経済ではない。それぞれの構成主体が，規模と範囲の外部経済効果を享受しつつ，その地域全体が繁栄するという仕組みであった。

19世紀当初，機械化した近代工業とこの在来的発展とは，産業や工程によって，いわば棲み分けをしていた。しかし19世紀半ば以降になると，同一産業，同一工程において，異なった技術・組織原理に立った両方の仕組みが見られるようになる。

3 金融と商業における新たな機会

金融センターの出現

為替，保険，海運，商品取引，金融などは，工業化以前の時期からヨーロッパ各地で発達を遂げていたが，工業部門が著しく拡充した19世紀初頭にも独自の発展を続けた。19世紀前半には，ロンドンの「シティ」とよばれる区域が一大センターとなった。

18世紀を通して，外国為替や政府貸付けなど国際金融の中心は，アムステルダムにあった。アムステルダムは，国際商業によって蓄積した資本と貿易金融や外国為替における専門的能力とを，金融取引に振り向けるようになっていた。一方，ロンドンは18世紀初めに，国際商業の最大の中心となり，穀物をはじめとする農産物や毛織物などの商品取引所が発達した。ロンドン港を本拠とする貿易商人や海運業者が出現し，エルサレムという名のコーヒーハウスを拠点に傭船取引が行われた。取引所を舞台に売手と買手を結びつけるブローカーも登場し，国債も扱われるようになって，証券取引を専門にするブローカーが現れた。振替や貸付業務を行う銀行や，大陸から渡ってきて貿易金融を手がける商人も現れた。1773年には手形交換所が出現した。ロイズの名で知られる独特な保険の仕組みも確立し，会員制度や共通協約ができ，他方，会社組織の火災保険も出現した。

こうしてロンドンは18世紀末から19世紀初頭に，国際金融・サービスの中心となった。ヨーロッパ大陸各地の金融業者は，活動拠点をロンドンに設け，しだいにそこを彼らの国際的活動の本拠とした。シティには各種取引所が設立され，19世紀の初めには取引に従事する業者の専門化が始まった。シティのロンバード街を本拠とする手形仲買業者や手形割引業者は，19世紀初めに地歩を確立した。手形割引業者の役割は，国の内外からロンドン宛に振り出される為替手形を割り引いて，金融を円滑化することにあった。農業地帯の余裕資金が運用を求めてロンドンに集まり，それが手形割引業者に短期で貸し付けられた。

マーチャント・バンクの機能

マーチャント・バンクとよばれるシティの主役は，19世紀初頭から，金融業務を中心とする引受商社として専門的機能を強めていった。引受商社とは，外国の商業中心地の商人向けに出荷を行う製造業者に対して，手形の質を選別し，信用を提供した商社である。信用を博したマーチャント・バンクが手形引受によって支払いを保証すると，手形の信用度が高まり，低利の手形割引が行われて，金融上の便宜が与えられた。

同じ頃，外国に居住する商人が，イギリス製造業者のために委託販売を行う代理商として専門化し，それまでの輸出商人にとって代わった。イギリス各地の工業化も，ロンドンに新機会を提供することになった。イギリスの工業製品は大陸ヨーロッパや北米に輸出されたが，そのさい，ロンドンの商社宛の手形を振り出す製造業者は多かった。マコウネル&ケネディは，大陸ヨーロッパからの綿糸の注文に対してロンドンの有力商社の保証を求めた。北米輸出においても，繊維製品はロンドン宛手形で支払われる慣行が見られた。ウェジウッドの大陸ヨーロッパにおける取引先も，手形の引受先としてロンドンの有力な商会を指名することが多かった。綿花などの原材料がリヴァプールに輸入されるさいにも，ロンドン宛手形による金融がなされた。

引受商社は，貿易業務と密接な関係を持ち，自らも貿易業務に従事することが多かった。ベアリング（Baring Brothers）はその代表であり，もとはオランダ出身のイギリス商人であった。イギリス商人の多くは，北米貿易などに伴う手形引受業務に進出したが，19世紀を通して貿易業務とのつながりを断たなかった。

一方，18世紀末からの対仏戦争は，政府資金需要という新機会を生み出し，公債請負業務を発展させた。このなかから発行商社とよばれるもうひとつのタイプのマーチャント・バンクが出てきた。国債売買業者の数は，19世紀初頭には数百人を超えたとされる。ロスチャイルド，ボイト，ゴールドシュミットなど大陸系の業者は，シティの発行商社の中核をなした。彼らは土地所有者たちの資金を集め，金融業務に専念していった。また大陸ヨーロッパ各地の拠点を用いて，イギリス軍戦費の送金も行った。発行商社は，海外の起債について債務履行能力を探り，発行証券の販路を調査できるようになった。

シティ繁栄の仕組み

ロンドンが金融とサービスにおいて競争優位を確立した仕組みは，製造業の産業集積と似ていた。ここには種々の業者が，1キロ半四方ほどの狭い地域，いわゆるシティにひしめき合っていた。マーチャント・バンクとよばれる金融業者をはじめ，保険引受けにおけるロイズ，会社形態の海上・火災保険業者，生命保険会社，海運業者，委託代理商社，証券取引所とそこを舞台に活動するジョバーやブローカー，手形割引業者など，多種多様であった。

個々の業者は，いずれも規模は大きくはなく，盛衰も少なくなかった。いずれも金融や関連した各種サービスのどれかに特化する一方で，互いに他の業者に依存して集積効果を享受した。多くの企業は家族を単位にし，人種や宗教，出身地に傾向が見られたが，個人を基盤とする信頼関係はコミュニティを作っていた。規模と範囲の外部経済効果が，ロンドンの優位の基礎にあった。相互の取引関係は，19世紀イギリスの産業集積と似て，市場メカニズムのうえに成り立っていた。

ロンドンが国際金融センターとしての地位を確立した背景には，制度上の条件も働いていた。第一は，事実上の金本位制が敷かれていた点であり，それは債権・債務関係の安定に重要な役割を果たした。中央銀行の存在や，18世紀中に強化された所有権も，同様な意義をもった。第二は，ロンドンの持つ自由であって，有力な外国業者の参入を容易にした。ナポレオン戦争前後の時期には，大陸ヨーロッパから金融業者が相次いで移住した。規制からの自由はまた，国際的要請に速やかに対応し，考案した諸手法をすぐ実行することを可能とした。第三は，国債によるイギリス政府借入れが急速に拡大したことであった。国債は，それ以前のオランダ商人による貸付けに代わって，ロンドン証券取引所の機能を高めた。

規模の拡大は，より効率的な市場をつくり上げ，顧客をそこに集めることになった。資金のコストも低くなった。いったん取引の拠点が定着すると，それを新たなところに動かすのは困難となった。信頼できる他企業との関係，評判，顧客，熟達した従業員などを，新たな場所で得ることは難しかった。こうして19世紀の初頭には，金融・サービスにおいては「疑う余地のない信用」をシティにおいて証明されることが重要な要件となり，19世紀半ばには格付けも行われるようになった。

参考文献 REFERENCE

大河内暁男『産業革命期経営史研究』岩波書店，1978年。

鈴木良隆『経営史――イギリス産業革命と企業者活動』同文舘出版，1982年。

P. ハドソン（大倉正雄訳）『産業革命』未來社，1999年。

第2章　市場経済とビジネスの発展方向

専門化・産業地域・競争

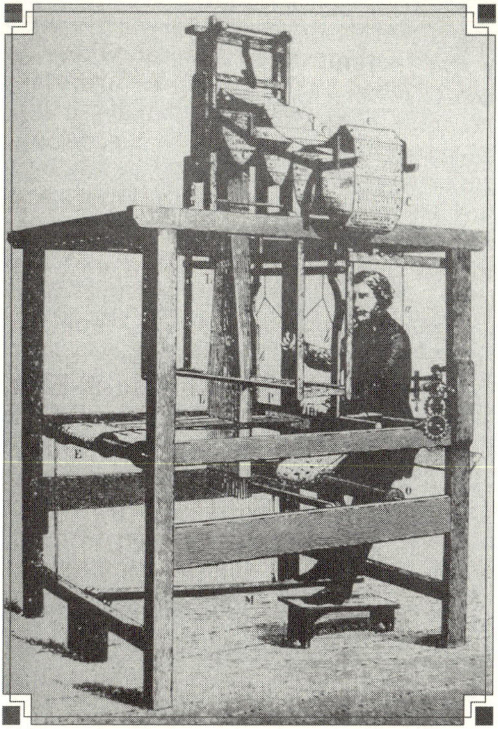

ジャカール機

（出所） *The New Encyclopaedia Britannica*, Vol. 6, 15th ed., Encyclopaedia Britannica, p. 467.

ジャカール機（ジャカード機）は，J. M. ジャカールが19世紀はじめに考案した織機である。穴をあけた型紙を取り付けてたて糸を操作し，複雑な模様を自在に織ることを可能にした。模様は，個人の嗜好や流行にあわせ，型紙を取り替えることによって，容易に変えることができるようになった。

1 大陸ヨーロッパの産業発展

ヨーロッパの工業化

19世紀初めにイギリス各地で見られたような産業発展が，19世紀を通してヨーロッパ全域で，より大がかりに進行した。ヨーロッパの各地域には，それぞれ適した産業が集まって専門化が進み，各産業はヨーロッパ的規模で相互に依存しあう方向へと展開した。その結果，19世紀後半には全ヨーロッパ的な規模で，機械化した近代工業，在来産業，金融・サービスセンターがそれぞれ発達した。

大陸ヨーロッパの産業や企業の発展については，従来，先進地域であるイギリスとの工業化のタイミングや前提条件の差異から，国ごとの相違が強調されてきた。しかし19世紀を通して進行したのは，そうした差異を自らに適した条件として利用しつつ，ヨーロッパ各地が相互依存性を強め，ひとまとまりの経済圏をつくっていく過程であった。

近代工業は，イギリスから対岸のベルギーに伝わり，そこを起点として大陸ヨーロッパの北西部に波及していった。イギリスで近代工業が起こったとき，大陸ヨーロッパの産業もイギリスに近い技術水準に達していた。イギリス製の綿糸や鉄は，1815年以降，大陸ヨーロッパに輸出されたが，大陸ヨーロッパの工業はイギリスの影響によって壊滅するどころか，イギリスから新技術を導入したり，在来産業として対応したりすることができた。イギリス製の綿糸が大陸に輸出されると，アルザスでは捺染《なっせん》やキャラコ織りが，ザクセンではメリヤス編みが発達し，イギリスの織物業やメリヤス編み業のライバルとなった。イギリス製の鉄は，大陸の鉄道建設を推し進め，ヨーロッパ市場の一体化を加速させることになった。

国境を越える技術

フランスやプロシャは，イギリスに使節を送って新技術の吸収に努めた。また多くの職人がイギリスから大陸ヨーロッパに渡って，繊維，製鉄，機械，鉄道の新技術を伝えた。ベルギーに渡ったコックリル（W. Cockerill）は，セランにおいて製鉄をはじめとする近代工業を興し，そこを起点として大陸ヨーロッパに近代工業を普及させた。フランスにも多くのイギリス人技術者が移住して繊維，製鉄，機械，金属加工の技術を伝え，綿紡績業や毛織物業の発達に寄与した。ホーカー（J. Holker）やケイ（J. Kay）は早い時期に大陸に渡ったが，19世紀が進むと多数の技術者や職人が北フランスやパリ近郊に移って事業を始めた。その数は1万5000人ともされている。ロンドンのシティに大陸系の名前を持つ金融業者が多くいたように，北フランスにはイギリス系の名前を持つ製造業者が多く見られた。

大陸ヨーロッパには，ほどなくイギリスよりも安価な製品を供給できる分野が出てきた。後発工業化地域では，イギリスと同じ先進技術を導入でき，低賃金による生産が可能であった。

大陸ヨーロッパの北西部はイギリス産業に追いつくと，大陸市場からイギリス製の低価格品を駆逐し，逆にそれらをイギリスに輸出するようになった。アルザスの繊維工業は1830年代には紡績部門を発達させ，ラインでは1840年代に紡績部門が急速な発展をみた。製鉄業も，1850年代にはロレーヌやフランス中央高地に，1860年代にはザールやルールに発展し，イギリス製品を駆逐しつつ，輸出を行うほどになった。

国境を越える市場

大陸ヨーロッパで工業化が進むと，各地域はそれぞれの資源特性や生産費からみて有利な分野に特化し，ヨーロッパ全域での広範な市場関係が発達した。19世紀が進むとともに，地域間の相互依存は深まったが，それとともに分業構成も絶えず高度化していった。すなわち，イギリス製綿糸は大陸に綿織物業を発達させたが，大陸でも綿糸が生産されるようになると，イギリスから大陸には機械が輸出された。毛織物工業では，大陸の業者は粗質品を生産してイギリス向けに輸出し，イギリスの業者は高級品を大陸向けに輸出した。イギリスの毛織物業者は，高級品においても大陸に追いつかれると，輸出先をヨーロッパ以外に転じた。他方，イギリスから大陸に対しては，工業製品に代わって，鉄道建設，技術，資本輸出にたずさわる業者が深い関係を持つことになった。大陸の先進地域からは後進地域に製品の輸出が行われ，後進地域で工業化が始まると，大陸の先進地域は機械や技術を伝えた。こうしてイギリスの技術を導入したベルギーは，間もなくプロシャに対して蒸気機関や鉄道のレールを輸出し，後には工場設立を推進した。

こうした産業構成の高度化は，ヨーロッパ内の貿易パターンの推移から観察できる。19世紀前半には，先に工業化を達成したイギリスから製品が輸出された。貿易もイギリスと大陸の間に発達した。1830～50年のイギリスからの輸出の半分は大陸ヨーロッパ向けで，輸出品目の中心は近代工業と在来産業とを問わず，工業製品であった。イギリスの輸入のうち，3分の1は大陸ヨーロッパからであったが，その大半は原材料や穀物であった。

1850年以降になると，北西ヨーロッパの各地で近代工業が急激に発展し，その結果，イギリスから大陸ヨーロッパへの工業製品輸出の割合は低下した。フランスやベルギーが，先の時期にイギリスが果たした役割を演じるようになった。フランスからは地中海諸地域に工業製品が輸出され，次いで地中海地域で工業化が始まった。ドイツ西部も東ヨーロッパに対して同じような役割を果たした。ヨーロッパ各地は，鉄鋼石，石炭，加工技術，労働力といった資源特性に応じた分業関係を形成した。イギリスはヨーロッパ以外に販路を求める半面，最強の海運を利用し，世界各地からの原材料や食料を大陸ヨーロッパの産業地域に供給した。工業化が中欧からその先に及ぶと，大陸ヨーロッパ北西部の産業地域が技術と資本を供給し，イギリスはヨーロッパ以外に市場と投資先を求めるようになった。

2 近代工業における専門化

市場経済と専門化

19世紀のヨーロッパでは，近代工業は専門化の途をたどった。19世紀初頭，イギリスの先進企業が規模の経済性によって発展を始めたとき，特定部門に専門化することが有利であった。すなわち各工場は製品系列を絞り，機械化の利点が大きい部門や工程に専門化した。

しかし機械化した産業部門は，そのまま「大量生産体制」へとは向かわなかった。19世紀のヨーロッパ企業は，生産面からみても「連続処理」とか「流れ作業」といった方式はとらなかったし，製品や市場の点でも大衆向け量産品ではなかった。第4章で見るように，熟練を排除したり標準化を可能にしたりするような生産技術でもなかった。量産向製品を供給する企業も出現したが，それらは，産業全体がフルラインの製品を供給するなかで，低級品に特化した企業であった。当時の大規模な工場を見ると，最初から高級品に特化し，しかも，一部の生産工程のみを営む高度な専門企業が目立っていた。こうして19世紀半ばになると，最先進地域のイギリスでは企業や工場の拡大は一段落したが，専門化だけはさらに徹底的に推し進められた。この傾向は，産業の先進地域でより顕著であり，さらに大企業のほうが顕著であり，また時期が下るにつれていっそう強まっていった。

19世紀半ばのイギリス綿業では，紡績企業はランカシャー南部に，織布企業はランカシャー北部に立地し，地域別の専業化が進んだ。

すなわち19世紀半ば過ぎまでに，紡績生産能力の8割がランカシャー南部の諸都市に，織機の6割がランカシャー北部地域に集まった。各地域内ではさらに高度な分業が進行し，町ごと，工場ごとに，工程別専門化や製品の特化が見られた。紡織一貫経営は，太糸・厚手製品に限られ，その割合は減少していった。マンチェスターやボウルトンの工場は細糸生産に特化し，オウルダムでは太糸に特化した。織布も，ネルソンは薄手織りに，ブラックバーンは厚地織りにというように，地域的な特化を見た。コウンのように縞織物に特化する町も出現した。

こうした特化傾向は工場レベルにまで及び，各工場は多少の調整幅を持ちながら2，3の番手の糸や，特定種類の織物に特化した。こうして各企業は，機能別，業種別，工程別，製品別の徹底的な専門化を遂げ，他方，繊維工業地帯全体としては多様な製品を供給する体制が出現した。隣接するヨークシャーの毛織物工業でも，薄手の梳毛《そもう》織物はブラドフォードに，紡毛織物はリーズに，ブランケットはデューズベリに，というように製品ごとの地域別専門化が進行した。

市場取引の仕組み

先進地域のイギリス企業は，高度な分業と市場メカニズムを競争基盤としつつ，専門化を遂げた。これは大陸ヨーロッパの工業化が進むとともに，ますます顕著になった。専門化した諸単位を結びつけたのは，発達した市場組織であった。綿業では，原料綿花がリヴァプールに入荷すると，輸入商は販売仲買人を通して売りに出した。紡績業者は買付仲買人を通し，低率の手数料で買い付けた。こうして仲

図**2-1**　19世紀の流通組織（イギリス綿業）

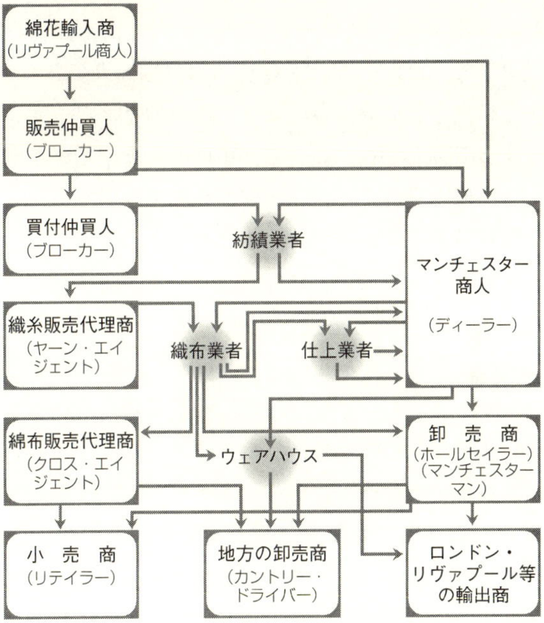

買人どうしの取引が行われた。できあがった綿糸は，マンチェスターの取引所を舞台に専門的な糸商が取引を仲介したり，紡績会社の代理商が売込みを図ったりした。ランカシャー北部に展開した織布業は，取引所を介して紡績企業から購入した。織布業者が綿布を完成すると，専門的な綿布代理商や，マンチェスターやロンドンの卸売商人が製品を国内向けに販売した（図**2-1**）。

国外市場向けには，それとは別に専門的な輸出商が出現した。マンチェスターには，ドイツやスペインなど大陸の外国商人が住みつき，母国市場への販売に専念していた。すなわち織布業者から委託販売で製品を買い付けて海外で競売に出し，代金から手数料を引いて織布業者に支払った。同様なことは毛織物業でも見られた。1840年にブラドフォードには，40人の梳毛商が毛織物の輸出に従事していたが，そのうち15人は外国商人であった。

このように生産と流通の各段階は，専門的なブローカーやディーラーによって仲介され，こうした中間商人を核とする市場組織が発達した。取引所は，サンプル取引や先物取引を生み出し，取引技術を発達させた。輸出商や輸入商までも，原料や製品の品目ごとに，また取引先市場ごとに専門化し，専門商社として発達していった。

競争と専門化

大陸ヨーロッパの北西部は，繊維や製鉄などにおいてイギリスに追いつくと，大陸市場からイギリス製の低価格品を駆逐し，逆にそれらをイギリスに輸出するまでになった。それは，イギリスに見られた高度な分業関係を，より広い範囲で実現する局面にほかならなかった。そしてイギリスの産業は高級品の生産へと向かった。

19世紀の企業が規模の経済性を追求する過程では，いったんは特定の産業部門や工程に専門化することが必要であった。しかし工場が，技術や市場によって制約される適正な規模に達すると，その先の選択は多様でありえた。19世紀の最先進地域を見ると，18世紀までの企業発展とは異なって，ますます専門化する方向に進んだ。その半面，企業や工場の規模の拡大は止まった。19世紀の初頭には各企業における「規模の経済」と「専門化」とが相互に媒介しあいながら進行したが，19世紀の後半には，このうち専門化のみが追求されるようになった。先進地域は，分業と市場メカニズムに競争上の優位を依存したが，この原理は，後発地域が工業化されると後発地域をも巻き込み，より広範囲な分業関係を作り出すことになった。先進地域の優位は，繊維や製鉄といった素材産業では，しだいに低級品から突き崩されていった。先進地域は，高級品に差別化したり，発達した社会的分業の利益を享受できる造船業のような組立機械産業に特化するなどしていった。

3 在来産業地域

在来産業地域

19世紀のヨーロッパにおいて近代工業が普及したのは，地域的にはイギリスと大陸北西部であり，産業部門から見ても紡績や製鉄など素材産業の一部に限られていた。その他の地域，とりわけ中欧，南ドイツからスイスにかけて，南フランスや北イタリア，さらに大都市とその近郊では，在来型の産業発展が見られた。すなわち手工業的な技術と中小規模の作業場が存続した。また最終加工部門では，消費財と生産財とを問わず，大規模な工場も機械体系も出現しなかった。在来の産業のなかには，リヨンの絹物業，ゾーリンゲンの刃物産業，ジュラの時計産業，南ドイツの機械工業といった著名なものも見られた。パリやベルリンでも機械や服飾などで在来型の産業が発展し，イギリスでも刃物，機械，印刷，醸造などいくつかの主要産業で在来型の発展が見られた。プラハのガラス，デルフトの陶器，北イタリアの絹織物やリボンなど，クラフト的技術に基づく産地も繁栄を続けた。

機械化した近代工業に進むか，在来的な産業発展を続けるかは，19世紀前半には産業や工程による違いが大きかった。しかし，しだいに同一産業，同一工程でも，この両者が見られるようになった。絹織物業では，力織機を導入して近代工業に進む場合と，ジャカール織機によって在来的な発展を続ける場合とが見られた。

製鉄業の圧延工程でも，南部ウェールズのような鉄道レール用の鉄と，西部ミッドランズの車両用部品の鉄とでは，生産の仕組みに違いが生じた。

ある地域の在来産業は，19世紀の進行とともに同業の他地域より有力となった。ゾーリンゲンの刃物はシェフィールドのそれを，ザクセンのメリヤス編みはイギリス東部ミッドランズのそれを，ジュラ（スイス西部）の時計はロンドンのそれを駆逐した。こうしてヨーロッパ的規模において，在来産業地域間の競争が出現した。19世紀における優位の帰趨は，どのような要因によるものであったのか。そこには先に見た集積効果——地域内部での競争，原材料調達や販売，ブランドにおける規模の経済，新技法や新知識の容易な普及——だけではつくせない要因が見られた。

嗜好の変化への対応と革新

第一に，有力な産地は地域外の広範な市場に向けて，多岐にわたる製品を供給した。それらの産地は新市場を開拓するために，変化する嗜好《しこう》に対応し，また嗜好をつくりだしながら，製品の質や種類を変えていった。スタフォドシャー北部の製陶業では，軟質なデルフト陶器に代わって質のよいクリームウェアをつくりだし，さらに磁器により似たボーンチャイナに転換することによって市場を拡大した。それとともに従来のティー・セットにとどまらず，ディナー・セットを考案して，陶器の新用途を創り出した。それは貴族・上流階級から始まり，大都市の中産階級の嗜好を変え，市場を拡大していった。デザインでは，消費者の嗜好に合わせ，旧来のロココ・シノワズリが有利とあれば，あえて新古典様式への転換を急がなかった。しかし19世紀が進むにつれて，消費者の嗜好に合わせてヨーロッパ風のデザインへと転換していった。こうした嗜好と一体化する能力は，スタフォードシャーがデルフトの製陶業にはるかに優るものであった。このように地域外市場との密接な関係いかんが，競争力の大きな要因となった。

第二に，大量生産とは異質の技術において，持続的な技術革新が行われた。それは市場の成熟に応じて，製品，デザイン，材料などを容易に転換していくことができる，柔軟な技術であった。ジャカール織機は，こうした意味で最も優れていた。この織機はリヨンの絹織物業者によって開発されたが，これによってリヨンの絹織物業者は，ロンドンのスピタルフィールズや北イタリアの絹織物業者との競争のなかで，高級品市場における優位を確立した。この原理は，パターンにしたがって穴をあけたカードを，コントロール・メカニズムとして使うものであった。カードは，一定の順序で織機を回転させ，縦糸を上下させて，複雑な錦模様の布を織ることを可能にした。流行に合わせて模様を変えることも，カードを取り換えることによって可能であった。この考案は，流行の変化が速く，1回の生産量が少ないこの種の製品においては，きわめて有効な技術であった。これによって錦模様は，熟練に頼らなくてもよくなった。ジャカール織機は，大量生産によらずに大幅なコスト削減を実現した。このプログラミングの原理はリボン織機にも応用され，リボンに多様な刺繍《ししゅう》を行うことを可能とし，バーゼルや北イタリア地域における競争力の基盤となった。汎用機械を使いつつ，標準化をせずに，専門化をはかることが技術革新の特徴であった。

市場経済における在来産業

第三に，地域内の企業相互の協力関係を維持し，中小の企業でも，革新にも不況にも一企業を越えて対応できるような組織や制度が必要であった。町や同業者団体が，職業訓練学校を設立し，熟練工を養成したり，デザインを勉強させたりする試みは，この種の産地では各所に見られるようになった。町や同業者団体の技術研究施設が置かれて，新たな技術や材料の普及が図られる例も多かった。同業者団体は製品検査を行って，その地方の製品の品質を保証した。さらにすすんで地方自治体が，加工賃や労働条件を定め，不況時の雇用確保や過当競争の回避に乗り出した例もあった。地方的な信用機関が設置され，資金の供給がはかられた例も見られた。サン・テティエンヌは，これらほとんどすべてを備えていた。こうして不況期には仕事をシェアし，また流行見込みや受注の当りはずれには，近隣の同業者相互で下請けによって仕事を融通しあい，その地において職にとどまることが可能となった。この点，19世紀前半にイギリスに出現した産業地域が，基本的に市場メカニズムを基盤としていたのとは大きく異なっていた。

在来産業の競争基盤は，柔軟な分業構造を作ることができる点にあった。需要の変化，景気の動向に合わせて製品を転換し，広い範囲の熟練を利用して職種を転換し，地域全体で資源を転用して対応することが可能であった。この前提には，各自が幅の広い熟練を持ち，互いに同業者の能力や資質について熟知し，協調的な行動が容易であることが条件であった。自治体は，失業保険をまかなって地域内で職にとどまれる制度を設けた。地域的な参入規制やカルテルが，品質の維持，工賃切下げの抑止，価格切下げの阻止といった面で有効に機能した。職種間の分業関係が硬直的になり，こうした柔軟な転換が不可能な場合には，その地域の在来産業は競争力を失うことになった。シェフィールドの刃物工業は，そうした例と考えられる。

参考文献　REFERENCE

中川敬一郎『イギリス経営史』東京大学出版会，1986年。
S. ポラード（鈴木良隆・春見濤子訳）『ヨーロッパの選択』有斐閣，1990年。
渡辺尚『ラインの産業革命』東洋経済新報社，1987年。

第3章 19世紀の金融・サービス

株式会社の登場と金融

シティの光景

（出所） G. R. Sims, *Living London*, Cassell, 1902.

19世紀末のシティの中心部ともいえるロンドン証券取引所前。

1 金融・商業中心地の機能

金融センターの機能

19世紀のヨーロッパには，ロンドンをはじめとしていくつもの金融・商業中心地が発達し，証券の発行や売買，手形割引，国際投資，保険，商品取引，海運などを通じて巨額の資金を動かしていた。それらは相互に絡み合って複雑な取引関係をつくった。ロンドンは金融・商業中心地から金融センターへと変化していった。金融・商業中心地の盛衰の仕組みはどのようなものだったのだろうか。また，それはヨーロッパ各地の産業発展とどのような関係を持ったのだろうか。

ロンドンのシティをはじめ19世紀の金融中心地は，近代工業にであれ在来産業にであれ，近隣の産業に投資することは少なかった。たしかにシティの金融業者は，一方で農業地方の銀行から余剰資金を受け入れ，他方で産業地域の銀行のために手形割引を行うことによって地方銀行を相互に結びつけ，産業に必要な運転資金の供給に貢献した。工業製品の輸出に必要な外国為替業務も行った。しかしロンドンに集まる資金の大半は，しだいに産業外に振り向けられ，国境を越えて移動していった。大陸ヨーロッパに対しても，シティは，鉄道投資，海外からの原料等の再輸出，輸送，為替，保険業務などを行ったが，産業投資はしなかった。フランス，ドイツなど大陸ヨーロッパの銀行は，産業投資を目的に設立されたものが多かったが，ほどなく国内の資金需要を満たし，国外投資に向かった。

19世紀の金融中心地は，投資機会の変化に速やかに対応し，ほぼ10年周期で訪れた恐慌ごとに投資先や業務を転換していった。19世紀初頭までは，諸国の公債が代表的な国際金融商品であった。19世紀前半には，大陸の工業化地域への投資が主流となったが，ここでは鉄道など公共部門への投資が顕著であった。資金は，イギリスから大陸ヨーロッパの北西部へ，そこから中欧や東欧，南欧へと移動した。続いて後発国の公債が登場した。ヨーロッパ周辺をはじめアジアや南北アメリカにおける鉄道などインフラストラクチャーの整備や，軍備に必要な資金はロンドンで調達された。資金は，スペイン，トルコ，ロシア，さらにはアフリカ各地や東南アジアへと移動した。ここでは，ヨーロッパへの原料供給目的の投資も顕著であった。

初期の投資業務

19世紀のロンドンは，大陸ヨーロッパの商業中心地から金融業者を集め，国際金融センターをつくった。アムステルダム，フランクフルトなどドイツの都市，バーゼルなどから来た金融業者は，資産家から資金を託されそれを運用した。これらの金融業者はいずれも個人銀行で，ユダヤ人やギリシャ人，宗教的少数派も多かった。主な業務は，各国の政府や王室に対する融資，また輸出入に伴う為替手形の決済だった。ナポレオン戦争のさいには，ロスチャイルドは大陸に駐留する英国軍のための送金業務を行ったり，戦費を必要とする各国政府に貸付けをしたりした。

19世紀初頭までにこうした個人銀行は本拠をロンドンに移し，まずイギリス政府債へ，次いで大陸ヨーロッパ各地の公債や鉄道証券などへと投資先を移していった。パリにもオート・バンクとよばれる個人銀行が拠点を構えるようになった。個人銀行は，自らの資金では足りず，資産家に資金源を求めた。資産家のなかには，大規模な商人や，18世紀以来の農業改良によって地代収入を増やしたイギリスや大陸ヨーロッパ北西部の土地所有者が見られた。

図 3-1　19世紀後半ヨーロッパの鉄道網

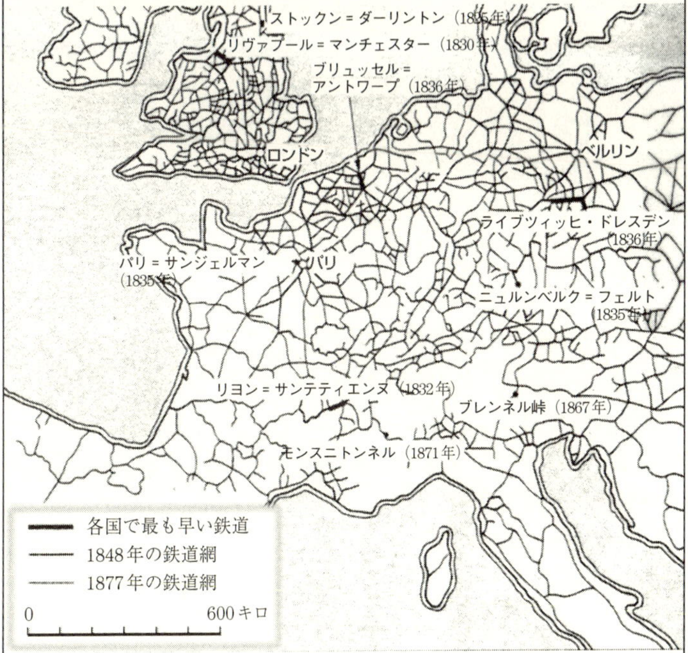

（出所）　S.ポラード著（鈴木・春見訳）『ヨーロッパの選択』有斐閣，57ページ。

投資先の変遷

1840年以降，大陸ヨーロッパでは鉄道が急速に普及した。フランスやベルギーの鉄道建設資金はシティで調達された。鉄道はまた，大衆資金を本格的に動員し，土地所有者や資産家に加えてより広範な層から資金を集めた。鉄道は株式会社であったが，ロンドンで調達された国外向けの鉄道建設資金は債券が多かった。やがてパリもロンドンと似た役割を担い始めた。19世紀半ばには，フランスやベルギーが資金を提供し，中欧や南欧の鉄道建設や鉱山開発が進められた。個人銀行は，鉄道建設のほか，ナポレオン戦争で荒廃したパリやその他の都市の復興にも融資した。

19世紀第4四半期には後発国の公債が登場する。19世紀前半は資本の受入国であったドイツも，その頃には有力な資本輸出国となっていた。投資先は，ロシアをはじめとする東欧やバルカンであり，株式銀行が投資の主役となった。株式銀行は利子も高く，投資先が債務不履行に陥ることも少なくなかった。ロンドンはヨーロッパ大陸から海外植民地へと投資先を移していった。そして鉄道債券のほか，各種の投資方法や投資対象を考案した。プランテーションや鉱山開発は，現地に経営代理会社を設立し，ロンドンで証券を募集した。資産家の資金を運用する投資信託会社も出現した。

国際的に移動した資金の規模についてごく大まかな目安を示せば，1880年までにロンドンからの国際投資は10億ポンドを超え，ヨーロッパからの国際投資の7割を占めた。うち3分の1は，イギリス以外からのロンドン経由の投資であった。フランスからは約2割が，ドイツからは1割が投資された。19世紀後半におけるイギリスの国際投資は，同期間の国内投資額に匹敵したとされる。投資業務の中心となったマーチャント・バンクにとっては，資金の調達先も投資先も，それが国内かどうかは問題でなかった。

国際金融センターの発達

シティには，各種の専門的な金融業者が誕生した。19世紀半ばには海外系の銀行が増加した。そのなかには，イギリス領植民地銀行，イギリス系資本の外国銀行，また純然たる外国銀行があった。それらは，南アフリカの金採掘に基盤を置く諸銀行，香港上海銀行，ロシア銀行など，多彩であった。ロンドンに店舗や代理店を持つ銀行は，1880年から1904年の間に，487行から1274行へと増加した。これらはロンドンの持つ，自由金市場，手形決済，資金調達などにおける卓越した機能を求めて進出したものであったが，背後に巨大な資金を有するものも少なくなかった。

証券取引所においても，海外証券の取引が急増した。海外証券は，19世紀半ばには上場証券総額12億ポンドの約1割を占めたが，20世紀初頭までに上場証券総額88億ポンドの7割に達した。その大半は債券であった。海外証券の発行は，それを引き受ける投資信託会社や保険会社，引受業務に従事するブローカーやジョバーを生んだ。

資金の一部はマーチャント・バンクにまわり，これを引当てに手形が振り出されて貿易も拡大した。19世紀末までに為替手形は外国為替が主流となり，ロンドンは短期金融市場における国際センターとなった。そして大量の外国為替手形は，商業手形から金融手形に変わっていった。

ロンドンは，そこでの業務や主役の交代にもかかわらず，19世紀を通して国際金融センターであり続けたという点が重要である。こうして第一次世界大戦までに，外国銀行や植民地銀行だけでロンドンにおける貿易金融の3分の1強を占め，それらの預金量はイギリスの銀行の2倍に達した。これら外国銀行は，地域別・商品別に専門化した。

2 株式会社制度

商工企業の資金調達

産業企業の側から資金調達の特徴を見てみよう。イギリスでは1860年代頃まで，商工業の企業は「パートナーシップ」という出資形態をとっていた。パートナーシップは，家族や知人などから構成され，出資者が6人までと制限され，出資者は無限責任を負った。経営に参画せず，資金を提供するだけのパートナーも見られた。パートナーシップは，株式会社と違って法人ではなかったから，資金はつねにパートナー個人に付随し，持ち分の売却は自由ではなかった。パートナーのひとりが死んだり事業から手を引いたりすると，その事業は終わった。創業に必要なまとまった資金，とくに設備に要する資金は，このパートナーシップによって調達された。

19世紀前半にも株式会社という企業形態は存在した。しかし株式会社の設立には議会の承認が必要であり，しかも株式会社も無限責任制であった。株式会社は，有料道路，運河，水道事業などに限られていたが，1830年代後半には地方銀行にも普及した。とりわけ1830年代からさかんに設立された鉄道会社は，株式会社形態をとった。鉄道は，建設工事にも，線路やそれを敷設する土地，車両，駅舎など施設にも資金を要し，その額は当時の工業企業とは比べものにならないほど多額だった。リヴァプール・マンチェスター鉄道は，50キロほどの路線であったが，1826年の設立時に180万ポンドを要した。その後の幹線鉄道の所要資金は，いずれも数百万ポンドを下らなかった。

これに対して工業企業を見ると，マコウネル&ケネディの総資本は19世紀初めに約9万ポンドで，紡績会社としては最大規模であった。コールブルックデイル製鉄所の総資本は，1851年に約37万ポンドであった。これは当時の水準からすると相当な額であったが，100年以上の年月を費やして成長した結果であった。

たしかに19世紀初めには，多くの工業企業で急激な設備投資が行われ，それに伴って必要な運転資金も増大した。こうした拡張期には，パートナーに資産家を迎えて多くの持ち分を引き受けてもらったり，新設の設備を抵当に入れて資金を借りたり，融通手形を振り出して期限が来ると次の手形で決済するなど，各種の資金調達が試みられた。しかし19世紀が進むにつれて企業発展

表3-1　イギリス（ロンドン）における株式会社の新規登記数

	1856～65年	1866～75年	1876～83年
綿工業	135	272	143
鉄鋼業	22	71	92
機械工業	143	336	326
その他	263	549	562

（出所）H. A. Shannon, "The Limited Companies," *Economic History Review*, Vol.4, 1933, pp.312-13.

は緩慢となり，追加的な資金需要は利潤の再投資によって賄うことができるようになった。運転資金については，いったん事業が軌道に乗ると商業信用を利用することができた。現金が必要になれば，手形を割り引いてもらうこともできた。こうした手形割引を行う地方銀行が発展した。

株式会社の登場

工業企業に株式会社が登場するのは，イギリスでは1860年前後からのことである。これは，急激な設備投資の時期が終わり，企業が外部から資金を調達する必要性がなくなった，という上述の説明とは矛盾するように見える。**表3-1**のように，たしかに繊維や鉄鋼など当時の代表的な産業には，この頃から株式会社が急増している。

これは1855年の「株式会社有限責任法」によるものであった。すなわち既存の企業が，株式会社に新たに認められた有限責任という利点を求めて，パートナーシップから組織変更したのである。したがってそれは，市場から資金を広く調達するという目的で新規に設立された企業ではなかった。登記された株式会社の多くは，「プライベート・カンパニー」とよばれる非公開会社であった。1876年には，株式会社の半数が非公開会社であったが，製造業の企業だけをみると非公開会社の割合はさらに高かった。この特徴は，登記される株式会社の数（表3-1）が増すにつれて，さらに強まった。

イギリスの主要都市には証券取引所もでき，株式の取引も行われた。しかし19世紀を通して，証券取引所における商工業証券の取引はごく少なく，全取引額の2％程度であったと見積もられている。取引の大半をなしたのは，内外の公債や鉄道証券であった。

事情はフランスでも同様であった。1860年代の株式会社法までは，株式会社の設立は認可制であった。個人銀行の投資先は，鉱業や鉄道であった。しかし商工業企業は，銀行や株式会社制度が普及する以前に，合名会社や合資会社の形態によって発展を遂げていた。

ドイツ諸領邦でも，1860年代までは株式会社に制限的なところが多く，企業は人的関係に基づいた私的合名会社によって発展した。1830年代の繊維企業は，そうした地方的な資本市場をもとに勃興し，蓄積された利潤から拡張資金を調達した。その後の各種機械製作企業も，自己資金と人的結合によって発展した。古くからの商業中心地の商人や銀行は，商業信用や手形割引を行った。イギリスと同様，設備の拡張期には短期の信用を借り替えていく方法がとられたが，それらは個人銀行や信託銀行によって提供された。大がかりな資金調達は，鉄道建設を待たねばならなかった。

3 金融業者の役割

大陸の投資銀行

19世紀を通して，大陸ヨーロッパの金融中心地では，新たな主役が登場しつつ役割も変わっていった。パリのオート・バンクは，フランス革命以降に地位を確立しつつ，ナポレオン戦争の賠償公債を引き受け，その後，運河会社や鉄道会社の発起と社債発行を手がけ，また保険会社を設立した。個人銀行家のラフィット（J. Laffitte）は，商工業一般金庫（1837年）を設立し，企業発起から進んで産業投資を試み，投資銀行業務の途を開いた。

フランスにおける本格的な投資銀行は，クレディ・モビリエ（1852年）であったが，これは広く一般大衆の富を，産業や公共投資に向ける目的で設立されたものである。クレディ・モビリエは会社発起を専門に行い，傘下企業への金融を行うことによって産業振興を試みた。1860年代にかけて，商工業銀行やクレディ・リヨネなど同様な投資銀行が相次いで設立され，預金の引受けを行った。

この種の銀行は，大陸ヨーロッパ各地にもつくられた。すなわちベルギー，スイスをはじめとして，各地に40にのぼる投資銀行が1880年までに設立され，19世紀後半には，ドイツ各地にも15の投資銀行が出現した。いずれも広く資金を集め，鉱工業投資に振り向けるという趣旨であった。ロスチャイルドのような個人銀行家も，機会を求めて投資銀行と競うことになり，1850年代にヨーロッパ各地の鉄道投資を進めた。個人銀行家が投資銀行を設立することもあった。

ベルギーではソシエテ・ジェネラル（1822年創立）が1830年代から会社発起業務に進出したが，一般大衆の証券購入意欲は高くなく，ソシエテ・ジェネラル自らが証券を保有することになった。すなわちソシエテ・ジェネラルは，全国商工業企業会社や共同工業投資会社などの持株会社を設立し，発起した企業の株式を保有させた。持株会社は，資金を必要とする新規事業と，一般の資産家とを結びつける試みであった。一般の資産家は，個々の事業には不安で投資できない場合でも，信用できる持株会社の証券を購入できた。そして持株会社が投資機会を判断する能力と規模とを生かしつつ，多角的に投資してリスクを分散させるというものであった。この意味で，持株会社はひとつの金融革新であった。

投資銀行の変化

投資銀行が集めた資金は，機会を求めて広範囲に動いたが，どこにおいても製造業よりも鉄道と公共事業に向かい，しかもほどなく国内の資金需要をまかない，国外の鉄道や鉱山，公債へと向かった。19世紀を通して大陸ヨーロッパにおいて進展した傾向は，ロンドンが先に果たした役割の後追いであり，国際的な金融への発展であった。

クレディ・モビリエは，1854年に南オーストリア鉄道とそれに関連した銀行，鉱山，製鉄所，機械工場に資金を投じた。後には大ロシア鉄道をはじめ，中欧から東欧や南欧にかけての鉄道や銀行に投資した。1880年のフランスからの国外投資の大部分は，外国政府証券と鉄道に向かい，鉱工業に向かったのは総投資額の約8分の1に満たなかった。

19世紀のヨーロッパでは，後から工業化した地域ほど工業に要する設備資金は巨額となり，銀行や外国からの投資が大きな役割を果たしたといわれる。ドイツは，しばしばその典型とされる。たしかにドイツ各地には，フランスの投資銀行や個人銀行，ドイツの投資銀行からの資金が投じられた。錫の採掘・精錬では，アルザスの銀行家・ケクランとドイツの銀行家・オッペンハイムが共同投資を行い，設立されたシュトルベルク会社は，この部門におけるヨーロッパ最大の企業となった。ケクランとオッペンハイムは，フェニクス金属鉱山会社にも投資し，同社を石炭・鉄鋼の一大企業体に仕立てた。こうした国外の資金は，ドイツの基幹産業では10％を越えたとされる。しかし投資先は，鉱業とそれに関連した産業が中心であり，一般の工業は限られていた。

後発工業地域と銀行

ドイツにも，ハンブルクやフランクフルトなどの商業中心地を拠点とする個人銀行があった。これらは従来の商業銀行としての機能のほかに，手形や振替制度を利用する信用創造を行い，1850年前後には鉱工業の発起に進出した。しかしその後，主たる業務は，領邦政府の公債引受けに向かい，資金は商工業以外の目的に投じられた。一方，1850年代にはクレディ・モビリエ型の投資銀行であるダルムシュタット商工業銀行（1853年），発券銀行（1855年），南ドイツ銀行（1855年）などが，プロシャ以外の諸領邦に出現した。これらドイツの投資銀行の中心業務は，鉄道投資であった。鉄道業の発展に伴ってドイツでは株式会社が普及したが，銀行が鉄道株式の引受業務を行った。

鉄道の次の投資対象は，鉱業や重工業であり，地域的にはルール地方がその多くを占めた。後に登場する「ライヒスバンク」とよばれる銀行も，ドイツ東部の農業地域の資金を使って，ルールにおける鉱工業の発起業務や貸付業務に進出した。しかしこうした銀行による産業投資が顕著になるのは，1880年頃からのことであった。

ハンガリーやロシアなどの東欧の後発地域，スペイン，トルコやバルカンとなると，インフラストラクチャーの整備や軍備のみならず，工業化そのものに外国からの資金が導入された。ペテルブルグの紡績会社はイギリス人が設立したものであり，鉄鋼企業もフランス人によって設立された。このように19世紀を通して，ヨーロッパ北西部の金融業者は，域内の投資余力を，収益のより高い，あるいはリスクのより高い，非ヨーロッパを含む地域外に振り向けるようになっていった。

参考文献 REFERENCE

青野正道『金融ビジネスの歴史』中央経済社，2003年。

R.キャメロン（正田健一郎訳）『産業革命と銀行業』日本評論社，1973年。

S. D. チャプマン（布目真生・荻原登訳）『マーチャント・バンキングの興隆』有斐閣，1987年。

第4章 19世紀の労働と雇用

近代工業と在来産業の管理

機械化された工場内部の光景
T. Atlom 画
（出所） Edward Baines, *History of the Cotton Manufacture in Great Britain*, 2nd ed., Frank cass & Co. Ltd., 1966.

綿紡績工場では，準備工程を中心に機械化が進み，若年の不熟練労働が登場した。

1 近代工業と熟練

近代工業と雇用

19世紀のヨーロッパでは繊維工業と製鉄業に機械が導入され，大規模工場が普及した。工場は機械製作業や造船業にも出現した。しかし機械は，熟練を排除して不熟練労働中心の職場を作り出したわけではなかった。機械は新たな熟練を中核とする職場を生み，熟練を強固に存続させた。一部では半熟練職種を出現させた。そして熟練，不熟練，半熟練の職種は，それぞれ別の労働市場を形成することになった。

当時の工業企業の従業員は，ほぼすべてブルーカラーだった。エンジニアといえば，技術者ではなく機械工を意味する時代であった。販売・購入業務は，外部の専門商社や仲買人が行い，製造企業内にはそれらに従事する職員層はいなかった。生産・労務担当の職員すら見られなかった。従業員5000人を雇用した19世紀半ばのある企業では，従業員のほぼすべてが製造現場に従事しており，事務所で働いていたのは約50人だった。

機械化した工業における各職種の割合を鳥瞰できる史料が，1880年代のイギリスについて残されている（**表4-1**）。このうち不熟練職種は，就業者数にして全体の約6割を占めた。不熟練職種の中心は，綿紡績業の準備工程とリング紡績，紡毛工業の準備工程，梳毛紡績などで，繊維工場では就業者の8割が不熟練職種に属した。産業革命後も長く家内工業によって行われた織布作業は，19世紀後半に機械化されてかつての熟練を失い，工場内の不熟練職種になった。これら不熟練職種は，機械が旧来の熟練に取って代わったものであった。

表4-1　19世紀工場部門の雇用（イギリス・1880年）

産業 工程	サンプル人数 （a）	うち熟練工・職長の人数（b）	熟練工割合 a／b	熟練工賃金	雇用形態
綿工場					
紡績準備	21,104	433	48.7	時間	直接
ミュール紡績	21,308	7,382	2.9	出来高	間接
リング紡績	4,825	260	18.6	時間	直接
織布準備	19,364	83	233.1	時間	直接
織布	61,476	1,243	49.5	出来高	PM
羊毛工場					
（紡毛）紡績準備	3,593	219	16.5	時間	直接
精　紡	3,838	856	4.5	出来高，時間	間接，直接
撚　糸	1,366	45	30.4	時間	直接
織　布	16,579	605	27.4	時間，一部出来高	直接
仕上げ	5,869	295	19.9	時間	直接
（梳毛）紡績準備	5,837	259	22.5	時間	直接
精　紡	13,479	426	31.6	時間	直接
織　布	12,469	538	23.2	時間	直接
製鉄所					
製　銑	1,729	266	6.5	出来高，時間	間接，直接
高炉作業	4,818	128	37.6	時間	直接
精　錬			2.9	出来高	間接
製　鋼					
圧　延			15		間接
機械工場					
木　型	1,829	1,200	1.5	時間	直接
鋳・鍛造	13,455	10,055	1.3	時間，一部出来高	直接，PM
機　械	7,670	2,643	2.9	時間，一部出来高	直接，PM
仕上げ・組立て	7,677	5,006	1.5	時間，一部出来高	直接，PM
製　罐	6,139	4,859	1.3	時間，一部出来高	直接，PM
造船所					
鉄　工	4,195	1,574	2.7	出来高，時間	間接，直接
木　工	2,754			時間	直接
造　機	1,385	828	1.7	時間，一部出来高	直接
艤　装	2,158			時間	直接

（注） PM：ピースマスター制（職長は出来高賃金だが，配下は工場雇用）。
間接：配下を熟練工が雇用。

機械化と熟練

これに対して熟練職種の代表は，機械工業や造船業の機械工，製罐工，組立工であった。繊維工業でもミュール紡績，紡毛・梳毛作業の準備工程の一部，製鉄業でも精錬作業に，熟練職種が見られた。ミュール紡績工，粗紡工，梳毛工，パドル工などであった。繊維や製鉄の熟練職種は機械導入の結果生まれたものであり，いわば新型熟練であった。紡績作業というと，不熟練の若年女子を考えがちであるが，少なくともイギリスのばあいは，中心は成年男子であった。それは，使用された機種――リング紡績機でなくミュール紡績機が使われた――によるものであった。

熟練工は，ガラス，印刷，醸造，陶器，金属加工など在来産業の職人と同じように，「クラフツマン（craftsman）」とよばれた。旧来のクラフツマンが，親方のもとで徒弟修業をして技能を修得すると一人前とみなされたように，新型クラフツマンは，工場内の熟練工のもとで5～7年の徒弟修業を経ることによって有資格者と認められた。

機械化した近代工業における新型熟練と，在来産業のクラフツマンとの違いは，在来産業のクラフツマンのほうがより万能的な熟練を備えていたという点にある。ミュール紡績や精錬などの新型熟練は，特定の工程や作業，機種に専門化しており，より強い職種意識・縄張り意識を持つことになった。機械工や組立工も工場内で仕事をすることが少なくなかったが，在来型のクラフツマンに近かった。徒弟を含めた工場内の熟練職種は，機械化された工業部門全体の就業者の約3割であった。しかし重要なことは，熟練工が多く見られた工程は，その産業の基幹工程であり，中心部門をなしたという点にある。機械製作業や造船業では，熟練工の割合はこれよりはるかに高く，就業者数の3分の2以上を占めていた。このように19世紀の工場では，熟練工はその数や割合以上の意義を持っていた。

半熟練職種は，製鉄業の高炉や圧延・仕上工程で19世紀初めから見られ，後には造船業にも鉄工として登場した。これらの職場では，熟練工のもとで数人から十数人の集団が作業を分担した。各作業は難易度を異にし，集団のメンバーは年数を経るにつれてより高度な作業を分担しつつ，熟練度を高めるというものであった。半熟練職種を中心とする職場の就業者数は，機械化された工業部門全体の数パーセント程度であり，多くはなかった。化学，石油，食品加工といった装置産業で，まだ大工場が出現していなかったからである。

地域に基盤を置いたより万能的な職種となるか，工場内の専門化した職種となるかの差はあったが，職種はフランスやドイツ各地でも，19世紀を通して労働の基礎単位となった。

2 職種と労働市場

横断的労働市場

職種の違いは，大きな意味を持つことになった。その違いをこめてイギリスでは労働者はworking classesと複数形で記され，労働組合も「職業」を意味するtrade unionとよばれた。工場制度とともに登場した新型熟練では，労働市場も職種ごとに形成された。いわゆる横断的労働市場である。雇い主は，完成した労働力を職種ごとに各市場から調達した。イギリスの工場は専門化が進んでいたが，それでも一つの工場には複数の熟練職種が入り込んでおり，造船工場などには多数の熟練職種が見られた。一人前の熟練工は，職種ごとのレートで賃金を支払われた。イギリスでは，紡績工やパドル工は出来高にしたがって，機械工は時間賃金で支払われていた。

工業化の初期にはどこでも，工場内の新型熟練職種には相対的に高い賃金が提供された。新たな熟練職種には，高賃金を求めて旧来の熟練職種からの参入が見られた。まもなく新型熟練の養成は，工場内の熟練工のもとで徒弟制によって行われるようになった。徒弟は，熟練工が直接に採ることも，工場が募ることもあった。熟練工は徒弟の数を制限し，自分たちの職種への供給過剰を防ごうとした。熟練工を中核とする職場は，熟練工と1～2人の徒弟や助手を作業の基礎単位としており，熟練と不熟練という単純な階層構成をとった。

新型熟練職種では，職種ごとに，地域ごとの標準賃率が形成されたが，それが相場賃金となって労働市場は地域を越えて連動した。各職種の賃金は，個々の雇い主が自分の工場について定めており，同一地域のどの工場も一律というわけではなかった。しかしながら熟練工は職種ごとに労働組合をつくり，各組合は地域ごとに支部をつくって標準賃率表を設定し，地域内や地域を越える労働移動のための目安を提供していた。その地域の工場の賃率が全体として下がれば，他の地域への移動の便をはかった。彼らはまた，徒弟修業を経ていない者を無資格者として排除した。当時は，労働組合が法律上の権利を持たず，とりわけ標準賃率の強制は取引の自由を制限するという理由から違法とされていたことを考慮すると，熟練工の組合は驚くほどの強力な機能を発揮していたというべきであろう。

しかし逆に，雇用と賃金決定の市場メカニズムは，熟練工組合による入職規制や，組合による地域間移動の仲介によって維持されたともいえる。熟練職種の場合，取引されるのは専門的技能であり，買手も売手も，取引の条件や相手方についての情報を必要とした。雇い主は各職種について特定の質を備えた労働力であるかどうか知る必要があったし，熟練工は仕事口やその条件について自分にふさわしいかどうか知る必要があった。

もっとも熟練工は，しばしば組合の力の及ぶ地域を越え，国境をも越えて移動した。工業化とともに，失業や賃金圧下は，他の支部に移動するだけでは回避できなくなっていったからである。他方，後から工業化しつつあった大陸ヨーロッパでは製鉄や機械の熟練を必要とし，よりよい機会が提供されたからであった。

不熟練と半熟練

不熟練職種は，それぞれの地域で調達された。不熟練工は，熟練工の労働市場とは断絶しており，熟練工にはなれなかった。不熟練職種の市場は，地域ごとに形成され，地域内で職種を越えた移動が見られた。織布やメリヤス編みなどの産業は，労働力調達の容易な農村地帯を控えた地域に展開した。しかしこの地域性は，容易に破られるものでもあった。仕事を求めての移動は，近隣地域を越えて見られた。アイルランドやスコットランドからイギリス北西部へ，西南ドイツからアルザスへ，ドイツ東部からライン地方へというように，国境を越えた労働力移動は19世紀を通して広範に見られ，移動先では，最も賃金の低いこれらの不熟練職種につくことになった。

以上のように市場メカニズムが典型的に働く熟練・不熟練の労働市場とは対照的に，いくつかの職場では労働力の内部化が見られた。製鉄業の高炉や圧延のように，半熟練を中心とする職場がその代表であった。高炉や圧延では，数人から十数人を単位とした集団作業が行われ，職場の集団内で熟練が形成されるために，集団に長く定着する傾向が見られた。熟練工と違って自由に移動するのではなく，同じ企業に定着する傾向が見られた。移動する場合にも，集団ごと他の地域や他企業に移るといったことも珍しくはなかった。

3 工場制度と管理

近代工場と管理

雇用が市場メカニズムによって動いていたとしても，それは雇用関係に入るまでのことであって，ひとたび雇われれば雇い主の権限と管理のもとに置かれたのではないか，ということは容易に考えられる。19世紀の工場は，単一の動力源によっていっせいに動かされ，機械は分業体系をなしており，それらは厳格な作業規律を必要とした。他方ではそうした規律に対しては，工業化を遂げ，規律があたりまえとなった社会とは違って，根強い抵抗があった。では，工場制度を維持するために規律を徹底するような管理がなされたのであろうか。

工場管理は，不熟練工が中心をなした部門や工程において現実のものとなった。機械体系を円滑に動かすためには，まず作業規律を確立することが必要であった。これは，工場制度のもとで初めて現れる事態であって，家内工業制度の時代にはなかった。半面，作業規律は，機械体系自体がいわばペースメーカーとなって自動的に形成された。また不熟練工を主体とする工程は，他の工程に比して現場監督の割合が高かった。繊維工業では，不熟練工20人に対して，1人の現場監督が配置されていた。現場監督は，機械の保守と不熟練工の監視をした。19世紀の工場では，労働者は低い賃金で，長時間にわたる拘束のもとに置かれた。しかし，それは，厳しくはあっても精緻な管理と同義ではなかった。生産工程の管理手法は，工場制以前と比べて新しいものはなく，系統的に整備されてはいなかった。

市場メカニズムと裁量

他方，熟練工が中核をなした工程は，厳格な管理のもとには置かれなかった。現場監督と熟練工の比率は1対60であり，しかも後者は屈強な成年男子であった。熟練工のもとには，徒弟や助手がいた。これは1人の現場監督の統制範囲を完全に越えており，雇い主側が現場監督をとおして生産現場を掌握し，権限を行使できる状態ではなかった。

繊維工業や製鉄業では，紡績工やパドル工などの熟練工は，出来高に従って賃金を支払われた。ここでは雇い主は管理をしないで，賃率の調整によって作業の効率化をはかるほかなかった。つまり工場内部は，権限で動いていたのではなく，賃率という市場メカニズムに依存し動いていた。

機械工の場合は，出来高の算定すら困難で，時間賃金で支払われていた。しかも機械工は，「1日の適正な仕事に対する公正な支払い」という意識を共有していた。機械工の場合は管理ができたから時間賃金が支払われたのではなく，雇う側は手も足も出せない状態で，熟練工が大幅な裁量を持っていた。

内部請負制について

こうした水準の管理と関連して，19世紀の工場では「内部請負制」が支配的だったという説明がある。内部請負制とは，雇い主が職長や熟練工に集団出来高給を払ってひとまとまりの仕事を請け負わせるとともに管理もゆだね，職長や熟練工が一団の労働者を雇って各自に支払う仕組みである。はたしてこうした方式は支配的であったか。

職長や熟練工が出来高で支払われていなければ，そもそも請負制はありえない。職長や熟練工が出来高で支払われた職場は，就業者数にして3割を占めた。しかしその大半は，請負形態ではなかった。すなわちひとつは，職長は出来高で支給されたが，配下の従業員は直接に工場から時間賃金で支払われる，という形態であった。いまひとつは，熟練工は出来高に従って支給されそこから配下の賃金を払っていたが，配下は1～2人の補助者にすぎず，作業の主体はあくまで熟練工である，という形態であった。いずれも，上に定義されるような「ひとまとまりの仕事」の請負ではなかった。機械工場では，市場メカニズムもままならない雇用関係に対して内部請負制を導入しようという試みがあったが，失敗に終わった。

内部請負制が見られたのは，一部の産業や工程であった。製鉄業の高炉，圧延・仕上作業，造船業の鉄工作業がそうであった。これらは，半熟練を主体とする職場であった。その割合は，19世紀後半の工場全体の雇用の数パーセントを占めるにすぎなかった。内部請負制が行われた工程では，労働力の内部化が進んでいたが，これは逆に言えば，イギリスをはじめヨーロッパでは，一部の分野を除いて近代的工業部門に内部労働市場は発達しなかった，ということでもある。

モラールに頼る

以上のような事情であったので，経営者は工場での労働過程を管理するよりは，いわば周辺から，従業員の仕事に対する忠誠心を引き出そうとした。19世紀の大工場は，売店，寄宿舎，学校などの福利厚生施設を建設し，疾病基金を作り，工場の外で従業員に影響力を行使しようとしていた。これは，雇用にさいして工場内部にまで市場メカニズムが入り込んでいたり，熟練工が裁量を行使していたことと対照的であった。しかし熟練工は，これらに対抗するかのように，雇い主側が提供しようとした福利施設と同じものを，生活協同組合，住宅組合，保険や年金というように，自助組織を形成して自らの手で実現した。

また雇い主は，出退時間の管理を厳格に行ったが，これも労働過程そのものを管理できなかったことと対照的であった。

4 在来産業・中小企業部門の雇用

在来産業の雇用

在来産業の分野は，醸造，製陶，金属加工，織布，縫製など多岐にわたっていた。これらの産業は，雇用や熟練のあり方において，必ずしも一様ではなかったし，同じ産業でも地域によって異なった特徴を示した。

そのなかには，炭坑，港湾，都市雑業などとともに苦汗労働（sweating system）の代名詞と目されたような産業もあった。メリヤス編みや織布はその代表で，熟練も資金も要しない参入の容易な職種であった。景気の変動を受けやすく，個々の企業の浮沈・盛衰も激しかった。参入は不況期にも行われ，好不況を問わず工賃の切下げが見られた。これらの産業では，わずかの創業資本によって機械を手に入れ，原材料を前貸し人から借り受けて一定量に達するまで作業を続け，製品を引き渡して次の原材料を前借りする，といった方式が広く行われた。前貸し人は，問屋の代理人として産地をめぐり生産を組織した。

19世紀半ばのメリヤス編み工業では，原材料を届け，製品を集めるための袋を携えたバッグ・ホジア（bag-hosier）とよばれる前貸し人が産地内を行きかっていた。メリヤス編みの技術は容易で，筋力も要せず，年少者でも短期間に習得できた。キャラコ織物も，作業は数週間で完全にのみこめるといわれた。作業が前貸し人の目の届かないところで行われるため，仕事のばらつきが絶えず問題となった。これに対して前貸し人は，作業をさらに部分工程に細分化して割り当て，製品の均質性を確保しようとした。雇われる側は，徒弟規制の法的強制による入職制限や，最低工賃の法定化など，地位や収入に国家の保護を求めた。新型熟練工が労働組合を結成し，自助によって地位や収入を守ろうとしたのと対照的であった。

下請制の機能

同じ繊維工業でも，これと異なった特徴を示した地域も見られた。リヨンの絹工業は，問屋が下請業者に工賃と原材料を供給し，製品を販売したという点でも，景気の変動を受けやすかったという条件においても，先のメリヤス編み工業に類似していた。しかしここでは，需要が多様で変化が激しいという産業の特徴に対して，より柔軟に対応する雇用の仕組みが形成された。注文を多く得た業者は，仕事のない同業者を下請けとして雇い，状況が逆転すると今度は自らが下請けとして雇われるというように，地域内で仕事をシェアする慣行が見られた。

在来産業では，19世紀後半には中小作業場に混じって工場が出現したが，そのような工場では内部請負が見られた。これは下請けをそのまま工場内に持ち込んだものである。イギリスのミッドランズでは，金属圧延や鉄管製造において圧延工がひとまとまりの仕事を一定額で引き受け，それを工場内で自分が集めた職人とともに加工した。製釘業でも，フィター（fitter）とよばれる親方が工場と契約し，配下を集めて作業させた。ベッド枠，馬具，琺瑯《ほうろう》，ブリキ，ジャパン（ブリキのうえにアスファルト等の油性塗料によって光沢を出し，加熱した製品）など金属加工でも，200人以上の規模の工場が出現したが，工場内では何人かの熟練職人によって作業が請け負われていた。

各種金属の鋳造所も，同じような請負形態で営まれた。バーミンガムの真鍮《しんちゅう》鋳造所では，各親方が7人ないし20人余りの配下を雇い，それぞれ特定の製品を手がけた。親方は慣習的に決められた価格で仕事を引き受け，そこから配下の労働者に支払った。工場内で使う道具や補助的な原材料を親方が持ち込むことも珍しくなかった。入り組んだ作業や複雑な製品の場合には，複数の親方が共同で仕事を請け負い，それを下請けして分担することもあった。このように，かなり発達した複雑な請負方式も，19世紀後半には出現した。

以上の事実は，在来産業では下請けが重要な役割を果たしており，しかもそれは工場の内外を問わなかったことを示している。その役割は，原材料を与えて製品を回収するものから，信用を供与したり，技能を養成したり，仕事を融通しあう方策だったり，さまざまであった。

参考文献　REFERENCE

小野塚知二『クラフト的規制の起源』有斐閣，2001年。

S. ポラード（山下幸夫・桂芳男・水原正亨訳）『現代企業管理の起源』千倉書房，1982年。

第5章　大量生産体制への途

19世紀アメリカにおける試み

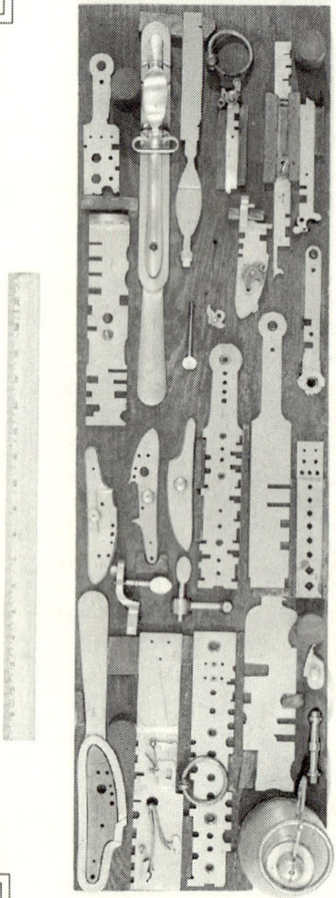

アメリカのライフル銃用の「検査ゲージ」

写真提供　Smithsonian Photographic Service (Negative No. 62468)

第1回万国博覧会（1851年，ロンドン水晶宮）に出品されたアメリカのライフル銃用の「検査ゲージ」。スプリングフィールド工廠で使われていたもの。ゲージにはこのほか，マスター・ゲージと作業用ゲージとがあったとされる。

1 「アメリカ的製造方式」

The American System of Manufacturing

ヨーロッパから見たアメリカ

本書はこれまで，19世紀のビジネスをヨーロッパを中心に見てきた。そこでは近代工業は，徹底的な専業化と市場システムとを競争基盤として発展したが，大量生産や大企業へと向かうことはなかった。他方，従来の技術と在来型の経営とを基盤とする産業地域も繁栄を続けた。しかしアメリカでは19世紀を通して，ヨーロッパとは異なった生産と管理の方式が試みられていた。

19世紀半ばのヨーロッパでは，アメリカには独自の生産方式があると考えられていた。それは「アメリカ的製造方式」とよばれた。アメリカ方式が注目を集めたきっかけは，1851年にロンドンの水晶宮で開催された第1回万国博覧会であった。第1回万国博覧会は，「世界の工場」としてのイギリスの地位を象徴するはずのものであった。しかし各国からここに出品された工業製品には，アメリカ製の小火器，軍用銃，農業機械や木工品など，イギリスより優れたものも見られた。とくに軍用銃は，互換性生産方式とともに注目を集めた。

当時のイギリスの兵器は，中小企業を含む民間企業によって生産されていたが，緊急時の供給体制が大きな問題となっていた。そのため，政府の兵器工場を設立する計画が検討され，視察団がアメリカに派遣された。イギリスを代表する兵器製造業者のウィットワース（W. Whitworth）や，機械製作業者のネスミス（J. Nasmyth）も一行に加わり，アメリカにおける生産方法について報告書を記した。

アメリカ方式の特徴を，視察団は次のように観察した。機械製作工場で使われる工作機や工具は，ヨーロッパの基準では劣っている。砲架製造部門で「使用される機械には概して木製が多く，安定性や外形もイギリスの金属製に劣り粗雑だった」。にもかかわらず，製品がイギリスよりも優れているのは，工作機や工具を有効に使えるような組織があるからである。アメリカの作業場はイギリスと違って，生産を順序よく配置し秩序を維持できるようになっている。ボルティモアの耕作機製作所は，8台の作業機が各工程を受け持ち，7人の労働者が分担して，1日に30台の耕作機を作っている。使われる機械はいずれも単純であるが，各工程の目的に合わせて改良された専用機械である。スプリングフィールド兵器工場では，銃の台じりが15台の専用機からなる工程で生産され，台じり1個当たり22分4秒余りという速さでできる。砲身の製造も3つの基幹工程からなり，さらにそれぞれが3～4の部分工程に細分化されている。銃機や用心がねなど，小銃の他の部品も同じような方式で生産され，それら全部品が組立ラインに集められて3分間で1台のマスケット銃が組み立てられる。ネスミスは，これを評して「アメリカ人は正しい原理に関する知識を，大胆で巧妙な仕方で実現した」と述べた。

大量生産方式の基礎

このようにアメリカでは機械が広く導入されたが，それはヨーロッパのような高度な万能機械ではなく，専用機械だった。生産工程は細分割され，専用機械が各工程を担当できるように作業場が組織された。作業組織の編成がアメリカ方式の第一の特徴である，というのが視察団の観察した結果であった。

アメリカ方式の第二の特徴は，「互換性原理」の採用による大量生産にあると考えられた。そのことは，ヨーロッパでは前線で10挺の銃が故障すると全部を送り返して1挺ずつ修理しなければならないが，アメリカ製の銃はその場で1挺を解体し，それを部品として使ってネジ回しひとつで残り9挺を直せる，といったようなエピソードで語られた。互換性原理を実現するために，現場の職長は標準化した治具やゲージを持たされていたが，これもヨーロッパでは見られないことであった。一方では，熟練も経験もない移民を雇い，細分化した作業に専門化させることによって，短期間に特定の部品を作る技能を修得させ，他方では，そのために単純作業用の専門機械を使うというものであった。視察報告は，互換性原理が軍用銃だけでなく，時計，農機具，家具など日用品生産にも普及していたとする。

しかしこのアメリカ方式は，イギリスの関係者の眼に映った理想化された像だった。互換性原理は，19世紀アメリカにおける共通の努力目標であり，それが共通目標であったことは重要であるが，その実現にはほど遠かった。現実のアメリカは，互換性原理を使った大量生産による低コストの実現に，少なくとも20世紀初頭まで努力を重ねなければならなかった。

2 互換性原理と量産方式

互換性原理の試みと失敗

互換性原理という考え方は，その起源を18世紀のフランスに持つとされるが，18世紀末にはアメリカでも注目され，実用化が試みられていた。

アメリカは18世紀後半から幾多の戦争を行ったが，ヨーロッパと違って熟練を備えた鉄砲鍛冶《かじ》や機械工が不足しており，銃を調達するために政府自らが兵器工場を設立した。それでも兵器が不足するときは，民間の業者と小火器生産の契約を結んだ。互換性原理の先駆者として著名なウィットニー（E. Whitney）は，大量の銃を生産するという構想によって，2年余の期間に1万挺のマスケット銃を納入する契約を得ることに成功した。ウィットニーは，機械を大幅に導入することによってこのことが可能になると主張した。しかし約束の2年間には1挺の銃も納入されず，契約が履行されたのは11年後のことであり，しかもそこに互換性部品は使われていなかった。ウィットニーが互換性原理において成功し，大量の銃を供給したという証拠はない。

互換性原理の拠点となったのは，アメリカ東部の連邦政府兵器工場であった。ここでは鉄砲職人と徒弟によって銃が製作されたが，19世紀初頭，製造工程が4部門に分かたれ，均一部品製造の試みが始められた。標準となる原型モデル銃とそれに基づく親ゲージをつくり，現場の職長と検査工にそこからとった部品のゲージを持たせた。標準化は，一工場を越えて他の工場に及んだ。また銃床製造機を開発し，専用工作機を工程順に配置した。

19世紀の前半から中葉にかけて，製造業のさまざまな分野において，著名な事業家が互換性原理の実現を試みた。いずれも，互換性原理を実現した例として語られてきた。しかし互換性方式を完成させ，量産を達成した者は，現実には現れなかった。

コルト（S. Colt）は，連発ピストルを大量に製作して，アメリカ社会と政府の需要に応えたといわれている。コルトは1840年代に，品質向上と均一性の達成のために，専用工作機の導入とその改良を進めた。しかしコルトの工場では，ゲージは使われず，したがって完全な互換性部品の生産はできなかった。そのため仕上工による手作業が，依然として大きな役割を果たしていた。また生産コスト削減にも至らなかった。

農業用機械は，19世紀半ばに中西部から内陸にかけて鉄道網が敷設されて，大農法地帯が東部の市場と結びつくと，農場労働

図5-1　19世紀アメリカの大工場

大量生産の前提となる部品標準化ができないので，ヤスリがけをして合わせている。

（出所） *Harper's New Monthly Magazine*, Vol. 5 No. 26, July, 1852, p. 158.

の合理化とともにその需要を増大させた。マコーミック（S. McCormick）は，1851年に東部からシカゴに本拠を移して大規模な収穫機製作工場を始め，互換性原理と流れ作業方式に立った工場を整備したとされる。しかし，部品は請負業者からの供給に依存し，1880年に至ってもこの工場は機械加工，組立，ヤスリがけ仕上げを行い，部品を大工の作った木製の骨組みに取りつけていた。マコーミック自身は互換性原理を知らず，またその製品が低コストを実現したとはいえなかった。

量産方式

アメリカでは，互換性方式が銃生産をはじめ日用品や生産財の生産にも試みられたことは事実であった。しかし，多くの場合，組立工程において仕上げが必要であり，互換性原理が導入された場合も大量生産による低コストの実現には至らなかった。このように互換性原理という点では，19世紀のアメリカは，これまで考えられてきた水準にはほど遠かった。

しかし大量生産体制には，産業分野や工程の特質から，互換性原理に立った組立・流れ作業方式だけでなく，機械や装置を使った連続処理方式によるものもある。時計製作では多少の進展が見られた。スイスやイギリスの伝統技術に対して，アメリカでは型打ちやプレスの機械化が進み，安価な時計が量産された。この点でデニスンの「ウォルサム時計」は，必ずしも互換化を目ざしたものではなかったが，多少の進展が見られた。

加工・組立以外の分野では，連続処理方式が次第に地歩を確立していった。そしてひとたびそれによって大量生産が可能となると，量産品を受け入れる条件は整っていた。アメリカの繊維工場では，紡績と織布の工程統合が進み，太糸・厚手製品への標準化が進んだ。製鉄業でも，19世紀半ば以降，精錬・圧延工程から製鉄への川上統合が進行した。従来の金属製品や釘などに代わって，量産を要する鉄道用レールや新興都市の建設資材の需要増に対応した。

当然のことながら，新たな管理や生産の手法は，こうした産業にとどまらなかった。他の産業においては，1台の機械が全工程をこなす連続処理方式も出現した。すなわち装置の一方から原料を供給すると，一連の加工作業が機械のなかで行われ，副産物も分けられて，他方から製品となって出てくるといった技術である。こうして，石油精製では多段階蒸留方式が導入され，製糖，アルコール精製，薬品，鉄鋼など，他の装置産業においても類似の仕組みが導入された。タバコ，マッチ，製粉といった産業でも，相前後して連続処理方式が導入された。

19世紀アメリカにおける専用機械の導入の要因として，賃金が相対的に高く機械化が有利だったこと，言語も多様な不熟練の移民が労働力の多くを占めていたこと，熟練工が作業の組織化を推進できたこと，国内市場が均質で標準化した製品を受け入れやすかったこと，鉄道の全国的な開通とともに市場の統合が進んだこと，などが挙げられる。

3 体系的管理運動

請負制の限界

19世紀のアメリカにおける技術や組織の変革は，熟練工によるところが大きかった。熟練工は工場内の各部門を請け負い，不熟練の移民を使って工程を組織した。アメリカ方式の基礎には，こうした請負制があった。これは，次の時代のアメリカから見ると旧時代の残存物であった。

請負制は，現場の管理を請負人にまかせる方式であった。そして請負制に依存しているかぎり，事業主自身が管理問題を意識する必要はなかった。事業主の側に管理問題への本格的な関心が起こるのは，1870年代の不況期のことであった。この時期に，原価削減のために請負制が廃止されて直接管理に切り換えられると，分業が進展した工場内を管理するために新たな手法が考案されていった。

その結果，工程管理，在庫管理，原価計算，意思決定の定型化など，工学的手法や統計的情報による一連の管理手法が登場した。1870年代から広まった管理問題に対するこうした一連の取組みは，「体系的管理」(systematic management) とよばれている。

体系的管理の背景

体系的管理は，大企業の形成と時期的にほぼ重なる。しかし体系的管理は，中西部の大企業によってではなく，東部の中小機械工業や金属加工業によって始められたものであった。これらの産業は，南北戦争後に中西部の新興大企業からの需要に恵まれて繁栄した。しかし1873年の恐慌以来，価格が低落し停滞に直面すると，まず原価削減がはかられた。これらの産業では，工場は請負制で経営されており，製品1個の価格が固定されていた。事業主は，管理問題を意識することなく請負価格の切下げをはかったが，それはかえって能率向上意欲を損ねることになった。

他方，専門化の進展と工程の細分化は，作業の能率化をもたらす半面，全体の統合や調整を困難にするという問題を生み出していた。とりわけ事業主が生産工程を直轄するようになると，販売部門からの注文が製造各部門に伝えられ，最後に配送部門に至るまでの，垂直的な流れにおける部門間の調整が必要となった。それは未経験のことであり，困難を伴った。また従来の請負制とは異なって事業主が下位の管理者を有効に統制する必要が生じたが，そのために的確な情報を持つ必要が生じた。こうして工場内の作業を統合し，情報を掌握するような管理手法が必要となった。

工程管理と原価計算

タウン（H.R. Towne）は，初歩的な生産管理システムを自社で試みた。顧客から注文を受けると，管理部が作業を計画し，各工場に対する2枚の製造命令書を用意した。製造命令書は現場監督に送られ，さらに工場内各部門の職長に渡された。職長は作業の完成日を決め，命令書に書き込んでその1枚を現場監督に送り戻した。この手法は完成度は高くなかったが，19世紀最後の10数年の間に改善され，「資源を最も有効に活用して，所定の時間内に所定の製品を完成させるため，生産の全工程を計画・編成する」手法となった。

メトカフ（H. Metcalf）は，工場の責任者が作業現場についての情報を得るための，原価計算の手法を開発した。工場の責任者は，コスト・データを通して，工場内の問題点を知ることになった。当初，コスト・データは各部門，工程，製品ごとに，材料費や人件費として集められ，問題を事後的に知るのに使われた。メトカフは原価計算の手法を精緻化し，作業命令書当たり，また部品当たりの現在原価を見出す手法を開発した。

意思決定の定型化も試みられた。下位の管理者の決定を上位のそれとを一致させるため，多様な事態を想定してその対処をマニュアル化するものであった。このようにして意思決定権限を委譲しつつ，組織内の相互の不一致がないように決定範囲やガイドラインを示すことが可能となった。

こうして，事業主は工場内，工程間の情報を掌握でき，定型的で細部に関わることがらは，下位に委譲することによって，情報の選別を図ることが可能となった。今日の管理手法の基礎的な考え方がここに見られる。体系的管理は，工場の作業の流れを調整し，全体を統括することであったが，その過程で，統計・会計スタッフなどを登場させ，また人事や下層管理者などの管理職能を増大させた。作業現場の管理に発した変化であったが，職員層を形成し，全社的な調整をも必要とする管理の試みとなった。しかしこの「体系的管理」もまた，次の時代からは「成り行き管理」と見なされたのである。

4 科学的管理法の登場

テイラー・システム

テイラー（F.W. Taylor）は，19世紀末から20世紀初頭にかけて，経営管理の合理化を提言した。その手法は，テイラー・システムあるいは科学的管理法として知られている。それまでアメリカで生産方式の改善に取り組んできた人びとと同じようにテイラーも技術者出身であり，金属切削作業の改善経験をもとに，作業の標準化や賃率の合理的決定に関する原理を考案するに至った。

テーラーは作業を分解し，それを最も効率的な動作に標準化し，それらに要する時間を測定することによって，1日の標準的な仕事量を確定した。この方式は，「課業管理」として知られている。テイラー・システムの基本には，管理の手法というものは，工学と同じように科学的に明確な原則に立つことができるし，そうすべきであるという考えがあった。

課業管理は次のような過程を通して実施された。

第一は，工場管理の中心的機関としての計画部門であり，作業を分析して課業を決定した。すなわち要素的賃率決定という方式によって，合理的な賃率を決定した。また受注品を分析して，作業に必要な参考図面，治具，工具を記した指令書を作成した。

第二は，職能別職長組織であり，従来の単純な直轄組織に代わるべきものであった。

第三は，標準作業方法のマニュアル化であり，指令書がこの標準化を推進した。

第四が，差別的出来高給であり，同一作業に二種類の差別的賃率を定め，所定の時間内に標準作業が完成されたときは高率賃金が支払われた。科学的管理法は，従来の方法と比べて，一方で労働コストを削減し，他方で労働者に高賃金を得させるものであった。こうしてテイラーの手法から引き出されるものは，最大の生産量であった。テイラーは，こうした科学的管理に対する意識の変革を訴えた。

テイラーの考え方はアメリカを中心に反響を呼び，テイラー主義者を生み出した。その調査するところによれば，第一次世界大戦さなかの1917年に，テイラー・システムを取り入れた企業が，アメリカを中心に世界で201社に達したとされている。

管理の進化

前章で見たように，ヨーロッパの工場内部は，自然発生的な職種に基づいて編成されていた。アメリカの工場は，職務とか職能といったより抽象的な基準で編成されるようになったのである。以上のような管理の手法は，アメリカ東部の機械製作業や金属加工業を基盤としたものであった。それらは大企業ではなかった。機械製作業では，工場内の分業，機械の専用機化，組立ラインの整備，一連の工程の統括といった組織化が進められた。しかしその多くは，受注製品型の工場であり，一律に管理しにくい側面を残していた。テイラーはそのような分野を管理する手法を考案したのである。

テイラーはそれまでの管理の手法を「成り行き的」と批判して，自らの画期性を主張した。しかしテイラーの着想は，タウンらの体系的管理のなかにすでにあった。体系的管理もそれまでの工場管理すなわち「アメリカ方式」の批判から始まった。しかし体系的管理の考えもすでに，アメリカ方式に見られた。アメリカ方式からフォード・システムに至る管理は，19世紀初期に生まれた考えが，それぞれの時点では完成されず，1世紀をかけて実現された過程と見ることができる。

19世紀末のアメリカでは，ヨーロッパに見られない大量生産が登場した。それは中小工場から始まって大工場に普及した。やがて大量生産は，市場の仕組みとのバランスを崩し，大企業の形成に向かった。

参考文献 REFERENCE

塩見治人『現代大量生産体制論』森山書店，1978年。

D. A. ハウンシェル（和田一夫ほか訳）『アメリカン・システムから大量生産へ』名古屋大学出版会，1998年。

第II部

大企業の形成

20世紀初頭

PREFACE

第Ⅱ部

第Ⅱ部は，アメリカを中心に，19世紀末以降の大企業の勃興を扱う。当時のアメリカは，市場や金融においては後進地域であったが，他に先駆けて大量の大企業の出現を見た。なぜ，そうであったのか。アメリカの製造業における大企業の出現とその背景，大企業における経営組織の発達，大企業の存続を可能にした条件などを考える。これらをとおして，現代の大企業の特徴を理解することができる。

アメリカではこの現代企業は，製造企業が，それまで市場取引に依存していた販売部門や原材料部門を自らの内部に統合することによって確立した。現代企業の出現は，組織による資源配分が市場における資源配分に代替する過程と見ることができる。

アメリカでは，製品や原材料などの「通常の財」において資源配分原理が変化したが，「資金」とか「労働力」で同様なことが起こったら，どうなるであろうか。第Ⅱ部は，ヨーロッパや日本における大企業についても，どのような仕組みで，なぜ出現したのかを説明し，アメリカとの違いを考える。19世紀末から，おおよそ1930年代までの時期を扱う。

第6章 垂直統合とアメリカの現代企業

大量生産と大量販売

シンガー社の企業広告――多国籍企業の先駆者

写真提供　Smithsonian Photographic Service（Negative No. 85-14366）

シンガー社は，家庭用ミシンの大量生産とダイレクト・マーケティングによる大量販売を結合して大企業へと成長した。その後間もなく，同社は海外進出を開始し，イギリス，オーストリア，ロシアに大規模な生産・販売拠点を築いた。農業用機械のマコーミック社などと共に，シンガー社はアメリカにおける多国籍企業の先駆者ということができる。

企業成長の経路

小規模な企業が大規模企業へと成長していくプロセスは多様である。営々として稼ぎ出した利益を再投資して事業を拡大することによって，ついには大企業へと成長する場合もあるし，既存の他の企業を次々と合併することによって短期間に大規模な企業が出現することも少なくなかった。前者は内部成長，後者は合併による成長といわれる。これとは別の角度から，企業の成長を水平統合による成長と垂直統合による成長とに分けてみることも可能である。水平統合とは同じ製品市場の競争関係にある同業他社との統合をいい，垂直統合とはそれまで他社から供給を受けていた原料や部品の生産に進出（後方統合）することや，それまで流通業者に委ねていた卸売りや小売事業へと進出（前方統合）することをいう。

実際の大企業の成長過程には，このような成長戦略がさまざまな形で組み合わされているが，アメリカにおける大企業の形成過程をヨーロッパ諸国におけるそれと比較した場合には，垂直統合戦略の果たした役割がきわめて大きかった。前章で触れたとおり，アメリカでは19世紀の前半から軍工廠などで銃器について，互換性部品を用いた大量生産技術の開発が続けられていた。ミシンのシンガー社，農業用機械のマコーミック社，タイプライターのレミントン社，金銭登録機のナショナル・キャッシュ・レジスター社（NCR）といった企業が，大量生産技術と大量販売システムを結合することに成功し，南北戦争の前後から，続々と大企業へと成長したからである。

1 全国市場の成立

蒸気船と運河

このような大量生産と大量販売を結合した製造業大企業の成立には，運輸・交通システムの発展による広大な国内市場の出現が前提条件であった。

図6-1には，各種の輸送手段による貨物輸送コストの低下が示されている。これによると，第一に，19世紀の前半に開発された蒸気船と運河の役割がきわめて大きかったことがわかる。ミシシッピー河が蒸気船で遡れるようになって中西部と南部が結ばれ，エリー運河が開通して東部と西部が結ばれると，市場経済システムが全国規模で浸透し，東部・中西部・南部の地域間分業が発展した。運河や蒸気船のほか，道路・橋などの事業は，株式会社の形態をとって推進され，その設立や経営には州政府などの地方政府が深く関与していた。1825年に開通したエリー運河は，中西部とニューヨーク市の物流の大動脈となって，ニューヨーク市の経済的な地位を不動のものとした。当時の株式会社は，運河，橋，道路などの公共事業的な事業のために，州政府の「チャーター(特許)」に基づいて設立されるものであり，誰でもが自由に設立できる企業形態ではなかった。一般会社法が制定されて，特許主義から現在の準則主義へ移行するのは，州によって多少のズレはあるが，おおむね1840年代以降のことである。

鉄道と電信

図6-1から読みとれる第二点は，19世紀後半には，鉄道の発展が著しかったことである。1840年代前半の鉄道建設は東部地域内のものであったが，南北戦争の勃発までにミシシッピー河以東の幹線鉄道網が完成した。1848年の時点では6000マイル弱に過ぎなかった営業距

図6-1　内陸輸送コストの推移：1784～1900年

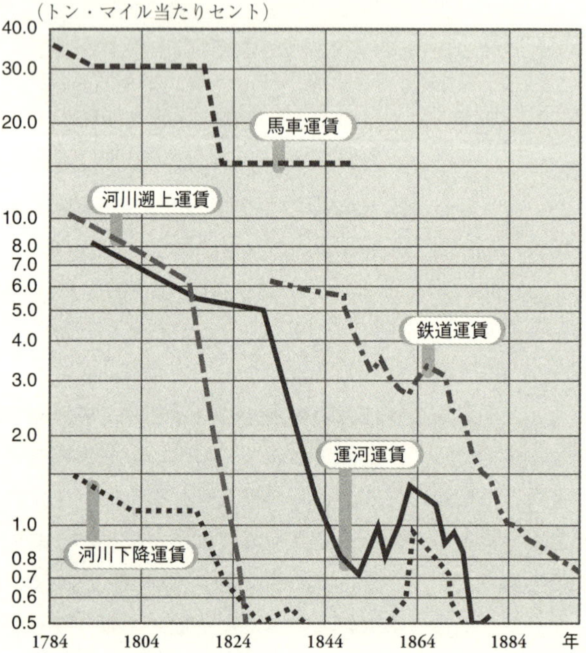

（出所）　Douglass C. North, *Growth and Welfare in the American Past*, Prentice Hall, 1966, p. 11による。

離は，1860年には3万マイルとなり，この間に約5倍に成長したのである。1869年には大陸横断鉄道も開通し，1880年までには全国的な幹線網が完成した。冬期の凍結や渇水など自然条件の制約の多い運河や蒸気船と異なり，鉄道は，年間を通じて確実な運輸サービスを提供できるだけでなく，一段と高速である。これらを総合すれば，鉄道のもたらした経済効果は，図6-1に示されたコストの低下よりはるかに大きかったと考えられる。この問題については，次の第7章でより詳しく検討することとする。

鉄道による物流システムの整備と並行して，電信の発展が情報通信の効率を飛躍的に高めた。アメリカにおける電信網は，1844年にモールス（S. F. B. Morse）がワシントンとボルティモア間40マイルで試験通信を開始したのを皮切りに，驚くべき勢いで成長した。6年後の1850年には，20の電信会社が活動しており，その営業距離は1万2000マイルに達していた。1869年には大陸の両端が結ばれた。この頃までには，全国の主要な都市間で，経済情報を瞬時に交換できるようになったということであり，その経済効果は絶大であった。

2 前方統合

マーケティング活動

こうして物流コストが激減し，経済情報の伝達速度が飛躍的に高まったので，それまで地方ごとの範囲で行われていた経済活動が，全国的な規模へと拡大する可能性が開けた。このような潜在的な市場機会を顕在化させるべく，最も積極的なマーケティング活動を展開したのは，先にふれたミシン，農業用機械，タイプライター，金銭登録機などを製造する企業群であった。これらの製品にはいくつかの共通点がある。

第一に，いずれも労働力節約の効果を有する機械であり，労働力不足のアメリカ社会には大きな潜在需要が存在していた。たとえば，中西部の諸州では，物流・通信網の整備が進むに従って，小麦をはじめとする各種の穀物や飼料作物を商業生産する大規模農業が発達しつつあった。その担い手は独立自営農家すなわちファミリー・ファームであった。中西部には広大な耕作可能な土地が広がっていたのに対して，ファミリー・ファームの労働力の供給源は原則として家族の構成員に限られる。中西部の農業生産の増加を阻む最大の制約条件は労働力不足であった。機械化によって労働力供給の制約条件が緩和されれば，彼らは営農規模を飛躍的に拡大することができた。ミシンによって節約された主婦の労働力は，農業経営の拡充のために振り向けることが可能となる。

第二の特徴は，これらがいずれも，従来見られなかった新製品であったことである。ミシンは最初に一般家庭の主婦が利用するようになった最初の機械であり，収穫機や耕運機は多くの農家が取り入れた最初の機械であり，タイプライターと金銭登録機はそれぞれ事務所や商店に設置された最初の機械であった。これらの製品には，上記のように「潜在需要」は大きいと考えられたが，発明されて間もない新製品であるから，原則として既存の需要は存在しなかった。これらの新しい「機械」を購入しようとする顧客を創造するには，実演などを通じてその利便性を示し，誰でも簡単に使いこなせるように使用法を教授しなければならない。故障に備えて修理サービスを提供できる準備を整え，補修部品を在庫する必要がある。また，一般の消費財に比べると高価な商品であったため，その販売の際には月賦販売のような消費者金融の仕組みが欠かせなかった。

消費財を扱う既存の卸売商（ジョバー）は，このように人手と資金を要する新製品の取扱いを嫌った。差別化されないコモディティーを扱い，資金を極力固定させずに効率を高めるというのが，既存の卸売商の行き方であったからである。したがって，これらの新製品の製造業企業は，「潜在需要」の「顕在化」のために，自ら多大の努力を払わなければならなかった。彼らは前方統合戦略，言い換えれば，ダイレクト・マーケティングの先駆者とならざるをえなかったのである。そのなかでも，1880年前後までに，アメリカ内外に約7500もの営業拠点を設置したシンガー・ミシンのマーケティングはひと際，目立つ存在であった。

シンガー・ミシンの戦略

同社は次のとおり，卸売段階に止まらず，小売りのための小店舗を全国にくまなく配置した膨大な独自の流通チャネルを構築したのである。

・本　店：大都会に設置

・支　店：各州の郡都（カウンティー・シート）あるいは人口1〜2万人の町

・準支店：支店から直接管理できない地域の町

・駐在員：準支店を設置できない小さな町

このように独自の流通チャンネル，月賦販売，アフター・サービス，デモンストレーションと教習システム，膨大なセールス・スタッフを擁し，きわめて組織的なマーケティング活動を展開したシンガーは，ミシンの潜在需要を顕在化させることに成功し，同業他社をほとんど吸収することなく，内部成長によって急成長を遂げた。その結果，1880年における同社のミシンの生産量は年間2万台に達した。ウィラー&ウィルソンなど数社が同様なマーケティング政策を推進して成長しており，ミシンの市場は，シンガーを頂点とする数社が圧倒的なシェアを有する寡占状態となったのである。

シンガーのように小売段階まで自ら手がけたケースはさすがに稀で，多くの場合は卸売りの機能を内部に取り込み，小売段階は専属のディーラーを起用した。農業用機械のマコーミックやジョン・ディアー社は，このタイプの代表例であり，現在の自動車企業が採用している流通チャネルによく似たシステムが形成された。タイプライターや金銭登録機のレミントンやナショナル・キャッシュ・レジスターのマーケティング活動は，その後，IBMを始めとする事務機産業企業の営業活動のモデルとなった。レンタル等の新しい販売方式は，この分野から他の製品分野へと広がったものである。

3 後方統合

鉄鋼業の成長：カーネギーの成長過程

図6-2は，19世紀末から20世紀初頭にかけての時代について，鉄鉱石や石炭の採掘から二次製品の生産にいたる鉄鋼業の生産過程を図示したものである。南北戦争前は，これらの各段階の生産活動はそれぞれ独立した別個の企業によって担われていた。これに対して，カーネギー（A. Carnegie）に代表される鉄鋼業の企業家たちは，これらの諸段階のほとんどを自らの支配下に置いた大規模企業を作り出したのである。

貧しい移民の子として生まれたカーネギーは，一家の生活を支えるために多くの仕事を経験したが，ペンシルヴァニア鉄道の電信係に採用され，その有能さを評価されて，管区の責任者にまで昇進した。彼と鉄鋼業とのかかわりは，ペンシルヴァニア鉄道に勤務中に，キーストン橋梁会社や同社に素材を供給するユニオン製鉄所，鉄道レールを生産するフリーダム製鉄所，銑鉄を生産するルーシー高炉会社などへ投資したことから始まる。カーネギーの鉄鋼業における企業者活動は，鉄鋼業の最も川下に位置する分野から出発したといえよう。ただし，彼の初期の投資活動は，これらを含めて，蓄えた資金を証券市場で運用する投機家的な活動が目立っていた。

カーネギーが本格的に鉄鋼業の企業経営に打ち込むようになったのは，1872年代以降のことであった。この年，彼は訪英してベッセマー法の工場を見学し，帰国後，年来の仲間を誘って，カ

図6-2　垂直統合による企業成長：カーネギー

(1)　鉄鋼業の生産工程

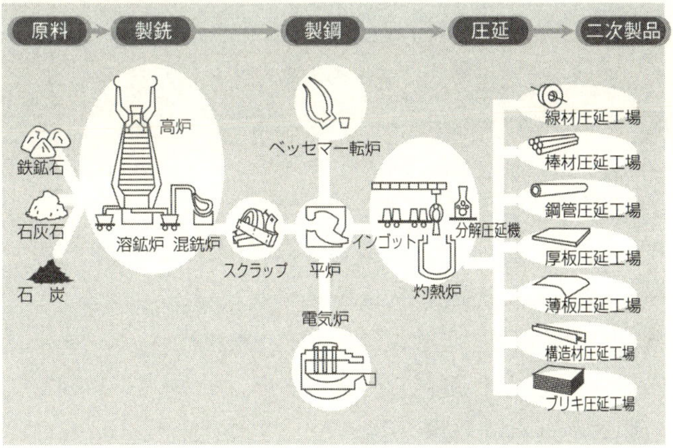
原料
製鉄
製鋼
圧延
二次製品
鉄鉱石
石灰石
石　炭
高炉
溶鉱炉　混銑炉
スクラップ
ベッセマー転炉
平炉
電気炉
インゴット
分解圧延機
灼熱炉
線材圧延工場
棒材圧延工場
鋼管圧延工場
厚板圧延工場
薄板圧延工場
構造材圧延工場
ブリキ圧延工場

(2)　カーネギーの事業展開図

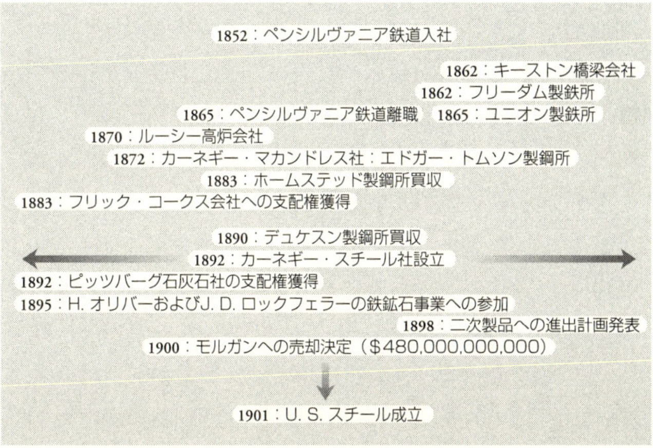
1852：ペンシルヴァニア鉄道入社
1862：キーストン橋梁会社
1862：フリーダム製鉄所
1865：ペンシルヴァニア鉄道離職
1865：ユニオン製鉄所
1870：ルーシー高炉会社
1872：カーネギー・マカンドレス社：エドガー・トムソン製鋼所
1883：ホームステッド製鋼所買収
1883：フリック・コークス会社への支配権獲得
1890：デュケスン製鋼所買収
1892：カーネギー・スチール社設立
1892：ピッツバーグ石灰石社の支配権獲得
1895：H. オリバーおよびJ. D. ロックフェラーの鉄鉱石事業への参加
1898：二次製品への進出計画発表
1900：モルガンへの売却決定（$480,000,000,000）
1901：U. S. スチール成立

ーネーギー・マカンドレス社を設立した。製銑・製鋼・圧延の各工程を統合した一貫製鉄所を建設し，ベッセマー法によって生産されるスチールを用いた鉄道用レールの大量生産を実施することが，この企業の設立の目的であった。

カーネギーはこの事業に蓄えの大半を注ぎ込んだ。彼には十分な確信があった。第一に，ベッセマー法はアメリカにおいてもすでに確立した技術となっていた。第二に，アメリカには同法に適した鉄鉱石が豊富で，ヨーロッパ諸国におけるような原料問題はなかった。第三に，プラント建設は，すでに実績を積んだベッセマー協会のホーレイ（A. Holley）のグループに発注することができた。第四に，ペンシルヴァニア鉄道が錬鉄製からスチール製のレールへの切替えを準備していることを，カーネギーは知っていた。錬鉄製のレールに比べるとスチール製のレールは，強度，耐衝撃性，耐久性のいずれについても格段に優れている。スチール製のレールに切り替えれば，従来よりも大型の機関車や車両をより高速で運行することができる。レールの取替えの頻度も少なくてすむ。カーネギーは，製品の販売についても確信を持っていたのである。

カーネギーが力を注いだエドガー・トムソン製鋼所は，1875年9月に操業を開始した。折りからの不況下で鉄道建設は低迷していたが，ペンシルヴァニア鉄道からの注文があり，生産は順調に立ち上がった。他のレール製造業企業は協調して，レールの価格をトン当り70ドルに保とうとしていたが，カーネギーは独自の判断に基づいて65ドルで販売を開始した。工場原価は操業開始前の試算では69ドルとされていたが，原料価格の低下などで，操業開始後2カ月間の平均原価は56.64ドルまで低下しており，その後も低下しつづけた。エドガー・トムソン製鋼所は操業開始直後から，大きな利益をあげることができたのである。

このようにカーネギーは，最新鋭の技術で装備した工場を建設し，鉄道会社から導入した原価計算によって製造原価を正確に把握した上で，果敢な価格競争を展開した。低価格によって工場設備をフル稼働させるだけの需要を確保したのである。獲得した利益の大半は躊躇なく，生産体制の強化のために再投資した。鉄鉱石の品質分析のために化学者を起用して大きな成果を挙げただけでなく，トーマス転炉の開発を始めとするヨーロッパの最新技術の動向も熱心に探索した。スチール製レールの市場で優位に立ったカーネギーは，同業の2社を相次いで吸収した。彼はエドガー・トムソン，ホームステッド，デュケスンの3つの大規模な一貫製鉄所を有することとなり，鉄鋼業界における地位を不動のものとしたのである。

こうして，レールの大量生産体制を確立したカーネギーは，1880年代には主要原料であるコークス，石灰石，鉄鉱石の供給源の確保に乗り出した。1881年にフリック・コークス社に資本参加し，同社の生産体制を飛躍的に強化したのを皮切りに，石灰石については，ピッツバーグ石灰石社を，最後に鉄鉱石については，オリバー（H. Oliver）およびロックフェラー（John D. Rockfeller）が持つメサビ鉱山を確保した。これらはカーネギーの主力工場向けの安定した原料供給源となっただけでなく，新規企業の参入を阻む参入障壁としての役割も果たした。この後方統合戦略の実現によって，鉄鋼業企業家としてのカーネギーの活動はひとまずは完結したということができる。

鉄鉱製品の市場構造の変化：U. S. スチールの誕生

しかし，この頃から，鉄鋼製品の市場構造に変化のきざしが見え始めた。幹線鉄道網の建設がほぼ完了し，鉄鋼業製品の需要構造に大きな変化が生じつつあったからである。1890年代には，鉄道企業の業績は低迷した。このような需要構造の変化をいち早く察知したカーネギーは，主力工場の一つであるホームステッド工場の主力製品を，レールから建築用鋼材など各種の鋼材へと切り替えた。折から，アメリカの大都会では，鉄骨を用いた高層建築の建設をはじめ，上下水道等向けに各種の鋼材の需要が増加しつつあった。カーネギーの技術スタッフは，高層建築の設計・建設で指導的な役割を演じていたシカゴの建築家集団と緊密な連携を保って，建築用の各種鋼材の規格を決めてハンドブックを編集した。このハンドブックに定められた諸規格は，「業界標準」の地位を獲得し，後発の競争企業は，カーネギーに追随せざるをえなかった。カーネギーはこの新分野でもきわめて優勢な地位の獲得に成功した。

これに対して，過剰設備と価格低下に苦しんだ鉄鋼業界では，投資銀行の仲介によって，企業集中の動きが活発化していた。フェデラル・スチールとナショナル・スチールがその代表例で，前者はモルガン，後者はムーアという投資銀行の仲介によって統合された大規模な企業集団であった。また，従来，カーネギーが中間原料を供給してきた鋼線，釘，鋼板，フープ材など，鉄鋼二次製品の生産者の間では水平統合が進み，その一部はカーネギーからの原料購入をやめて自社生産を開始する動きを見せたのである。

カーネギーは，こうした動きに対抗するために，二次製品の大規模な生産計画を発表した。かりに，真っ向勝負の競争になったとしても，カーネギーには充分な勝算があった。この競争は「鋼材の生産者と有価証券の生産者との競争」であり，「フェデラル・スチールは世界初の株式を大量生産する大企業であるが，スチールの生産は無残な失敗に終わるであろう」。競争企業の株式はいずれも大幅に水増しされており，鉄鋼製品の生産者としての競争力は恐れるに足りない。相手は，最終的には，競争の回避に動かざるをえないと見ていたからである。

かくして，カーネギーは，かねてから考えていた引退のチャンスが到来したことを知った。なぜなら，競争を回避するため，モルガンがカーネギーの事業の買収に動くに違いないと判断したからである。そして，カーネギーの予測どおり，モルガンの仲介によって，1901年にカーネギー，フェデラル，ナショナルの3社をはじめとして，アメリカ鉄鋼業の大半の企業を巻き込んだ大合同企業，U. S. スチールが成立したのである。発足直後の1902年におけるU.S.スチールの生産シェアは，鉄鉱石の60％，コークスの37％，銑鉄の45％，スチールの65％，スチール・レールの68％，構造材の58％，鋼板類の60％，線材の72％であった。

4 水平統合から垂直統合へ

●ロックフェラーの石油事業の事例

アメリカにおける大企業形成の過程では，各種のカルテルやトラストなど，同業他社との共同行動や合併，すなわち水平統合の試みも盛んに行われた。しかし，これらの水平統合はなかなか安定・永続しなかった。カルテルやトラストによっては，アウトサイダーの進出を阻むことが困難であっただけでなく，適者生存の自由競争を信奉する企業家たちはカルテル的な規制に服することを嫌った。多数のカルテルが成立したが，カルテル破りもまた多発したのである。これらの水平統合に対して，取引を制限してはならないとする反トラストの法的規制が加えられたことも，企業を他の成長戦略へ向かわせる要因となった。

水平統合

したがって水平統合は，大企業の形成の全過程をとおして見た場合には，しばしば過渡的な段階であり，強固な経営基盤を備えた寡占的な大企業が出現するためには，それに続いて強力な垂直統合政策の推進が必要であった。ロックフェラーの石油事業の成長過程は，その代表的な事例である。

1859年8月27日に，ペンシルヴァニア州ティタスヴィル近郊で，かねてから石油の探鉱に従事していたドレイク（E. L Drake）はついに有望な油田を発見した。彼の油井からは1日当り8～10バレルの原油が生産された。これに対して，当時の原油価格は1バレル18ドルと高価格であったから，油田地帯には続々と石油と富を求める人々が集まった。原油の生産量は，当然ながら急増し，原油の生産の増加を見て，従来のコール・オイルの生産者たちが先を争って石油精製事業を開始した。

ロックフェラーが，1863年に商店経営で稼ぎ貯めた資金を投入して，アンドリュウス（S. Andrews）と共同してクリーブランドに開設した製油所も，そうした企業の一つに過ぎなかった。成長資金の調達に苦労したロックフェラーは，新たなパートナーを加えて資金力を高め，株式交換によって多くの競争企業を取り込んで企業規模を拡大した。その結果，ロックフェラーはクリーブランド最大の製油業者へと成長し，1870年にオハイオ州法人スタンダード・オイル社を設立したのである。

図6-3に示したとおり，原油の生産はペンシルヴァニア州の西部地域で行われていた。これに対して，灯油の市場は東部の大都市とヨーロッパ諸国であった。原油を東部に運んで精製するよりも，西部で精製して灯油を東部に運ぶほうが，輸送コストが節約できた。それでも，輸送コストは，東部における灯油価格の約20％を占めていたのであり，石油精製企業にとって，輸送の問題はきわめて重要な意味をもっていた。

ロックフェラーの根拠地であったクリーブランドは，3本の幹線鉄道が利用可能であった。彼は大口荷主として，これらの鉄道を相互に競わせ，あるいは大量の積荷を保証することによって，

図6-3　ペンシルヴァニアの油田地帯と鉄道

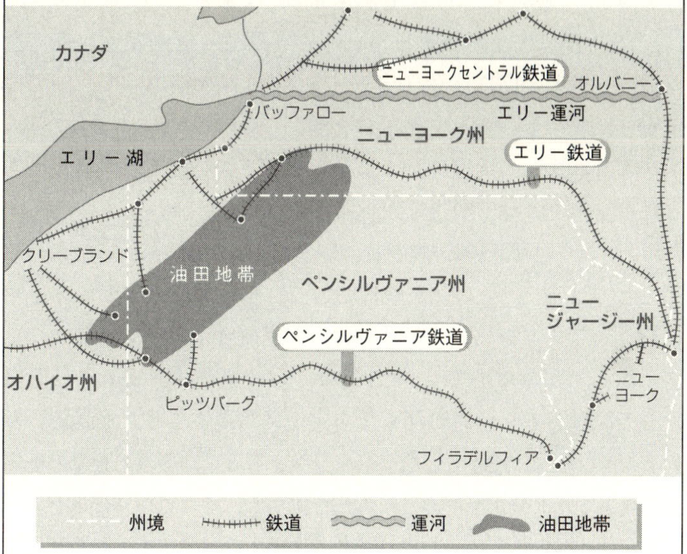

同業他社よりもはるかに有利な運賃を獲得することができた。その好条件を提示して，ロックフェラーは競争企業を自らのグループに次々と参加させ，それに同意しない企業に対しては厳しい価格競争を挑んで屈服させたのである。

1870年のアメリカ経済は厳しい不況に見舞われ，石油精製業界でも，需給バランスが崩れた。精製業界でも原油の生産者たちの間でも，生産制限のカルテルが試みられたが，長続きはしなかった。それらは「砂でできたロープ」のように頼りにならないと結論したロックフェラーは，競争企業を次々と吸収し，1880年までに，スタンダード・オイルは全米の精製設備の90％を手中に収めた。彼は，さらなる規模の経済の実現を目指して製油設備の統廃合を進めたのだった。

このように着々と優位な立場を固めつつあったロックフェラーに，1879年にタイドウォーター・パイプラインが競争を挑んだ。原油の生産者と反ロックフェラーの製油企業が協力して，油田地帯から東部に至るパイプラインを敷設したのである。パイプラインによる輸送は，鉄道によるよりもコスト的に優る。鉄道と提携したロックフェラーの優位が揺るがされた。

垂直統合

ロックフェラーは，タイドウォーターの挑戦に応じて，自らもパイプラインを敷設した。スダンダード・オイルは，垂直統合に向けて，第一歩を踏み出したわけである。1882年に，いわゆる「トラスト」を組織して，傘下の諸企業の経営権を完全に掌握すると，垂直統合の動きはいっそう活発化した。(「トラスト」とは，複数の企業の株主が受託集団（トラスティー）に株式を提供し，その見返りにトラスト証券を受け取ることによって，それらの企業の経営権を受託集団の下に一元化する企業結合の方式であり，事実上の持株会社制度である。)

第一に，既存の卸売業者に資本参加したり，新しい卸売企業を設立するなどして，灯油の流通過程の組織化を開始した。大規模製油所における大量生産体制を補完する大量販売体制の構築を進めたのである。

第二に，1886年に新たに開発されつつあったリマ油田において，原油の生産に着手した。従来のように，生産者が乱立し，原油の供給が過剰基調であれば，精製業者が原油生産を開始する意味は乏しいが，ペンシルヴァニアの油田の生産量はピークを過ぎつつあると判断して，ロックフェラーは原油生産に踏み切ったのである。

第三に，リマ油田の原油には硫黄分が含まれていて，従来の精製プロセスでは良質の製品が得られなかったことを契機として，脱硫プロセスの開発研究に着手した。その結果，開発されたプロセスによって生産される高品質の灯油は，スタンダード・オイルの競争力をいっそう強化した。これがスタンダード・オイルにおける研究開発活動の始まりであった。こうしてスタンダード・オイルは原油生産から灯油の流通に至る諸段階を一元的に管理する垂直統合型の大企業へと成長を遂げたのである。

参考文献 REFERENCE

A. D. チャンドラー，Jr.（鳥羽欽一郎・小林袈裟治訳）『経営者企業の時代』上・下，東洋経済新報社，1979年。

中川敬一郎「米国における巨大企業の成立とマス・マーケティング」『経済学論集』（東京大学）第31巻3号。

米倉誠一郎『経営革命の構造』岩波書店，1999年。

第7章　アメリカ企業と経営階層組織

専門経営者とマネジメント

アメリカン・タイプ（車輪配置4-4-0）の機関車

（出所）　John H. White, Jr., *A History of the American Locomotive; Its Development: 1830-1880*, Dover Publications, 1968, p. 56.

4-4-0の車輪配置は，一般にアメリカン・タイプといわれ，標準型8輪機関車（standard eight-wheel engine）ともよばれる。旅客と貨物の両方に使用可能であっただけでなく，構造が簡単で部品点数も少なく，したがって修理も容易であった。19世紀のアメリカ鉄道で最も多用されたタイプの機関車である。

アメリカの大企業：パイオニアとしての鉄道

南北戦争が終結した1865年には，アメリカの鉄道網は総延長約3万5000マイルに過ぎなかったが，10年後には7万4000マイルに達し，以降も引き続き成長した。このような鉄道網の完成は，前章ですでに触れたとおり，電信システムの発展とあいまって，全国市場の形成や鉄鋼業を始めとする関連産業の発展を可能とした。経営史的な観点からは，それらに加えて，鉄道はアメリカの産業社会に登場した最初の大企業として，ビジネス・システムの発展に大きな役割を果たしたことが重要である。

すなわち，第一は，鉄道企業は，膨大な所要資金を調達するために大量の有価証券を発行し，証券市場の発展を促し，人々の間に証券投資を深く浸透させたことである。ニューヨークの証券市場は，鉄道の発展によって，いっそうの発展を見たのである。

第二には，大鉄道企業では，所有と経営が分離し，専門経営者のリーダーシップが確立したことである。鉄道企業の経営には，巨額の資金と広大な地域に散在する施設・設備および従業員の業務を効率よくかつ安全に組織することが必要であった。このような複雑な業務を処理するために，大鉄道の専門経営者たちは，より合理的な経営組織や管理システムを求めて，試行錯誤を繰り返した。その結果，彼らが開発した経営階層組織（ライン・アンド・スタッフ制や地域を単位とした事業部制組織）は，やや遅れて発展してくる製造業の大企業経営のモデルとなったのである。

1 専門経営者の登場

非常勤の経営者と専門家

最盛期には世界最大の企業でありかつ「鉄道経営の世界標準」とされていたペンシルヴァニア鉄道は，1846年4月に，フィラデルフィアとピッツバーグを結ぶ鉄道として設立された。この鉄道会社の発足時のトップ・マネジメントは，株主の中から選出された13名の取締役で構成され，社長に就任したメリック（S. V. Merick）を含めて，12名がフィラデルフィアの商工業界のリーダー的な立場の人々であった。このことからも，同鉄道は，ニューヨーク，ボルティモア，ボストン等に対抗し，フィラデルフィア市の経済振興を目指して，同市のビジネス・リーダーたちによって設立されたものであったことがわかる。しかし，鉄道建設や鉄道経営の経験はないうえに，各々自分の事業を持っていたため，同鉄道の経営に専念することのできない非常勤の経営者であった。そこで，取締役会は鉄道技術者として優れた実績を持つトムソン（E. Thomson）を技師長として雇用した。出資者の信任に基づいて取締役会が基本的な経営方針を定める。トムソンはそれを社長の指示として受け取り，その枠内で具体的な業務の推進に当たることとなっていたのである。

非株主の取締役

しかし，同社の経営の実態は，当初から，このような組織原則から大きくずれていた。鉄道経営に関する基本方針のほとんどは，トムソンが収集した情報，試算した見積り，具体的な代替案の提示などがなければ，決定することができなかった。そこで，取締役会はトムソンを取締役会にオブザーバーとして参加させるようになった。議決権こそ与えられなかったが，彼は取締役会の決定に直接に大きな影響力を行使するようになったのである。自らの事業を持つ取締役たちが負担に耐えかねて頻繁に交代したことが，この傾向をいっそう強めた。

さらにその背景には，取締役会内部に生じた亀裂があった。社長のメリックを中心とするグループは，資金調達手段を普通株の発行に限定し，その限度内で慎重に建設を進めるべきであるとした。これに対して，トムソン派は，普通株だけでなく社債を発行することによって資金を調達し，鉄道建設を急ぐべきであるとの立場をとったのである。営業活動の管轄権が社長に属するか技師長に属するかをめぐる管轄権争いや，それに関連した人事問題がからんで，両者の対立はいっそう深刻化した。このような取締役内部の対立は，1852年に社外に洩れ，株主総会を巻き込んだ大問題となって表面化したが，同年2月の株主総会でトムソン派が信任を受けた。トムソンは取締役に選任され，第1回の取締役会で社長に選出された。

トムソンが取締役に選任されたのは，鉄道経営者としての力量を買われたためであった。これによって，取締役は株主でなければならないという初期の組織原則が崩れたのである。

専門経営者：トムソン

トムソンの社長就任後間もなく，アリゲニー山地を貫くトンネル工事が完了し，1854年2月に，フィラデルフィアとピッツバーグを結ぶ全線が開通した。フィラデルフィアの経済人たちが構想したペンシルヴァニア法人としてのペンシルヴァニア鉄道の目論見は，これによってほぼ実現したといえよう。これに対して，鉄道企業の専門経営者たるトムソンは，中西部の主要都市を結ぶ大鉄道網の建設という，さらに大きな構想を持っていた。彼は州議会に働きかけて，ペンシルヴァニア鉄道のために2つの権利を獲得した。1つは，

図7-1　1873年のペンシルヴァニア鉄道システム

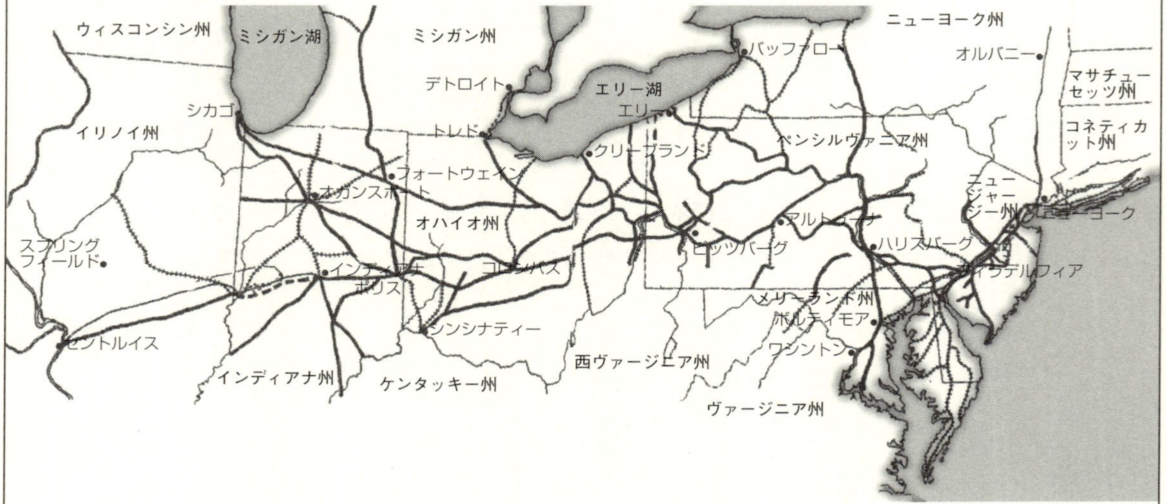

（出所）　G. Burgess & Miles. C. Kennedy, *Centennial History of the Pennsylvania Railroad Company*, 1949, pp.318-19. に基づいて作成。

他州の法人の株式を保有する権利，他の1つは発行株式と同額までの社債を発行できる権利である。

以降，トムソンはこれらの権利を充分に活用して，積極的な資金調達活動を展開し，中西部諸州の鉄道を次々と傘下に納めた。彼が世を去った1873年には，ペンシルヴァニア鉄道の営業路線は，単独で1574マイル，傘下の諸鉄道を合わせると6000マイルを超えていた。この巨大なネットワークは，シカゴやセントルイスを始めとする中西部の主要都市のほとんどをカバーしていた。技術的にも世界の最高レベルを備え，好業績をあげつづけ，在任中には配当が途切れたことはなかった。1863年から72年の間の10年間，平均配当率は9.2％，この間に前後3回の株式配当が実施された。安定した配当が継続する限り，英国など海外の株主はもとより，アメリカ国内の株主たちも，トムソンに経営について異議をさしはさむ理由はなかったわけである。

以上の事実は，トムソンがこの大鉄道企業のトップ・マネジャーとして絶大な力を発揮しえたのは，鉄道の経営者として優れた力量を備えていたためであったことを物語っている。彼が1873年の時点で保有していたペンシルヴァニア鉄道株はわずかに1400株に過ぎなかった。そのような意味でも，トムソンは代表的な専門経営者であったということができる。

2 階層組織の構築

ペンシルヴァニア鉄道の組織改革

創業期の大鉄道会社にとって，最大の経営課題は，ルートの選定や建設工事とそれに要する資金調達である。ボルティモア・オハイオ鉄道は，他に先駆けて資金調達担当の部門を設置し，多くの企業がこれにならった。建設工事はどの企業でも，技師長の指揮のもとで進められた。

建設が終わり営業が開始されると同時に，当然ながら，貨物や乗客をいかにして効率よくかつ安全に輸送するかという管理問題が重要な経営課題となった。1852年にペンシルヴァニア鉄道の社長に就任したトムソンは，1854年に全線が開通してから3年後の1857年に，ボルティモア・オハイオ鉄道やエリー鉄道の管理システムを参考にして，大規模な経営組織の再編成を実施した。部分開業の当時に比べると，約400マイルの全線開通後は輸送量の増加に伴って業務量も急増し，本社から全線を一元的に管理することが難しくなったことと，1857年の恐慌の影響で，営業活動の強化と合理化の必要に迫られたことが，組織改革の直接の動機であった。

組織改革のポイントは次の3点であった。第一に，全線を100マイル前後の管区（division）に分け，本社による集権管理から分権管理方式に切り替えた。第二は，従来の財務部門と運輸部門に加えて，新たに営業部門を設置した。第三は，企業の基本業務を遂行する部下に命令する権限を持つラインの管理者と業務遂行の諸基準を設定するスタッフの管理者とを明確に分離するライン・アンド・スタッフ制の採用であった。

これらのうち第一の管区制は，エリー鉄道ですでに採用されていた管区制度にならった制度である。ペンシルヴァニア鉄道ではそれまでは，1849年にフィラデルフィアとルイスタウン間60マイルが部分開業したときに設置された運輸部が全線を管理する集権管理体制がとられていた。しかし，全線開通したペンシルヴァニア鉄道の営業距離は400マイルを上回り，全線の複雑な諸業務を本社から集権的に管理することはきわめて困難であり，非効率となっていた。トムソンの業務負担があまりにも過重であったことが，こうした権限委譲をうながすもうひとつの重要な要因であった。

第二の営業部門の新設によって，ペンシルヴァニア鉄道では，財務，輸送，運輸の3大部門を有することとなった。この3部門制は，ボルティモア・オハイオ鉄道の方式にならったものであるが，鉄道経営の特徴からしても不可欠の措置であった。一般に企業の経営には，財や用益の生産量の大小に関係なく，一定の固定費が発生する。鉄道の場合は，費用全体に占める固定費の割合がきわめて大きい。たとえば，旅客列車が満員の状態で走行した場合とほとんど空車の状態で走った場合に要する費用とには大きな差はない。言い換えれば，初期投資は巨額であるが，少量のサービスの追加供給に必要な追加的な費用が少ないということである。

したがって，鉄道企業は，できるだけ多くの荷物や旅客の獲得を目指して積極的な営業活動を展開するのが常であった。競合路線との競争が激しければ，前章でロックフェラーの石油精製業について見たとおり，鉄道会社は，大幅に価格を切り下げても大口荷主を獲得しようとした。大口の荷主から積荷保証を得ることができれば，機関車や貨車などの運用効率の大幅な向上が期待できる。その結果として得られる費用の減少により，価格の切下げによる収益の減少を補って余りある可能性もあるからである。競合路線がなく，荷主に対して有利な立場に立てる場合には，鉄道会社はその荷物が負担できる最高限度の運賃を設定した。ペンシルヴァニア鉄道は，1857年の不況によって，積極的な営業活動を展開し，自らの費用構造の分析を基礎とした価格政策を工夫し運用する必要に迫られて，新たに営業部門を設置したのである。

第三のライン・アンド・スタッフ制は，トムソン独自の着想によるものであった。したがって，ペンシルヴァニア鉄道は，アメリカ企業で最初にライン・アンド・スタッフ制を採用した企業で

図7-2　大鉄道の組織略図（1870年代）

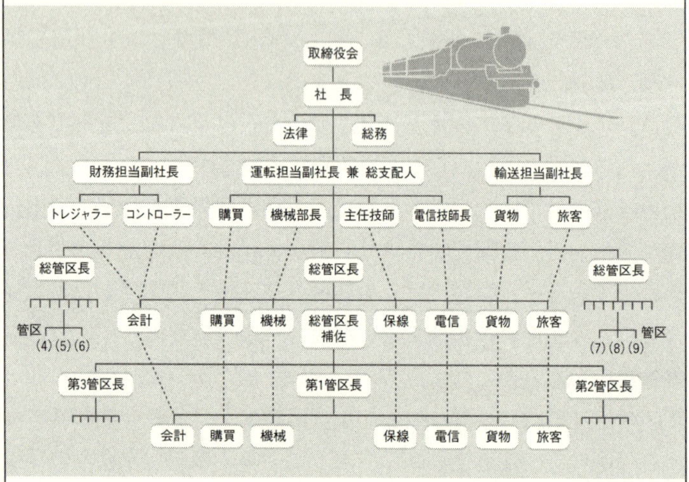

（出所）　A. D. チャンドラーJr.（鳥羽欽一郎・小林袈裟治訳）『経営者企業の時代』上・下，東洋経済新報社，1979年による。

あったことになる。この組織原則は，今日では多くの企業に広く受け入れられている。ペンシルヴァニア鉄道に特徴的な点としては，大きな法務スタッフを持っていたことが指摘できる。運河を管理する州政府の運河委員会との調整や州税（tonnage tax）対策など，ペンシルヴァニア鉄道は州政府との関係で多くの重要問題を抱えていたからであり，そうした政治向きの活動はトムソンが好まない種類の仕事であったからである。

1870年代の大鉄道企業で広く採用されていた経営組織は，図**7-2**のような階層構造を備えていた。この図に示されている組織構造とトムソンが1857年に実施した組織改革のそれには多くの共通性がある。第一に，本社において財務，運輸，輸送という3部門制が採られていること，第二に，本社と地域ごとの管区という構造を持つこと，第三に，本社に充実したスタッフ組織が設置されており，全体としてライン・アンド・スタッフ制の組織となっていることである。要するに，多くの大鉄道企業は，トムソンのペンシルヴァニア鉄道の経営組織を研究し，基本的にはそれとほとんど変わらない構造を採用したのである。ペンシルヴァニア鉄道が「世界的な標準」とされたのは，そのためである。

なお，この組織改革が実施された1857年に，財政負担に耐えかねたペンシルヴァニア州政府は，それまで直営あるいは出資参加してきた運河や鉄道などの準公共事業を民間へ売却した。同時に，以降，この種の民間企業への州政府の出資は禁止された。

経営組織の革新性

前掲の図**7-2**に示された経営組織は，現在では，常識的でやや古めかしい組織にように見えるかもしれない。しかし，19世紀前半の企業の場合と比較すると，その革新性が鮮明となる。図**7-3**の組織図は，ニューイングランドの産業革命を先導したボストン工業会社（Boston Manufacturing Company）の組織図である。このタイプの紡績業企業は，1812年にボストンの有力な商人たちの出資によって設立された。その工場は，紡績・織布・漂白の諸工程を統合した一貫生産体制を備えていた。製品をアメリカ市場に適した粗布に絞り，イギリス製品との競合にも耐え，生産開始の直後から高収益を上げたので，類似の企業が次々と設立された。これらのウォルサム型のボストン工業会社とほとんど同一の経営組織を採用していた。

これらの綿業企業の組織と前掲の大鉄道会社を比較すると，両者の最も大きな違いは，営業や原料調達などの役割を担う部門の有無である。綿業企業では，製品の販売や原料の購買などの商業的機能を専門的に担当する職位は設けられていない。これらの綿業企業では，これらの商業的な業務は，社長にあたるトレジュラ

図7-3　ボストン工業会社の組織

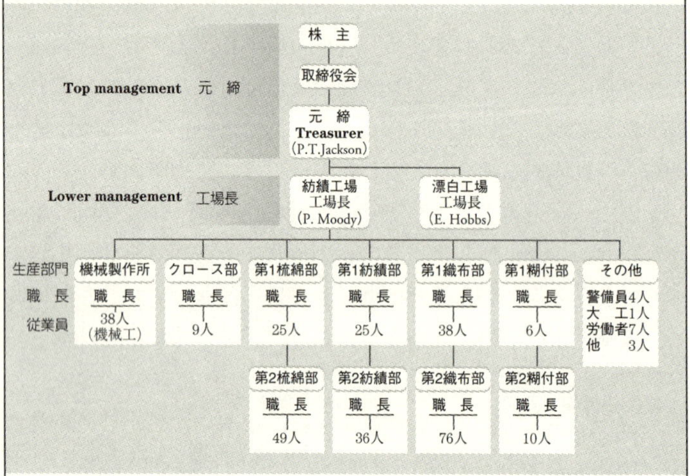

（出所）　渡辺喜七『アメリカの工業化と経営理念』日本経済評論社，2000年，p. 71。

ー（treasurer）が担当していた。しかし，実際には，彼は原綿の買付けには綿花商人を起用し，綿布の販売は代理店に大きく依存していたのである。有力な商人たちの出資による企業でありながら，上記のとおり，イギリス製品とは競合せず，かつアメリカの市場に適合した製品を選択したことを除くと，このタイプの企業もマーケティング活動は意外なほど未開発であったわけである。ボストン工業会社の場合は，資金のうち生産設備などに投下されたのは50％以下であり，残余の資金の相当分は原料綿花や完成品在庫の保有に振り向けられていた。これだけの緩衝在庫を持つことが許されるならば，専門の担当部門を設置して原料の在庫管理や製品のマーケティング活動を行う必要はない。マーケティングは，トレジュラーという職名に示されているとおり，財務管理のなかに副次的な機能として取り込まれていたということができよう。

なお，設立時のボストン工業会社は，無限責任制であり，設立時の株主はわずかに12名に止まっており，その経営の実態は伝統的なパートナーシップとほとんど変わらないものであった。トレジュラーのオフィスは，伝統的な貿易商人の帳場（accounting house）に近い雰囲気を保っていたように思われる。そこには，大鉄道企業の本社に見られるような機能の分化や管理システムの発展は見られなかったのである。

ただし，これらの綿業企業の生産体制は充実していた。イギリスは紡績機械の輸出を原則として禁止しており，アメリカの機械工業は未発達であったから，生産設備は輸入することも外注することも困難であった。したがって，これらの企業は自社の工場内に，設備の開発・製作に当たる機械工場を設けるとともに，工場長（mill agent）の下に，紡績，織布，漂白の3工程の一貫生産体制に対応した生産管理組織を整え，多数の若年女子労働者を雇用する労務管理を実施していた。これらの紡績企業の機械製作部門は，やがて紡績部会社から分離独立して，ニューイングランドにおける機械工業の発展の基盤となったのである。

3 職能部門別集権管理組織の発達

経営組織の職能分化

前章で述べたように，アメリカでは，ミシン，タイプライター，農業用機械，金銭登録機といった新製品を全国市場にマーケティングし，さらに進んで自ら原材料の生産を開始するものも少なくなかった。これらの製品分野では，垂直統合戦略を通じて，大量生産と大量販売

表7-1　ミシンの原価構成（1860年代半頃）

（単位：ドル）

製造原価	20.00
特許料	7.00
販売費	20.00
売上税	2.75
利　益	5.25
販売価格	**55.00**

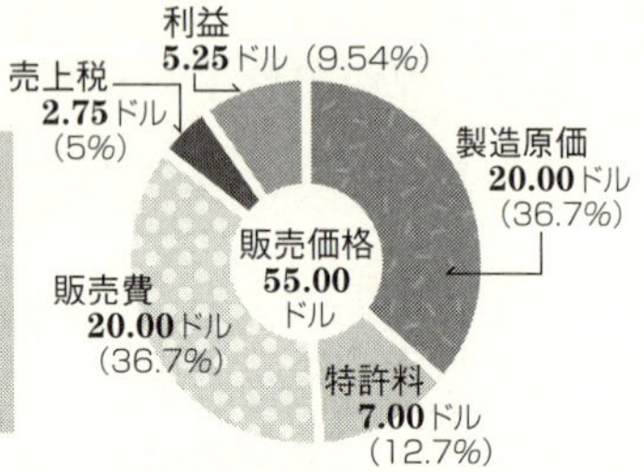

（注）　売上税の導入に対してミシン業界大手企業が反対陳情のために提出した資料中に例示されているデータによる。

図7-4　職能部門別管理組織

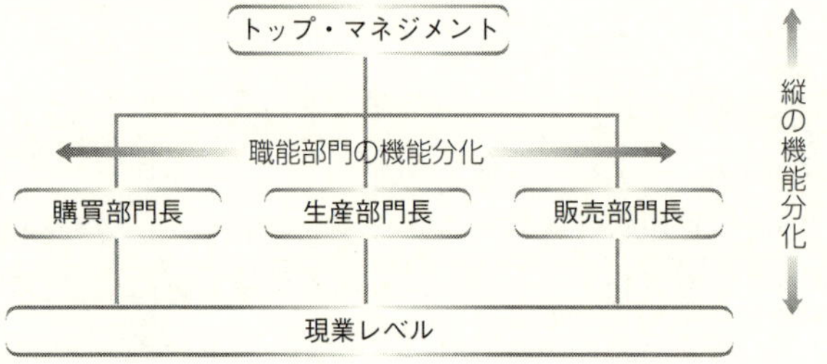

を統合した大規模企業が形成された。

ミシンを製造し直接販売する大企業の南北戦争直後時点におけるミシン1台当りのコスト構成は，**表7-1**のような内容であったと想定されている。当時のミシン業界には，ミシンにとって必須な技術をプールしたパテント・プールがあり，ミシンの生産者はすべて特許使用料を支払わなければならなかった。7ドルの特許使用料はそのための支出であるが，それよりも注目すべきなのは，製造原価が20ドルであるのに対し，販売費用も20ドルと生産と販売がまったく同等の役割を果たしていることである。つまり，大量生産と大量販売がひとつの企業の中に統合されていることを示しているのである。

したがって，このタイプの企業では，上記の綿紡績企業にはなかった経営組織の機能分化が見られた。第一に，販売，生産，購買などの機能分化が進み，それらの役割を担う部門が設置された。第二に，その上位にトップの経営者がいて，機能部門間の利害調整や全社的な意思決定を担当するという形で，縦方向の機能分化も進展した。これらを概念図にすると，**図7-4**のようになる。

ミドル・マネジメントとトップの役割

多くの場合，これらの企業は高収益を享受したので，企業成長のための資金は利益を再投資によって調達したケースが多かった。したがって，大企業に成長してからも，引き続き創業者やその家族が所有経営者としての地位を保持し，トップ・マネジメントの役割を担う場合が多かった。原料調達，生産，販売など各職能分野を担当する中間管理者の階層の活動を全社的な観点から調整することが，トップの経営者の主要な業務であった。

たとえば，生産担当のミドル・マネジメントが設備の稼働率を高く保ち，大量生産によって生産効率を上げたいと考えたとする。これに対して販売活動を担当するミドル・マネジメントは，そのような大量の製品を売りさばくには現有の営業スタッフでは力不足だと判断したとする。このような生産活動と販売活動の担当部門間の方針や判断の相違を調整するためには，一方で製品価格の下方修正や販売スタッフの増員を行い，他方で生産部門にはコスト・ダウンを求めるといった措置が必要となろう。このような意思決定を担うのがトップであり，このタイプの管理組織が「集権的」とされるのは，このような部門間調整問題の解決のための最終的な意思決定権限をトップの経営者が保持しているためである。

このような垂直統合型の大企業のトップとしては，各部門の業績を評価するための方法の開発が必要であった。自らの企業は，原料部門の強みによって利益をあげているのか，それとも生産技術が競争優位の源泉なのか，販売部門はどの程度利益に貢献しているのかを判断し，経営資源を配分しなおさねばならなかったからである。そのために開発されたのが，いわゆる内部振替価格の仕組みである。たとえば，原料生産部門の生産した中間製品の価格を生産部門にコストとして振り替える場合に，その振替価格をその中間製品の市場価格によることとし，原料生産部門がその中間製品の生産のために実際に必要としたコストとの差額が原料生産部門の生み出した利益として確定できる。生産部門と販売部門との間にも同様な仕切り価格を設定して，生産部門の利益も計算可能となったのである。

業績評価法の発展

垂直統合型の大企業は，その管理システムの整備にあたっては，鉄道企業の開発したさまざまな管理制度を取り入れた。カーネギーが鉄道企業の原価計算制度を取り入れ，原価情報を基礎として独自の価格政策を推進したことは良く知られているとおりである。また，このタイプの企業は，その基本構造から内部振替価格の制度のような新しい管理制度を生み出した。この制度は，後年さらに洗練され，現在でも大企業で広く用いられている投資利益率（ROI）による業績評価法へと発展したのである。

アメリカにおける大企業形成の過程には，このような垂直統合にはよらず，同一製品分野の競争企業がカルテルやトラストを結成して市場支配を試みるケースも多数見られた。とくに，ウィスキーや製粉業など伝統的な消費財の分野では，全国規模の市場が形成される過程で，それまでの地方的な規模の企業間での水平合同への動きが活発であった。

しかし，アメリカにおいては，ヨーロッパ諸国の場合と比較すると，そうした水平統合的な組織は不安定で短命に終わる場合が多かった。自由な競争を尊ぶアメリカの社会的風土の故に，アウトサイダーが次々と現れ，協定を破るメンバーが出て，カルテルは永続しない場合が多かったのである。前章でも触れたとおり，石油産業におけるロックフェラーも，精製業者と採掘業者の業界団体を通じた業界秩序の維持に失敗し，そうした方法が「砂のロープでしかなかった」とし，トラストによる企業の支配権の確保に乗り出した。その後，多数の小規模な精製設備を数カ所の大規模製油所に統合して規模の経済を実現したうえで，パイプラインの敷設による輸送事業への進出，原油生産の開始，灯油の流通チャネルの整備というように垂直統合へ向かうことによって，圧倒的な競争力を持つ企業となったのである。

参考文献　REFERENCE

A. D. チャンドラー Jr.（鳥羽欽一郎・小林袈裟治訳）『経営者企業の時代』上・下，東洋経済新報社，1979年。

米倉誠一郎『経営革命の構造』岩波書店，1999年。

渡辺喜七『アメリカの工業化と経営理念』日本経済評論社，2000年。

第8章 アメリカにおける経営者企業の成立

多角化戦略と部門間調整

J. P. モルガン　対　T. ルーズベルト

（出所）R. Chernow, *The House of Morgan: an American Banking Dynasty and the Rise of Modern Finance*, Simon & Schuster, 1990, より。

（出所）R. Heilbroner and Aaron Singer, *The Economic Transfor-mation of America 1600 to the Present*, 4th ed. Thomson Learning, 1999, p.211, より。

1892年にJ. P. モルガンはエジソン・ゼネラル・エレクトリック社とトムソン-ヒューストン・エレクトリック社の合併を仲介し，ゼネラル・エレクトリック社を発足させた。これ以降，モルガンはU.S.スチールを筆頭に多くの合併を仲介した。多くの投資銀行がモルガンに追随した結果，1897～1903年の間に，大規模な産業企業の集中合併運動が起き，巨大な企業が続々と誕生した。これに対して，セオドア・ルーズベルト大統領は，1890年に制定されたシャーマン法を活用して，「トラスト征伐」に乗り出した。

1 大合併運動

大企業の誕生

19世紀の末葉から20世紀の初めにかけて，アメリカの産業界では大規模な企業間の合併運動が起こった。多くの産業分野でそれまで相互に激しく競争してきた企業が，ニューヨークの投資銀行の仲介などによって次々と合併し，大きなマーケット・シェアを有する大企業が成立したのである。

1892年に，エジソン・ゼネラル・エレクトリック社とトムソン・ヒューストン・エレクトリック社が合併し，ゼネラル・エレクトリック（GE）が発足した。この合併は投資銀行のモルガンの仲介によるもので，これを契機として，多くの投資銀行が，従来の鉄道関連の業務から製造業の分野へと活動を広げるようになった。また，1890年に成立したシャーマン法が，独立した企業間のカルテルやトラストを禁止する一方で，「独占」の意味について明確な規定を欠いていたため，かえって企業間の合併を促す結果となったとも言われている。

図**8-1**に示されているように，1895年から1904年の10年間に，大規模なものに限っても157件の合併があり，全体では毎年約300社がそれに伴って消滅した。これらの合併運動に関与した企業の資産総額は，1899年には実に22億6300万ドルに達した。こうして多数の企業が姿を消した代わりに，上記のゼネラル・エレクトリックをはじめとして，U.S.スチール，インターナショナル・ハーベスター，ナビスコ，アメリカン・タバコ，アメリカン・シュガー・リファイニング等々，20世紀のアメリカを代表する大企業が続々と誕生したのである。1901年に成立したU.S.

図8-1　第一次集中合併運動の推移

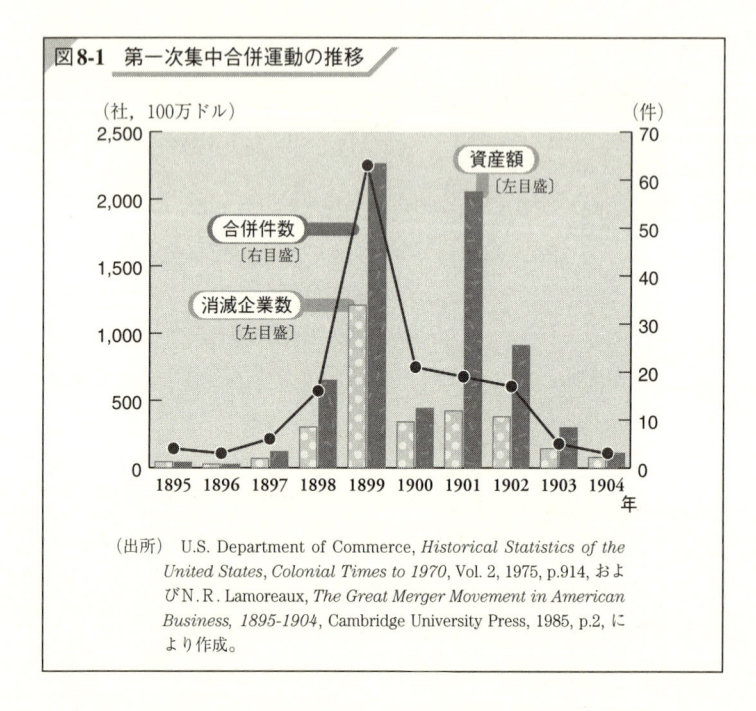

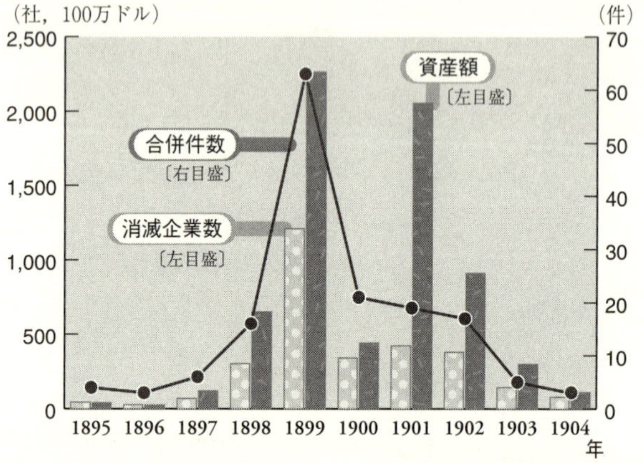

（出所）U.S. Department of Commerce, *Historical Statistics of the United States, Colonial Times to 1970*, Vol. 2, 1975, p.914, およびN.R. Lamoreaux, *The Great Merger Movement in American Business, 1895-1904*, Cambridge University Press, 1985, p.2, により作成。

スチール（現在のUSX）は，アメリカ初の10億ドル（資本金）企業であり，当時としては世界最大の企業であった。

合併の成否を分けた参入障壁

この合併運動は同一産業に属する企業間の合併，すなわち水平結合が主流であった。合併に参加した企業がすでに相当の規模に達していたものも多かったから，その結果生まれた企業のなかには市場の70％を越えるシェアを有するものもあった。

しかし，圧倒的なシェアを有しながら，その後ほどなく業績を悪化させ，消え去ってしまったケースも少なくなかった。全国製塩会社（National Salt Company）の場合がその典型である。この企業は，1899年に成立した時点では，90％にも達するマーケット・シェアを誇っていた。しかし，この圧倒的なシェアを背景として採用した高価格政策によって高収益を享受しえたのは，発足後わずかに1年半程度の間に過ぎなかった。同社の高価格政策と高利潤は多くの新規参入を誘った。その結果，競争が激化して価格が急落するとともに，同社のシェアも業績も急降下し，1902年には早くも破綻したのであった。

これより先の1887年に，有力4社が合併して発足した全国製綱会社（National Cordage Company）の場合も同様であった。同社はその後も積極的に同業他社を吸収合併し，1892年には資本金1500万ドルの巨大企業となり，全国市場の90％を支配するに至った。しかし，この圧倒的とも思われる優位は，わずか1年間も続かなかった。新規参入者が続出し，同社は瞬く間に市場支配力を失い，1893年5月には破綻したのである。

これらのケースは，合併の成否を分けた要因はマーケット・シェアではなく，高い参入障壁の有無であったことを示唆している。参入障壁には，コスト競争力，高度な技術力，巨大な所要資本，ブランド力，原料供給源の確保などさまざまな態様がある。一般に資本集約的で高度な技術を必要とする重化学工業の分野の企業では高度な技術蓄積により，消費財産業では積極的なマーケティング活動により，高い参入障壁の構築に成功した企業でないと，大企業といえども地位を長くは保ちえなかった。大合併運動以降の成長戦略の主流が前方統合へと移行したのも，そのような理由があったからである。上記の製塩企業や製綱企業の場合には，特別な技術も必要とせず，巨額の資金も必要としないため，高い参入障壁を築けず，多くの企業の新規参入を招いた。そして，大きなマーケット・シェアを前提として，高価格による高収益を見込んで株式の大幅な水増しが行われていたため，過重な財務負担に苦しんで，瞬く間に破綻したのである。

このように結局は失敗に終わったケースも少なくなかったとはいえ，この大合併運動によってアメリカ経済は文字どおり，大企業の時代に入ったのである。

証券市場を通じた資金調達と所有構造へ

この合併運動は，アメリカの産業界にもうひとつの大きな変化をもたらした。それは，それまでは相互に疎遠であった製造業大企業とニューヨークの証券市場との間に緊密な関係を成立させ，その所有構造と資金調達活動に大きな変化をもたらしたことである。

1890年ごろまでニューヨークの証券市場で取引されていた有価証券は，国債・公債を除くと有力な鉄道企業の有価証券が大半で，製造業企業では鉄道関連産業の数社が上場されていたに過ぎなかった。投資銀行は，製造業を安全な投資対象とは考えておらず，もっぱら鉄道企業の有価証券を取り扱っていたのである。製造業の大企業の側にも，株式の発行によって大衆投資家から資金を調達したいという強い意欲はあまり見られなかった。製造業でも大規模な企業は株式会社という企業形態を採用してはいるものの，まだ創業者一族や少数のパートナーたちが株式の大半を所有する家族企業あるいはパートナーシップ的な企業である場合が多かったのである。

この大合併運動は，このように製造大企業と証券市場という相互に独立に発展してきた2つの流れを結びつけたのである。当時のアメリカには，海外から巨額の資金が流入しており，国内の貯蓄も増加して，投資銀行家は巨額の資金を動員できる状況にあった。これに対して，それまで最大の資金の需要者であった鉄道業は，すでに幹線鉄道網の建設がほぼ完了していたので，投資銀行は，新たな活躍の場を業界再編制の機運が高まりつつあった製造業の諸分野に求めたのである。投資銀行は，合併を仲介し，その過程で発行された大量の株式を大衆投資家に売りさばいた。そして，ニューヨークの証券取引所には，製造業企業の株式が次々と上場された。その結果，製造業大企業の資金調達活動も，それまでの内部資金中心の方式から，株式を主体とした外部資金を積極的に取り入れる方式へと大きく変化した。アメリカの商業銀行は単一店舗の小規模なものが多く，製造業大企業の資金調達源とはなりえない場合が多かったことも，直接金融中心の資金調達方式の発展を促す要因となったといえよう。

株式の発行を通じて，大衆投資家の資金が大量に動員されるようになれば，巨大企業の株式所有は急速に分散する。こうして，巨大な産業企業の自己金融体制が整い，いわゆる「所有と経営の分離」といわれる現象が進展することとなったのである。

2 経営の多角化

垂直統合型企業

大合併運動の過程で成立した大企業のうち，確固とした経営基盤を確立したのは，原料供給源の確保や積極的なマーケティングなど垂直統合政策，内部合理化によるコスト競争力の強化などを通じて，新規参入を阻む高い参入障壁を築くことに成功した企業であった。この垂直統合型企業の優位は，時代が進むにつれていっそう明らかとなり，アメリカ1920年代に再度の合併運動を通じて，多くの企業間で垂直統合を目指した合併が行われた。その結果，このような有力企業の属する産業では，同様の強固な経営基盤を備えた数社が市場の大半を握る寡占状態が支配的となった。寡占型の産業組織が成立したのである。

このような垂直統合型企業は，内部に多様な経営資源を蓄積しており，従来の単一機能型の企業に比べてはるかに大きな潜在的な成長能力を備えている。しかし，競合関係にある企業も同様に強力な経営体制を整えており，そのような状況の下で，いっそうのシェアの拡大を試みれば，長期にわたる激しい企業間競争となることが必至であった。そして，最悪の場合には共倒れとなることもありうると考えられた。

さらに，シャーマン法の運用が1904年の北部証券会社事件以降，いちだんと強化され，1913年にはスタンダード・オイルやデュポン社などを同法違反とする判決が下され，これらの大企業がいくつかに分割された。攻撃的な低価格政策（predatory pricing）など違法な方法によって競争企業を圧迫し，市場を独占しようとしたことが，シャーマン法に反すると判断されたのである。したがって，同一市場のシェアの拡大を通じた企業成長の余地は，著しく狭められることとなった。

経営の多角化政策は1920年代以降，このような企業内外の状況を踏まえて，さらなる企業成長を実現するために探り出された，新しい経営戦略であった。

アメリカ製造業の最大100社について，その経営戦略の推移を時代別・タイプ別にたどると，**表8-1**に掲げたとおりとなる。合計が100を越えるのは，複数の戦略が同時並行的に推進されているケースがあり，その数が時代とともに急速に増えているためである。この表からも明らかなとおり，20世紀の最初の20～30年間は，それぞれの製品分野で垂直統合戦略をとって成長した企業が多かった。このことは，先に触れた大合併運動が主として，同一の産業に属する企業間の水平結合であったことに対応しており，水平結合によって成立した大企業が，その後は垂直統合によって成長したのである。

表8-1　最大100社の経営戦略分布の推移

（単位：%）

	1919～29年	1929～39年	1939～49年	1948～59年	1959～69年	1969～79年
垂直統合	51	69	79	82	73	68
関連分野への多角化	13	14	20	34	54	51
非関連分野への多角化	0	0	0	8	11	21
国際化	40	52	61	62	75	88

（出所）　Neil Fligestein, *The Transformation of Corporate Control*, Harvard University Press, 1990, p.145.

国際化と多角化

水平結合から垂直統合へと進んだ大企業がいっそうの成長を目指すとすれば，採用しうる戦略としては，国際化と多角化が考えられよう。表8-1によれば，国際化のほうが多角化よりも先行し，多角化が本格化したのは1930年以降のことであった。

アメリカ経済は広大な国内市場を持っており，その貿易依存度は他の先進諸国に較べて低かったが，なかには石油精製業のように，その初期の時代から海外市場に大きく依存していた産業もあった。また，ミシンのシンガーや農業用機械のマコーミックのように，アメリカの卓越した大量生産と大量販売技術を武器に，早くから多国籍化を指向した企業もあった。このような先例を踏まえて，20世紀に入るとアメリカ製品のヨーロッパ市場への進出が本格化した。とくに，第二次大戦後は，戦争被害を受けなかったアメリカ企業は圧倒的な競争力を背景に，西ヨーロッパ諸国に向けて大規模な対外直接投資を行い，現在ではほとんどの大企業が「多国籍企業」となっている。

経営の多角化は，この統計では国際化よりもやや遅れて1930年代から始まっている。当初は，既存事業とまったく関連のない分野への進出はほとんど見られなかった。多くは現有製品と何らかの関連のある分野への多角化であり，多角化の理由は企業内部に蓄積された経営資源のより有効な活用であった。このタイプの多角化はいわゆる内部成長型が主体であり，他企業の合併・統合を通じたものは少ない。

たとえば，天然ガスを出発原料とする石油化学企業は，次々と誘導品を開発して製品系列の幅を広げ，総合化学企業へと成長した。多くの石油企業は，全国的なガソリン・スタンドのネットワークを通じて販売可能なエンジンオイルや不凍液といった自動車関連の化学品の生産・販売に進出し，自動車会社はその技術的蓄積を活用してトラクターのような農業用機械へと多角化している。

非関連分野への多角化

これに対して，1960年以降は非関連分野に多角化するものが増えた。この非関連分野への多角化の顕著な増加は，次の2つの事情に起因すると考えられる。

第一は，1950年のセラー・キーフォーバー法（1914年のクレイトン法の改正）である。これによって，水平結合，垂直統合を目指した合併に対する規制が強化され，企業成長の可能性を非関連分野への多角化に求める動きが促進されたのである。

第二は，多くの既存企業を吸収合併して急成長したコングロマリットの影響である。このタイプの企業の草分けとされるテキストロン社は，社名から推定されるとおり，ボストンで1920年代に繊維会社として発足した企業であったが，成熟段階に入った繊維事業からの脱皮を目指して，1950年代以降次々と繊維以外の事業分野の既存企業を合併して急成長を遂げた。その事業範囲は，ヘリコプター，ロケット・エンジン，時計バンドの製造，鶏の飼育など相互にほとんど関連性が認められない多様な分野にまたがっている。

W. R. グレース社は，ラテン・アメリカ諸国との貿易に従事する有力商社であったが，化学薬品から食料品類などへ多角化して急成長を遂げた。

ITTは，1920年にプエルトリコとキューバで電話会社を経営する会社として発足した。1950年代までのITTは，海外における電話関連事業を中心とする企業であったが，ゲネーン社長時代（1960～78年）に，実に275もの会社を買収し，売上げを20倍にまで伸ばした。被合併会社のなかには，大手ホテル・チェーンのシェラトンや火災保険の名門会社ハートフォード火災保険をはじめとして，レンタカー，食品，住宅建設など，多様な産業分野の企業が含まれていた。

このように，初期のコングロマリット企業の多くは，アメリカの産業構造の中ではやや傍流に位置する成熟産業分野に属しており，その創業者がそれまでの事業を捨て，財務的技術を駆使して成長産業分野の企業を次々と合併して，高度に多角化した大企業へと急成長を遂げたものであった。こうした動きに刺激されて，1960年代には大きな合併運動が出現したのである。

しかし，このコングロマリット型の非関連分野に多角化した企業のその後の業績は，順調とはいえないものが多かった。多様な事業を財務的な関係だけで結び付けても，特段のメリットは得られなかったからである。そのため，コングロマリットの多くは1970年以降，業績の悪化を契機として，広範囲に広がりすぎた事業領域を整理した。その他の大企業でも，多角化を通じて企業成長を目指すよりも，企業の競争力の源泉をなす中核事業を絞り込んでその強化を計る動きが活発化している。

3 研究開発活動の展開

研究開発活動の成果を活用した多角化

このように企業が多角化するために採りうる政策には，既存の企業の吸収や内部の経営資源の活用による方法など多様なものがありうるが，従来にない新しい政策として，研究開発活動(R & D) の成果を活用した多角化が大きな役割を果たすようになったことに注目すべきであろう。

図8-2に示されているように，20世紀の初頭には，個人が取得した特許の方が企業が取得した特許の件数をはるかに上回っていた。これに対して，世紀末の1999年には両者の関係は完全に逆転しており，企業が圧倒的に多数の特許権を取得するようになっている。このことは，20世紀に入ると研究開発活動が企業にとって不可欠の機能となり，多くの特許が企業の研究所などで達成された業務上の発明の成果であったことを示している。

応用研究

企業における研究開発活動の発展の跡をたどるには，研究開発活動の内容を2つの観点に立って，いくつかのタイプに分けてみるのが便利である。すなわち，第一は，研究の目的が新たな知識の獲得自体を目的としたものか，それとも実際的な利用を目指したものかという観点，第二は，行われる活動の内容が科学的な知識の蓄積に貢献するものか否かという観点である。

これらのうち，高度な科学技術の知識の持ち主を雇用し，その知見を生産活動に活用する応用研究は，アメリカでは19世紀の末から活発化していた。近年の研究によれば，**図8-3**に示されて

図8-2 アメリカの個人・法人別年間特許取得件数の推移

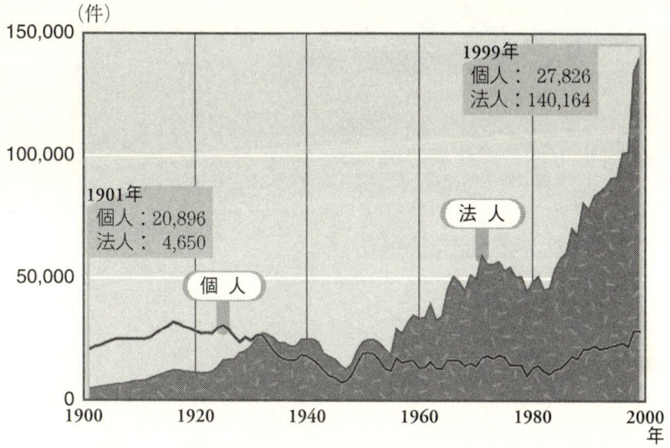

(出所) T. Caplow et al., *The First Measured Century*, The AEI Press, 2001, p. 259.

いるとおり，19世紀中すでに約140もの研究所が設立されていた。鉄道はこの分野でもパイオニアであり，1874年にペンシルヴァニア鉄道が設置した試験部門が，アメリカにおける最初の企業研究所であったと推定されている。この試験部門で実施された鉄鋼材料に関する各種の試験結果に基づいて設定された同鉄道の諸規格は，世界的な標準規格となった。

カーネギーがドイツ人化学者を雇用して原料鉱石や銑鉄の品質分析にあたらせたのも，重要顧客であったペンシルヴァニア鉄道の品質要求に対応するためであった。1870年代初頭から，カーネギーは高炉を建設して製銑事業に進出し，ペンシルヴァニア鉄道傘下のベッセマー法製鋼工場に銑鉄を供給しはじめた。ベッセマー法によって高品質の鋼を生産するために，原料の銑鉄に厳しい品質管理が要求された。そこでカーネギーは化学者を雇用し，

図8-3 アメリカにおける企業研究所開設数の推移

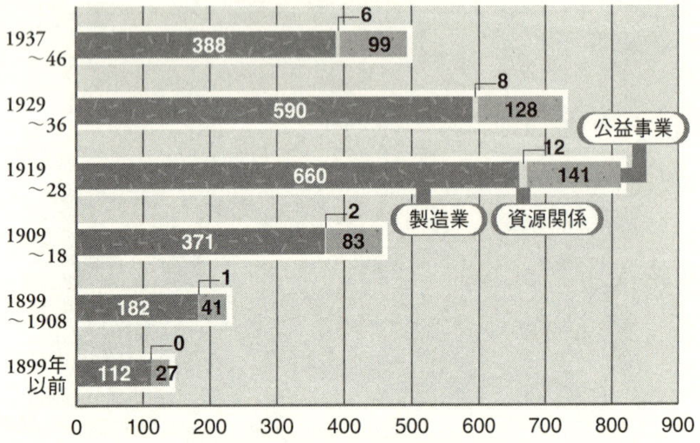

（資料） N. Rosenberg, "The Commercial Exploitation of Science by American Industry," in K. B. Clark and others eds., *The Uneasy Alliance, Managing the Productivity-Technology Dilemma*, Harvard Business School Press, 1985, p. 21, Table 1-1により作成。

原料鉱石や製品の銑鉄の化学分析にあたらせた。自伝によれば，これによって，銑鉄の大幅なコスト・ダウンが実現したという。初期の研究開発活動の主たる目的は，このような原材料や製品の品質の分析法を開発すること，それを活用して試験を実施して品質標準を定めることであった。したがって，分析法の開発や品質標準の設定作業が完了すると，R＆D活動も終わる暫定的なものも少なくなかった。

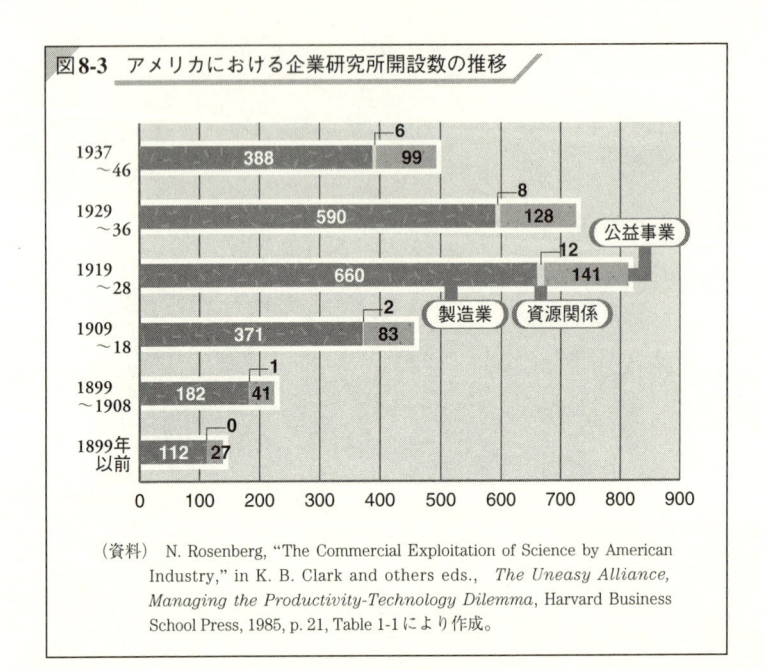

20世紀に入ると，電機や化学産業など技術集約的な産業分野の有力な企業が，恒常的で大規模な研究開発組織を設置し始めた。GE（1900年），デュポン（1902年），スタンダード・オイル（1906年），AT＆T（1911年），イーストマン・コダック（1913年）などがその代表例である。これらの研究開発組織の役割は，当初は既

存製品や生産工程の改善など応用研究が主たる業務であった。特許防衛や内外の技術開発状況の調査業務も重要な役割とされており，有名なデュポン社の場合も，初期の新製品には，有望な社外の研究成果を買収して製品化したものやレーヨンのように技術導入によって事業化したものが少なくなかったのである。

研究開発活動と事業多角化

企業が，いわゆる中央研究所を設けて，既存の事業活動とは一定の距離を置いた本格的な基礎研究に着手するようになったのは，さらに後のことであった。ナイロンやネオプレンの開発で有名なデュポン社が，高分子化学に的を絞って本格的な基礎研究に着手したのも，1920年代の半ばのことであった。**図8-4**はその後にデュポン社が開発した新製品が，同社の利益にどれだけ貢献したかを示したものである。

同社は，周知のとおり爆薬の製造から出発した企業であるが，1960年代の半ばには，利益源として一連の合成繊維すなわちナイロン，オーロン，ダクロンが大きな役割を果たすようになっていた。ナイロンは，W. H. カローザスの高分子化学に関する基礎研究から生み出された世界初の合成繊維で，天然繊維の絹に代替する製品である。ダクロンもデュポンが開発した製品であり，羊毛と同様の用途向けアクリル繊維である。オーロンは，ポリエステル繊維のデュポンの商品名で，これはイギリス企業のICIからの技術導入による製品であった。このようにデュポン社は，研究開発活動を大きな拠り所として繊維事業へと多角化したのである。

デュポン社が経営の多角化に大々的に乗り出した直接の契機は，第一次世界大戦であった。爆薬の大製造企業として，同社は大戦中にその生産能力を急速の拡張した。その結果，従業員数は1914年秋の5300人から4年間で8万5000人へ，使用資本は8000万ドルから3億ドルへと大幅に増加した。戦時中から戦後にかけ

図8-4　デュポンの研究開発活動の成果

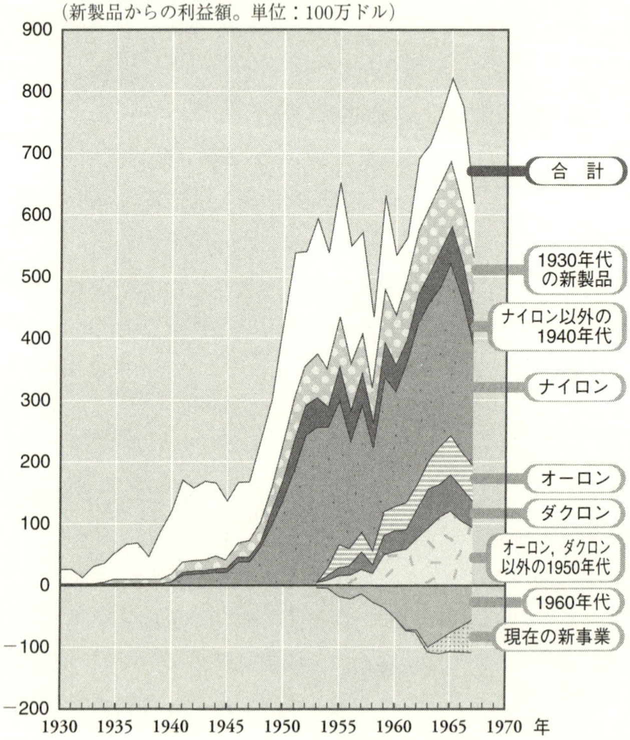

（出所）　D. Hounshell and J. K. Smith, *Science and Corporate Strategy, Du Pont R&D, 1902-1980*, Cambridge University Press, 1988, p. 533，による。

て，輸入の途絶した合成染料，新技術として注目されていたアンモニアやメタノールの合成などの新事業にも着手した。

しかし，大戦が終結すれば膨大な爆薬の生産設備をフル稼働させるだけの需要が見込めないことは明らかであった。そこで，デュポン社は余剰となった経営資源を有効に活用して新分野へと進

デュポンのナイロン・ストッキングの広告

ロスアンゼルスの靴下店の広告：ナイロン・ストッキングを着用した女優マリー・ウイルソンの足の模型（重量2トン）とクレーンで空中に吊り上げられた本人。

写真提供　Hagley Museum and Library

出する方策を模索することを決めたのである。

まず候補にあがったのは，塗料事業やレーヨン事業などであった。塗料事業には有力な大企業がなく，特許などの技術的な参入障壁もないうえに，自動車産業の発展で大きな需要の伸びが見込まれた。レーヨン事業はフランスからの技術導入が可能であり，火薬事業で蓄積してきたセルロースに関する知見が活用できると考えられた。デュポンの繊維事業はこうして出発し，前に述べたとおり，1930年代以降，ナイロンを始めとする合成繊維事業の発展につながったのであった。それだけでなく，レーヨンはフィルムにすればセロファンという優れた包装材料となる。とくにデュポンが開発した防湿セロファンは，湿気を嫌う商品の包装材料として大きな市場を獲得し，長きにわたって高収益商品として同社の業績を支えた。また，後年の音楽テープなどの素材として広く使用されているポリエステル・フィルム（マイラー）を始めとするプラスチック・フィルム事業は，セロファンによって築かれた基盤のうえで花開いたのである。

これらの多くは，1920年代以降ドイツを中心に精力的に研究が進められていた新しい高分子化学理論に基づいた製品である。セルロースやゴムのような天然高分子と類似した高分子材料を合成できれば，多様な合成繊維，合成ゴム，合成樹脂の製品化の可能性が開ける。このような判断に基づいて，デュポンは1927年に，カローザスを招聘して本格的に高分子化学の基礎研究を開始した。ナイロン（合成繊維，プラスチック），クロロプレン（合成ゴム）は，こうして誕生したのである。提唱され始めたばかりの高分子理論を意識的に活用して開発されたナイロンの大成功は，デュポンにおける研究開発活動の地位を高め，その規模を大幅に拡大する契機となったのである。

デュポン社の開発した新製品や新生産プロセスのリストは長大なもので，巨額の基礎研究への投資は大きな成果をあげたといえる。ただし，当初は大型の新製品として大きな期待が持たれながら結局は大成せずに終わるケースが次第に増えたことや，オイルショックなどのもたらした環境変化への対応の必要性から，1990年代には研究開発体制の見直しが行われた。そして，研究のタイプ別には基礎研究から応用研究へと重点が移され，研究分野別にはバルク・ケミカルから医薬，バイオなどへと重点を移しつつある。

4 分権的事業部制組織

部門別集権管理組織の限界

デュポン社が，意識的に多角化政策を推進し始めたのは，すでに述べたように，第一次大戦後のことであった。新たに取り組んだ塗料の事業をはじめとする諸事業は，いずれも大きな需要が見込める新事業として，大きな期待が寄せられていた。しかし，経営多角化は当初の想定と異なり，なかなか期待した成果をあげることができず，むしろ，逆にデュポン社の業績は低迷した。当然ながら，同社の内部では，多角化政策の是非や業績低迷の原因について，さまざまな分析が行われた。1920年代のアメリカ経済は順調に推移しており，業績低迷の原因は内部の管理問題に起因する部分が多いと考えられたからである。そして，単一の事業に特化した企業に適した部門別集権管理組織の枠組みでは，多角化した企業の管理問題を処理することがきわめて難しいということがわかった。

デュポン社の生産部門の責任者は，火薬の生産については十分な経験を持っていたが，新たに加わった多様な新事業分野に関する重要問題について適切な判断を下せるだけの知識を欠いており，しばしば生産活動が混乱した。そうした生産部門の混乱は，火薬以外の市場動向の分析能力が乏しかったことと相まって，トップ・マネジメントによる営業部門や原料部門との活動の調整をいっそう困難なものとしたのである。

製品事業部別分権管理組織

そのためデュポン社のトップ・マネジメントは，本来の責務である全社的な目標の設定という戦略的な問題に取り組むゆとりを失い，部門間調整という戦術的な問題に取り組まざるをえない状況となった。また，各部門の業績を評価するための合理的な基準がなかったため，経営資源の適切な配分も行えなかった。その結果，各部門が他の部門との調整が不十分なままで，それぞれに独自の計画に基づいて活動した結果，そこここに中間製品や完成品の過不足が生じて，全体としての経営効率が著しく低下したのである。デュポン社は，業績の低下はこのような企業管理体制の不備による部分が大きいと判断した。従来の部門別集権管理組織では，こうした問題の発生が避けられないと考えて，多角化という新しい経営戦略に対応した管理組織と制度の開発を目指したのである。その結果として開発されたのが，「製品事業部別分権管理組織」とよばれる新しいタイプの経営組織であり，しばしば「デュポンの図式」とされる資本利益率（ROI）による各事業の業績評価法であった。

製品事業部別分権管理組織の構造を図示すると，図**8-5**のように，職能部門別集権管理組織を基礎的な単位とし，それをいくつも組み合わせた基礎の上に，上位の管理機構を設定したような姿となる。

このタイプの組織の本質的な特徴は，第一に，製品系列ごとに事業部という単位を設定し，その中に生産・販売など一切の機能を収容することにある。各事業部は利益責任を負ったミドル・マネジャーの管理下におかれる。事業部長は利益責任を負う以上，それに対応して自らの事業部の管理運営については大幅権限を委譲される。この組織が「分権的」とされるのは，そのためである。

第二の特徴は，各事業部の管理権をミドル・マネジャーに委譲

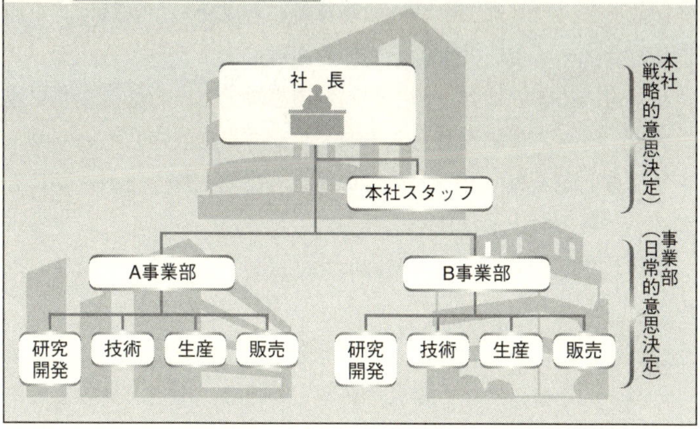

図**8-5**　事業部制組織のモデル図

したことによって，トップ・マネジメントが長期的な観点に立った経営資源の配分などの戦略的な経営問題に専念する体制が整えられたことである。このようなトップ・マネジメントの戦略的な意思決定をサポートするための基礎的な資料として，各事業部門の業績を一律の基準で評価する手法として開発されたのが，先に触れたROI図式であった。この図式の半分は，資産と負債つまり，貸借対照表に関連したデータからなり，他の半分は収益と費用つまり，損益計算書に関連したデータからなっている。このように，株主や債権者への情報の開示のための会計制度を巧みに利用して，企業経営の指針となる管理会計データが導き出されたのである。

デュポン社は，このような新しい事業部制組織を開発することによって経営環境の変化に対応して，次々と新製品の導入や新分野への進出を成功させて，さらなる企業成長を遂げた。このように多角化した大企業のトップによる戦略的意思決定は，従来の資本市場の需給調整メカニズムに相当する機能を担うことから，「資本市場の内部化」と見ることもできる。

このように1920年代にデュポン社は，他に先駆けて多角化政策を推進し，事業部制という組織革新にも成功した。ほぼ時を同じくして，デュポン社と深い関係のあったゼネラル・モーターズでも，同様に各車種ごとの業部制組織を導入し，市場の変化に柔軟に対応できる体制を整え，モデルT型のみに依存していたフォード社を上回る規模とシェアを獲得するに至った。このほかにも，スタンダード・オイル社やシアーズ・ローバック社など，デュポンやゼネラル・モータースとは独立に，事業部制組織を開発した企業もあった。

しかし，経営の多角化とそれに対応した経営組織として，事業部制がアメリカ企業に本格的に普及したのは，第二次世界大戦後のことであった。戦争被害をまったく受けなかったアメリカ企業は，圧倒的な競争優位を背景に，デュポンなどの先駆的な事例に学んで，積極的に経営の多角化と国際化を推進した。反トラスト法の強化や著しいドル不足といった経営環境要因も，それぞれ多角化と国際化を促した。

経営者企業の出現

こうして，第二次大戦後の大企業は，多角化を通じて成長を遂げ，その規模は特定の個人や家族が過半の株式を保有し支配権を持つことのできる限界をはるかに超えるに至った。また，企業成長のための資金調達は利益の再投資とともに株式の公募によって行われたので，株式は多くの株主によって分散所有される傾向が顕著となった。ごくわずかな株式を所有する株主の大半は，純然たる「投資」対象として株式を一時的に保有しているだけで，企業の経営に参画する意思を欠いていることが多い。このような株主は，企業業績や配当政策に不満があれば，また経営者の経営方針に不満な場合には，株主総会で方針の変更を求めるよりも，株式を売却してより有利な株式を購入することを選択することもできる。さらに，巨大化し複雑化した企業の管理業務を担うためには，多くの知識や経験の蓄積が求められるようになっており，株主が企業経営への参画を望んでも，自ら具体的な経営戦略を提示することはきわめて困難となった。

こうした諸要因が重なって，企業経営の実際的なリーダーシップが，資本の所有者からいわゆる「専門経営者」へと移行する傾向が顕著となった。これが「経営者企業」の出現といわれる現象であるが，これらの専門経営者たちも，その意思決定を，強力なスタッフによるサポートに大きく依存しており，それは，同時に大規模な「階層制組織」の時代の到来でもあったのである。

参考文献 REFERENCE

安部悦生・壽永欣三郎・山口一臣『ケースブック　アメリカ経営史』有斐閣，2002年。

小澤勝之『デュポン経営史』日本評論社，1986年。

高浦忠彦『資本収益率のアメリカ経営史』中央経済社，1992年。

A. D. チャンドラー, Jr.（三菱経済研究所訳）『経営戦略と組織――米国企業の事業部制成立史』実業之日本社，1967年（新訳『組織は戦略に従う』ダイヤモンド社，2004年）。

A. D. チャンドラー，Jr.（鳥羽欽一郎・小林袈裟治訳）『経営者の時代――アメリカにおける近代企業の時代』東洋経済新報社，1979年。

第9章 ヨーロッパにおける現代企業の登場

大企業の発展と政府

ジョン・ブラウン（英）のシェフィールド工場

ジョン・ブラウン社はこの製鋼所を起点に，後にはクライドサイド（スコットランド）に大造船所を取得するなど，20世紀初頭に一大拡張を遂げた。この製鋼所は，19世紀末から1世紀近くの間，その所有権は変転したが，工場の姿はほとんど変わることなく続いた。

1 ヨーロッパにおける現代企業登場の背景

現代企業の出現

現代企業は，19世紀末のアメリカにおいて，製造企業による流通・マーケティングや原材料部門への進出をとおして出現した。アメリカの現代企業は，「複数の異なった現業単位」と「経営階層組織」とを備えていた点で，19世紀の企業と異なっていた。ここで「現業単位」とは，製造拠点（工場）や販売拠点など，事業を営むうえの基礎単位のことである。それ以前の時代の典型的な企業は，単一工場からなる製造所や，一販売拠点からなる商会だったが，現代企業は2つ以上の異なった現業単位を備えていた。しかも，その活動を組織によって調整する点に特徴があった。アメリカではこの現代企業が，いくつかの限られた産業部門にまとまって出現し，長期にわたって安定した支配的地位を維持した。

同じ頃，イギリス，ドイツ，フランス，ベルギー，オランダ，スイスなどヨーロッパの北西部においても，19世紀以来の工場制企業とは異なった特徴を持つ企業が登場した。とりわけイギリスとドイツでは，数多くの大企業がいくつかの産業部門に出現した。これらはそれまでの典型的な企業と異なって株式会社形態をとった。そしてヨーロッパの大企業もまた，「複数の現業単位」，すなわち工場や鉱業所を2つ以上備えた企業となった。さらにヨーロッパでは，それまでの工場制企業が産業部門ごとに「産業地域」を形成していたのに対して，新たな大企業は地域を超えて事業拠点を築くようになった。

19世紀末に登場したヨーロッパの大企業は，以上のような点でそれまでの工場制企業とは異なっていた。

ヨーロッパ現代企業の特徴

しかしながらヨーロッパの大企業は，アメリカのそれともいくつかの点で異なっていた。まず資産，雇用，付加価値等の規模が，経済全体の規模を考慮しても，アメリカより小さかった。大企業が登場した産業分野も，アメリカとは異なっていた。アメリカの大企業が，最終消費財と量産可能な生産財の分野に出現したのに対して，ヨーロッパの大企業は，紡績・鉄鋼などの素材産業と受注生産の機械工業に登場した。アメリカの大企業が，生産，加工処理，販売などにおいて新製品供給方法を伴いつつ出現したのに対して，ヨーロッパの大企業は，19世紀の工場制企業と製品も技術も変わるところはなかった。アメリカの大企業が，既存の流通網では扱いえないような製品を携えて登場したのに対して，ヨーロッパの大企業の製品は，19世紀以来の市場組織を十分に効率的に用いることができた。要するにアメリカの大企業は，大量生産と大量販売とを基盤に持ったが，ヨーロッパの大企業には，そのいずれも見られなかった。

ヨーロッパとアメリカとでは，現代企業が出現した背景も異なっていた。アメリカでは，現代企業は全国的な鉄道・通信網の完成，鉄道沿線都市の成長，所得の上昇，人口の急増といった巨大市場の発達を背景としつつ出現した。ヨーロッパではこれらの変化は，アメリカよりも早い時期から，アメリカより緩やかに進行していた。しかもヨーロッパでは19世紀末になると，こうした市場の拡張とは逆行する動きさえ出はじめていた。1870年代の不況は，既存の工業製品の市場が飽和してきたことを示すものであった。ヨーロッパがそれまで工業製品を供給してきた地域には，自ら工業化を開始するところも出てきた。ヨーロッパ内部においても，自国産業を保護するために関税を課し，通商制限を行う国が現れた。広大なヨーロッパ市場や世界市場が開けつつあったそれまでとは代わって，国内市場や帝国内市場への分断が始まった。

このように，大企業が登場する時期におけるヨーロッパの事業機会は，アメリカのそれに比べれば明らかに小さかった。

現代企業と国

最後に，現代企業は国ごとにその発展や構造を異にするようになった。

19世紀ヨーロッパの企業が国境を超えて類似の発展傾向や構造を示したのとは，大きな違いであった。経済活動に対する政府の役割に国ごとの差異が生じ，規制，特許，保護政策などの制度的条件に関して，国ごとの違いが顕著になった。政府自らも，自国産業に対する大きな需要者となっていった。19世紀末にヨーロッパ各地に登場した大企業の特徴は，ヨーロッパ各国間の違いや，アメリカとの背景の違いをよく現している。

2 現代企業の出現

●イギリスとドイツ

ヨーロッパ大企業とカルテル

ヨーロッパにおいても，大企業は水平結合や垂直統合を経て形成された。水平結合は，イギリスでもドイツでも，1880年代のカルテルに始まった。イギリスでは，繊維工業や化学工業における競争激化が価格の低落を招いたが，それを防ぐために価格や生産量に関するカルテルが結成された。しかしカルテルは法律上，参加企業に対して強制力を持ちえず，所期の効果をあげるには合併に進むほかなかった。いくつかのカルテルは同業企業間の大合同に発展し，大企業を出現させた。ドイツでも，産業ごと，地域ごとの無数のカルテルが形成された。そのなかには価格や生産量の調整から進んで，「共同販売機構」（シンジケート）や「利益共同体」（利益のプール）の設立に至った例も見られたが，当初は，合併して単一の企業となったものは少なかった。これはイギリスと違って，大陸ヨーロッパにおいては，カルテルに強制力を持たせることが法律上，認められていたからである。

イギリス大企業と水平結合

イギリスでは，1890年代に多くのカルテルが企業合同へと発展し，大企業が誕生した。合同は，繊維や醸造などの産業でとくに顕著であったが，鉄鋼，セメント，タバコ，化学などの分野にも見られた。この時期のイギリスにおける企業合同の特徴は，以下の点にまとめることができる。

第一に，企業合同は非常に多数の，同業種，同一製品，同一地域内の企業によって行われた。19世紀のイギリス企業は徹底的な専門化をたどってきたが，合同は高度に専門化した群小の同業者間で行われた。繊維では，ファイン・コトン・スピナーズ（細糸），イングリッシュ・ソーイング・コトン（縫糸），ブラドフォード・ダイヤーズ（染色），キャリコ・プリンターズ（捺染），ブリーチャーズ・アソシエーション（漂白）などのように，19世紀に見られた徹底的専門化のまま，業種や工程ごとの企業連合によって大企業が誕生した。合同には，ファイン・コトン・スピナーズは31社，キャリコ・プリンターズは46社，ユナイテド・アルカライ（化学）は51社というように，非常に多数の企業が参画した。群小という点では，醸造企業も同様であった。ビール醸造業では，各地の小規模な醸造所が，機械化や輸送手段の変化による規模の経済性の拡大に対応して合同し，大規模な株式会社が出現した。これらの多くは，小売部門（パブ）を系列化することによって発展した。

第二に，イギリスの企業合同は，緩やかな企業結合に始まり，緩やかな結合のまま止まった点にある。合同後，組織を集権化し，マーケティングや原材料調達に効果をあげた企業もあったが，多数企業間の合同によって複雑な利害や非効率が持ち込まれた例も多かった。合同によって出現した大企業の多くは，名目的には単一企業となっても，実質はカルテルに強制力を持たせるための「独立企業間の契約」という性格をとどめた。

第三の特徴は，大企業がアメリカと異なった産業部門に出現した点である。20世紀初頭のイギリスの大企業は，繊維，醸造，鉄鋼に顕著に見られた。上位企業の過半を繊維と醸造が占めたが，アメリカではこれらは各1社であった。

ドイツ大企業と垂直統合

ドイツでは，垂直統合が大企業の出現にさいして大きな役割を演じた。20世紀初頭のドイツ企業上位100社（資産）を見ると，鉄鋼，重機械，化学の3部門がほぼすべてを占めていた。こうした資本集約的な産業分野において合同によらない大規模化を行うには，巨額の資金が必要であった。1890年以降，ドイツではベルリンに本拠を持つ大銀行が企業に積極的に出資し，資金をまかなうことになった。これら大企業の4分の3までが，20世紀初頭までに後方統合を経て，原材料部門を備えていた。鉱山や炭坑を統合したフェニクス，グーテホフヌングスヒュッテなどの鉄鋼企業，鉄鋼部門を統合したクルップのような重機械･軍需企業がその代表であった。これらの企業の3分の1が内外に自社の販売拠点を持ち，共同販売機構への参加を含めると6割以上の大企業が前方統合を行っていた。ジーメンスのような機械企業は，自社の販売組織を持ち，鉄鋼企業や化学企業も共同販売組織の形成に向かった。

垂直統合によって出現したドイツ大企業の特徴は，次の点にまとめることができる。

第一に，産業分野は一見したところ，アメリカと類似していた。しかしアメリカの機械や化学製品が，標準化された事務機器，農業機械，石鹼，タイヤなどであったのに対して，ドイツではこうした製品は少なく，産業用の重工製品が主力であった。

第二に，垂直統合という点でもアメリカ大企業と類似しているが，ドイツ大企業の販売部門への進出は，先にも指摘した共同販売機構への参画のほか，メーカーによる直輸出に特徴を持っていた。メーカーによる直輸出は，国内外の市場組織が未発達であったためといわれるが，受注生産による生産財最終製品が主体だったこととも関係している。

第三に，これらの大企業は垂直統合の結果，原料，半製品，最終製品といった多岐にわたる商品を供給し，早い時期から多角化していた。それぞれの市場が狭く不確定なので，危険分散を目指したためとされている。

そして第四に，大企業は各工程の商品ごとにカルテルに参画した。試算によれば，1907年までにカルテルは全鉱工業製品の25%にわたった。

この時期には，垂直統合はイギリスの製鋼企業にも見られた。ヴィッカーズ，ジョン・ブラウン（章扉参照），キャメルなどは，鉄道資材や艦船用厚板など製鋼部門から出発したが，造船，兵器，機械など川下部門を統合した。スチュワート・ロイズ，ドーマン・ロング，GKNなどは，同族企業間の合併に始まり，炭坑や製鉄企業を買収して川上部門に向かった。

3 大企業の発展方向

●イギリスとドイツ

イギリス大企業の推移と交替

第一次世界大戦以降，1920年代初頭よりヨーロッパは長い不況に見舞われ，各国は相次いで金本位制を離脱して，市場環境は不安定さを増した。他方で各国は，関税を強化し，ブロック経済化を進め，自国産業が存続するための市場条件を創り出した。一方，この時期には，国内市場向けにいわゆる新産業が勃興した。在来の産業部門では，大企業は合理化や近代化を進めた。

イギリスでは，第一次世界大戦によってドイツやアメリカの企業からの供給が途絶えると，それらの産業部門にイギリス企業が参入して規模を拡大した。こうして1920年代には，食品，ゴム，化学，石油，自動車，電気機械等の分野にも大企業が出そろった。たしかにイギリスでは，1930年代に入っても，醸造，繊維，機械，鉄鋼の4部門で，大規模企業の6割近くを占めていた。しかし新旧いずれの産業でも，大企業は一産業内のさらに狭い製品に特化しており，同一産業にあっても互いの類似性は小さかった。垂直統合を進めたヴィッカーズ，キャメル・レアードなど一群の重機械企業も，この時期に垂直統合を解体し，それぞれの鉄鋼部門や鉄道資材部門ごとに経営統合を進めたが，こうした過程をとおしてヴィッカーズ1社だけが地位を保持した。またこの時期には，以前の群小企業間の合同とは異なって，大企業どうしの合同が進行し，その結果，上位100社（純生産）への一般集中度は20％を越えた。

イギリスでは大企業の交替も多く見られ，1920年代の10年間だけで7割の企業が，次の20年間にも3分の2の企業が，それぞれ上位100社（株式時価総額）から姿を消した。大型合併による消滅のほか，不況で脱落した企業が多かった。大企業体制は，限られた産業部門でそれぞれいくつかの大企業が安定的地位を維持するという特徴を持つが，20世紀前半のイギリスはこれと異なり，各産業部門に1社ずつの大企業が登場しては消えていった。

ドイツ企業の合理化

ドイツは，第一次世界大戦中に鉄鋼，機械，化学等の中心的産業で外国市場を失い，企業の在外資産を接収された。さらにベルサイユ条約の結果，

表9-1　ヨーロッパ大企業（上位100社）の産業分布

		1905～07年	1913～19年	1930年
イギリス	食品	22	25	33
	繊維	9	13	13
	鉄鋼	8	17	15
	造船	2	17	9
ドイツ	化学	5	17	15
	鉄鋼	13	35	25
	機械	26	22	19

（注）　イギリスは株式時価総額，ドイツは総資産による上位各100社。

アルザスとローレンの鉄鋼・鉱山を失っていくつもの鉄鋼企業が姿を消し，ルールやザールも不安定な状態に置かれた。しかし産業界の混乱は1924年までに終息し，1920年代末には第一次大戦前の状態に復した。大戦による断絶とベルサイユ体制による打撃にもかかわらず，ドイツ大企業の地位は1930年代にも変わらなかっただけでなく，依然として鉄鋼，機械，化学，電気機械で大企業の3分の2を占めた。しかも第一次大戦前の上位100社のほぼ半数が，1930年にも地位を維持していた。ドイツ企業は資産規模で測るほかなく，そのため，純生産や株式時価総額など他の指標より変動が小さくなるが，敗戦に続いた接収やインフレーションなどの条件を考慮すれば，速やかな回復というべきであろう。実際，化学，電気機械，ゴム，化学繊維，鉄鋼は，国際競争力を回復した。それらを可能にした条件はどこにあったのだろうか。

鉄鋼，化学，電気機械などのドイツ企業は，第一次大戦直後に合理化を推進した。鉄鋼では原材料部門の合理化に始まり，古い製鉄所が閉鎖されて設備の再編と近代化が行われた。化学企業も，工場の再編や，染料，肥料，医薬品などの製品開発を進めた。電気機械企業は，研究開発と生産工程の合理化に着手し，また国外の生産・販売網の回復を図った。これらに必要な資金は，戦争とインフレーションによって資金供給能力を失ったドイツの銀行に代わって，ニューヨークの投資銀行から投入された。

ドイツのカルテルは，大戦による政府の直接介入と戦後のインフレーションによって力を失ったが，株式交換に基づく「利益共同体」やコンツェルンが台頭した。バスフ，ヘキスト，アグファなどの化学企業は，利益共同体を結成した。鉄鋼でも数多くの利益共同体が形成された。こうした組織によって統制される製品は，1930年代までに全鉱工業製品の50％を占めたとされる。1920年代半ばには大型合併も行われ，合同製鋼やIG《イーゲー》ファルベンが出現した。いずれもカルテルや利益共同体を発展させた合同であった。こうしてドイツの大企業は，一方で自らが蓄積してきた技術や経営資源を活かして合理化を推し進め，他方で生産や研究開発における企業間の協調関係を推し進めつつ，規模の経済を達成した。

4 大企業と政府

大企業と政府

19世紀末に登場した現代企業は，アメリカでは長期にわたって存続した。大量生産を基礎に置いたアメリカの大企業は，大量販売を統合して市場を拡張し，内部組織を発達させた。しかしアメリカの現代企業は，自らの経済的優位だけによって長期にわたって地位を維持できたというわけではなかった。1920年代には，生産は需要を上回り，大企業が存続するためには有効需要政策や雇用政策による消費市場の絶えざる拡大が必要となった。失業保険や年金などの社会政策は，雇用調整を介して，大企業に有利に，産業地域の中小企業には不利に働いた。

ヨーロッパの大企業は，アメリカの大企業と違って，大量生産と大量販売とに基礎を置いていなかったので，消費市場の政策的拡大は重要ではなかった。しかし1870年代の産業不況以降，現代企業の出現と時期を同じくして，ヨーロッパでも関税や国内産業保護など一連の保護政策の動きが始まった。関税，為替，カルテル，政府調達，産業資金の供給による再建や育成などは，登場間もない大企業がその地位を安定的に維持するうえで有利な政策となった。このような中央政府による政策には，19世紀末から国ごとに違いが見られるようになり，第一次大戦をきっかけに，その違いは大きな意味を持つようになった。

第一次大戦後の政府介入

ドイツは，1879年の関税法によって，国内市場保護へと向かった。前後して登場する大企業にとっては国外市場が重要だったので，1891年に主要貿易相手国との間に一連の通商条約が結ばれたが，農業関係者の主張が通り，1902年には再び関税が引き上げられた。一方，中欧からバルカンにかけてのドイツ企業の進出は，政府の対外政策と軌を一にしていた。

第一次大戦にさいしては，ドイツでは，輸出入，価格，利益等の統制がなされ，資源の優先配分など，それまでの戦争では見られなかった企業活動への政府の介入が見られた。ジーメンスなど主だった企業の経営者は，政府の産業局のメンバーとして活躍した。このようにドイツでは，政府と大企業との関係は密接であった。ドイツの大企業は，企業間の協調体制のなかで市場を分け合い，安定的な地位を維持した。

政府が企業活動に介入したという点では，第一次大戦中のイギリスも同様であった。価格管理，輸出許可，政府購入，利益統制など，政府統制はそれまでの戦争では見られないほど行われた。

しかしその介入もドイツほどではなかったし，1922年には終わった。

第一次大戦後のイギリスには，石油のように，国が出資する企業も出現した。繊維，鉄鋼，造船などの旧産業では，再建策をめぐって政府と企業との関係は大戦前には考えられないほど強まり，各種の資金的措置が検討された。しかし，それは規模においても効果においても大きくはなく，これらの産業の競争力後退を食い止めることはできなかった。

両大戦間期には，イギリスでも自動車，電気機械，石油，化学，食品等の新産業が勃興した。これらの新産業に対して，シティの金融機関から積極的投資が行われたかどうかという点は，十分には明らかではない。しかし，証券取引所が大戦直後を除いて産業資金を扱わなかったことは事実である。国内的にも競争を制限するような制度は少なかった。関税や為替も，自国の産業優先という観点は小さかった。

イギリス政府も，第一次大戦以降の時期に帝国主義とブロック経済政策を進めたが，それらはしばしば産業を犠牲にして，シティの利益を優先するものであった。こうしてイギリスの大企業は，国内，国際競争に巻き込まれていた。

参考文献　REFERENCE

P. J. ケイン＝A. G. ホプキンズ（木畑洋一・旦祐介訳）『ジェントルマン資本主義の帝国』Ⅱ，名古屋大学出版会，1997年。

L. ハンナ（湯沢威・後藤伸訳）『大企業経済の興隆』東洋経済新報社，1987年。

第10章 ヨーロッパ大企業の組織と管理

持株会社による管理

ブラックコウテド・ワーカー
（出所） *Vickers News*, 1926年

現代企業は，工場の労働者だけでなく，オフィスで仕事をする職員層を擁するようになった。彼らは白えりのシャツを着たことから，アメリカではホワイトカラーとよばれた。20世紀に入ると職員層はヨーロッパ企業にも登場するが，イギリスでは黒服を着用したので「ブラックコウテド・ワーカー」（the blackcoated worker）などとよばれ，本社部門で経理や書類業務を行った。

1 組織による管理的調整

ヨーロッパ企業の組織

本章では，19世紀末以降のヨーロッパに出現した大企業について，その内部構造や管理の特徴を取り上げる。ヨーロッパの大企業がアメリカ大企業とどのように，また，なぜ違うかを明らかにしたい。

前章で見たように，ヨーロッパではイギリスとドイツを中心に，19世紀末から大企業の形成が進んだ。イギリスでは，19世紀末に数十もの多数企業をひとつに糾合するような合併が，いくつかの産業部門で見られた。これは生産量や価格の調整を目ざして形成されたカルテルを，一歩進めた企業合同であった。ドイツでは，大企業は資本集約的な部門を中心に，原料，半製品，最終製品の諸工程を垂直的に統合しつつ出現した。ドイツの大企業は，各工程の商品ごとにカルテルに参画した。

第一次世界大戦以降，イギリスやドイツでは経済全体における大企業の地位が高まった。イギリスでは，1919年に製造業純生産額のうち最大100社の占めた割合は17％であったが，1930年には26％に達した。1920年代には企業合併の第二の波が見られたが，合併の規模，件数ともに拡大し，合併が投資総額の40％余を占めるに至った。ドイツでもこの時期には，大型合併が見られた。

持株会社組織の登場

これらのヨーロッパ大企業は，「持株会社」という組織をとったと従来からいわれる。そして，持株会社の実態や意義について明らかにされないまま，持株会社はアメリカで発達した職能別組織や事業部制に比べて管理面で劣り，ヨーロッパの大企業は組織面で遅れていたと

図10-1　持株会社組織

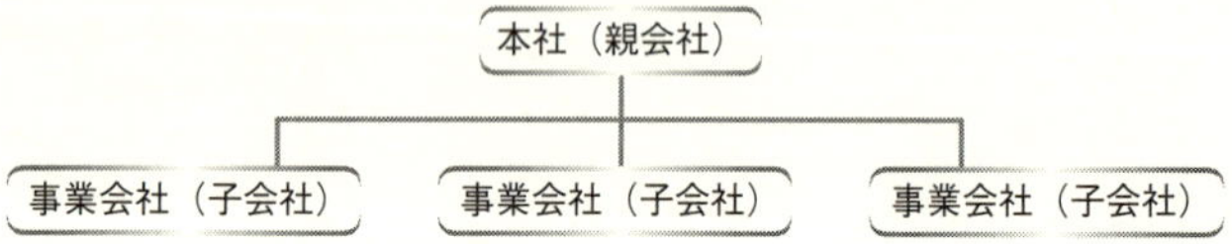

されてきた。アメリカの大企業のようにマーケティングに進出した場合には，企業内に取り込んだ財の流れを効率的に管理するために職能別組織が適していよう。しかし，製品販路や原材料調達などを市場にまかせることができる場合には，企業内に管理組織を発達させる必要はない。ヨーロッパの大企業を理解するためには，ヨーロッパ企業が持つ必要のなかった機能について，アメリカ企業に劣っていたというような比較をするのではなく，ヨーロッパ企業が行ったことにどのような意味があったかに注目すべきであろう。

企業内の管理組織の形態を，最高経営者のすぐ下がどのように編成されているかによって区分すると，「持株会社」は最高経営者のすぐ下が子会社群からなる組織であるといえる（図**10-1**）。持株会社は，主として子会社によって事業を行う組織形態なのである。

もっとも，第二次大戦以前にヨーロッパの大企業の大半が持株会社であったわけではない。イギリスでは，1919年に持株会社組織をとっていたのは，大規模製造企業の約3分の1であった（表**10-1**）。持株会社はドイツ，ベルギー，オランダ，フランスにも見られたが，フランスでは第一次大戦以前に持株会社組織となっていたのは，金属や機械工業を中心に大企業の3割足らずであった。今日，ヨーロッパの大企業のほとんどが持株会社組織をとっているが，当時はまだそうではなかった。なぜヨーロッパ大企

表10-1　イギリス大企業における持株会社の増加

	1920年	1930年	1940年
純粋持株会社	11	11	13
事業持株会社	14	22	19
事業会社	41	32	30
合　計	66	65	62

（注）サンプルは1919年，30年の製造企業上位各50社（株式時価総額）。企業の重複と消滅があるので，合計は100社にはならない。

業で持株会社が増えてきたのか，持株会社はどのような機能を果たしてきたのか，これらの点は，ヨーロッパ企業を理解するうえで重要である。

2　持株会社の形成

●イギリスと大陸ヨーロッパ

イギリス企業と持株会社

ヨーロッパの大企業では，第一次世界大戦以降に持株会社組織の増加を見たが，持株会社への移行の契機は，合併，企業買収，子会社への事業移管などにあった。イギリスの大企業では，1930年までに製造企業上位50社のほぼ半数が持株会社組織をとるに至った。事業持株会社，純粋持株会社のどちらも見られた。

第一次大戦後に持株会社組織をとった企業には，大型合併を行って本体より大きな子会社を持つようになった例があった。ディスティラーズ，ウォーカー・ケイン，ボッヴリル，シアーズ，バーミンガム・スモール・アームズ，アソシエイテド・イレクトリカル・インダストリーズ，ブリティシュ・インシュレイテド・ケーブルズなどである。いずれも「事業持株会社」として，自ら事業活動を続ける一方で，事業活動の過半を大規模な子会社群を通じて行った。ウィスキー会社のディスティラーズは，1920年代前半にヘイグ，ハーヴェイなど同業他社を買収して子会社とし，26年には，ジョニー・ウォーカーとブキャナン・デュウォーを買収し，多数のウィスキー会社の持株会社となった。しかし合併後も，親会社も子会社も，従来のブランドで独自に生産し，原材料の調達や製品の出荷も各子会社が独立して続けた。大型合併の結果，「純粋持株会社」の形態がとられることもあった。ユニリーヴァ，ブリティシュ・マッチ，コウツがそうであった。

企業再編と持株会社

第一次大戦後には，不況産業における企業再編の結果，出現した持株会社も見られた。軍需，機械，鉄鋼，造船などを統合しつつ発展してきたアームストロング·ウィットワース，キャメル・レアード，ジョン・ブラウン，ヴィッカーズなどがその例であった。ヴィッカーズは，「相互に関連し，互いに他部門の製品を使えるような事業を合併する」方針で，19世紀末以来，統合戦略を進めた。他の機械・重工業企業も同様で，第一次大戦までに製鋼・兵器部門から鉄道資材や造船部門へと川下統合を進め，その後は余剰資金を多角化に投じて，華やかな発展を見せた。しかし大戦の終結とともに全分野で需要の激減に直面した。これらの企業は，1920年代末から30年代にかけて事業を解体し，分野ごとに水平結合へと再編することによって事業再建を試みた。

いち早く整理・再建に着手したのはヴィッカーズだった。ヴィッカーズは，統合戦略が破綻すると各部門の採算性を基本とし，それぞれの規模の経済性や効率性を追求した。機械・重工部門では，アームストロングと合同してヴィッカーズ・アームストロングを設立し，設備を子会社に移した。鉄道資材は，キャメル・レアードの同じ部門と合同し，メトロポリタン・キャメルを作った。製鋼部門では，ヴィッカーズ・アームストロングとキャメル・レアードの当該部門が合同し，イングリッシュ・スティールが設立された。こうして垂直統合を解体して他社の同じ部門と合同させ，1930年までにヴィッカーズは純粋持株会社になった。再編に参画したアームストロングも，事業部門をヴィッカーズとの共同子会社に移して持株会社になった。キャメル・レアードは，自ら造船部門を営む一方で，ヴィッカーズとの共同子会社群を持つことになった。一連の再編は，さまざまな思惑が働いて，最も効率的なプラントに事業を集中するものではなかったが，ヴィッカーズだけは地位を維持した。

大陸ヨーロッパの持株会社

持株会社は大陸ヨーロッパにおいても，第一次大戦後に広まった。フランスやベルギーでは，事業会社が市場から直接に資金調達できないときに，銀行が事業会社に代わって資金を集め，銀行が設立した金融持株会社が傘下の各事業会社に投資するという方式が見られた。類似の機能は，イギリスではユニット・トラストや信託投資会社によって行われたが，大陸の持株会社は資金配分や投資管理を行った点で異なっていた。ベルギーでは19世紀来，銀行は商業銀行業務と投資業務を兼営していたが，第一次大戦以降，ポートフォリオ投資が増加もたらす資金の固定化を避けるために持株会社を設立した。1920年代の資金需要期には短期資金を長期投資にまわした。この方式が1930年代初頭の恐慌で破綻すると，35年の銀行法で兼営銀行が禁止された。こうして持株会社が確立した。いずれも，銀行が設立した純粋持株会社による産業投資であった。

第一次大戦後には，産業企業が持株会社化を進めた。フランスでは第一次大戦による設備荒廃や戦後のインフレーションによって外部金融の必要性が高まり，新分野での資金や信用を確保するために持株会社が使われた。このうち第一次大戦後に合併を行った企業は，持株会社を設立して危険を平均化したり，相互保証に基づいて新規の起債をはかったりした。他方，サン・ゴバンのように，売上げの過半を占める新規事業を子会社によって展開しつつ，ガラスや化学など既存事業を自社部門で行う持株事業会社も現われた。

ドイツの持株会社

ドイツにおいても，第一次大戦以降，「コンツェルン」とよばれる産業持株会社が数を増した。カルテルが急激なインフレーション進行によって価格設定の機能を果たせなくなるなかで，より強力な結びつきとして選ばれたものである。鉄鋼企業のグーテホフヌングスヒュッテは，1920年にアウグスブルク・ニュルンベルク機械を傘下におさめ，23年までに，機械，造船，電線などのメーカーを子会社として金融的強みを利用したコンツェルンを発展させた。クルップは金属や機械メーカーを傘下に引き入れ，ティッセンも造船，機械メーカーを子会社とした。シュティンネスのように，金融的手法によって製紙・パルプ，新聞，石油といった分野に事業を拡大したコンツェルンも見られた。ジーメンス・ハルスケや，AEGといった電気機械企業も，多国籍化に伴って，持株会社の性格を強めた。

第一次大戦後，経済が安定するとカルテルが復活し，合併や買収が始まった。1925年にはIGファルベン，26年には合同製鋼が成立した。合同製鋼は持株会社となった。すなわち合同製鋼に参加した企業は資産を引き渡し，それと引換えに旧株主は合同製鋼の株式を受け取った。1933年に合同製鋼は事業部門を子会社に再編し，子会社は炭坑，鉱山，製銑，地域ごとの製鋼，鉄鋼二次製品，特殊鋼など，製品と地域ごとの株式会社や有限会社になった。合同製鋼は事業会社の持株会社となった。IGファルベンは，バイエル，ヘキスト，バスフなど有力な精密化学企業の利益共同体が，1925年に合併して出現した。IGファルベンは傘下の事業所を，地域ごとの「事業所共同体」「販売共同体」という事業部制に似た組織に再編した。しかし1930年代をとおして「ハプスブルグ的王朝連合」と呼ばれたように，緩やかな連合体にとどまった。

こうして第二次大戦までに，ドイツでもフランスでも，製造企業（売上げ上位100社）のうち持株会社形態をとったものは半数に達した。フランスやベルギーでは，製造企業群を傘下に持つ金融持株会社も見られた。

3 持株会社の機能

持株会社と金融機能

ヨーロッパの大企業の組織を特徴づけた持株会社は，アメリカ大企業のように企業内に生じた財の流れを管理するために形成されたのではなかった。逆に，大型合併や垂直統合の水平結合への再編成によって，財の流れの企業内における管理的調整を放棄したときに普及した。持株会社普及の特徴が以上のようであるならば，それを通常の管理的な機能以外の面から理解することが重要であろう。持株会社が何をしたかについて，同時代の証言がいくつも残されている。

先のディスティラーズについて，当時の会長は「持株会社の機能の主たるものは，使用資本量が最小になるように，資金を構成員間で動かすことである」としていた。ディスティラーズは，子会社に対して投資だけでなく，多額の融資を行い，融資額は流動資産残高の4分の3を占めた。1920年代には子会社への融資は増加し，会長報告は「グループの銀行」としてのディスティラーズの役割を強調している。

ヴィッカーズは，垂直統合を解体して他社の各部門との水平結合への再編を進め，その結果，1930年までに純粋持株会社になった。当時のヴィッカーズの会長もまた，「当社の役割は，その資金的資源を用いて，子会社が必要なときに必要に応じてそれらに対する金融機能を果たすことである」と述べた。その一環として「財務委員会」が設置され，ヴィッカーズおよび子会社の財務全体を管理することになった。

持株会社と内部資本市場

持株会社のこうした機能は，イギリス企業の資金の動きから理解できる。両大戦間期の最大50社の投資をみると，固定資産増の7割以上を子会社株式が占めた。この間，自社設備は減少した。また子会社融資は，流動資産増の9割近くを占め，融資残高が流動資産の4割に達した。流動資産の残りは，証券投資などであった。一方，この時期のイギリス大企業の投資の源泉は，7割を留保利益等の内部資金によっていた。外部市場での起債は3割であり，しかもその過半は優先株と社債であった。

このようにイギリス大企業の資金は，資本市場から直接に調達されたものではなく，投資先も持株会社をとおした子会社であった。持株会社は資金を子会社間に効率的に配分するという機能を果たした。イギリス企業の資金源は，19世紀来，事業の創立者やその後継者による出資，内部留保，減価償却などが重要であった。持株会社という組織が選択されたのは，内部資本のより効率的な配分という理由によるものであった。

鉄鋼，化学，電気機械などのドイツ企業が，第一次大戦後に，工場再編や設備近代化，製品開発，販売網の整備など，各種の合理化を推進したことは前章で述べた。これに必要な長短期の資金は，戦争とインフレーションによって資金供給能力を失ったドイツの銀行にはもはや期待できなかった。代わってニューヨークの投資銀行が資金を供給することになったが，持株会社や利益共同体は，外部資金を仲介したり，資金のプールを形成したりした。その意義についてグーテホフヌングスヒュッテのロイシュは，同社がコンツェルン傘下企業に対する「信用銀行」として行動した，と述べている。IGファルベンも，レンダー銀行を買収し，銀行としての役割を果たすことになった。このように，コンツェルンによって資金のプールが提供され，多くの企業が生き延びることになった。フランスでも持株会社は，グループ企業の資金プール，相互保証に基づく起債，不況期のシェルターとして機能した。

4 ヨーロッパの大企業

●経営者と行動様式

ヨーロッパの経営者

持株会社は，最高経営者のすぐ下が子会社群から構成される組織であった。組織は資金の管理を中心に編成され，アメリカ企業のように高度に発達した経営階層にならず，子会社が独立性を維持した。では，そこでは経営者の役割はどのようなものであったのだろうか。事情は，ヨーロッパ内でもかなり異なっていた。

イギリスでは第二次大戦後まで，設立者の同族が取締役会に名を連ねる企業が大企業の6～7割に達し，トップやミドルの専門経営者の割合は低かった。持株会社の本部では投資管理や合併が中心課題をなし，会計士や弁護士などが管理者層を構成した。傘下子会社では，支配人が技師長と書記を配下に置き，それぞれが製造と事務とを統括した。書記の下には「ブラックコーテド（黒い服を着た）・ワーカー」とよばれる事務職員が登場したが，アメリカ企業のように技術や営業の職員層が増加することはなかった。これらの職員層は専門的な教育を受けておらず，経営者の地位に昇ることは少なかった。

フランスでは，経営者の多くは，一貫して上層の出であり，企業の設立者の同族や，銀行や公務員を経た者が顕著であった。エリート教育であるグラン・ゼコル（大学校）出身者であることが少なくなかった。

ドイツの企業は，最高経営者の組織が，投資や役員選任を行う監査役会と，執行役員からなる取締役会から構成された。監査役は株主によって選任されたが，第一次大戦以前は銀行が大企業の監査役の2割を占めたとされている。しかし，銀行からの監査役は多数の企業をかけ持ちしており，実権は取締役会に移っていった。20世紀初めには，取締役会は同族が多かったが，大学で技術，法律，商業·会計などの専門知識を身につけ，企業内部から昇進してきた経営者が増加していった。鉄鋼や化学の分野では，とくに顕著であった。化学企業では，1930年までの経営者の半数強が技術畑出身で，同族経営者でさえ3分の1が技術教育を受けていたとされている。

ヨーロッパ：より資本主義的な企業

アメリカ大企業の行動様式が「成長」を特徴としていたとすると，ヨーロッパの企業は何を目ざして行動していたのか。第二次大戦以前のイギリス大企業については，次のような事実が知られている。

イギリス企業は，利益のうちから可能なかぎり高水準の配当を行おうとした。資本構成を見ると，内部資本は，どの費目よりも大きな割合で増加したが，それは利益の一定部分を留保したことによるものであった。しかし内部資本の増加分は，この期間の利益から留保された額よりはかなり少なかった。留保利益の3分の

1は，随時，ボーナス配当として株主に株式のかたちで交付されていたからである。いったん内部留保にまわしておいて，遅くない時点で株式としてそれを交付していた。増資も，外部の資本市場から調達された資金によってではなく，名目的な費目の振替えによって行われていた。当時は，証券取引所において一般の商工業証券が取引されることはまだ少なかった。

株式所有者は，現金配当のほかこのような株式による配当を受け入れたが，このように株式を株主に無償で交付することは，当時は，株主を優遇する措置と考えられていた。株式所有者は，いわば利子生活者として中期的・長期的な利益を求めていた。大企業は，以上のような意味において，所有者の利益に応えていた。

参考文献 REFERENCE

大河内暁男・武田晴人編『企業者活動と企業システム』東京大学出版会，1993年。

A. D. チャンドラー，Jr.（安部悦生・川辺信雄・工藤章ほか訳）『スケール・アンド・スコープ』有斐閣，1993年。

第11章　日本における大企業の登場

産業革命期日本のビジネス

大阪紡績三軒家工場内風景
写真提供　東洋紡績株式会社広報宣伝部

日本の産業革命をリードした紡績業は，1882年に創立された大阪紡績の成功によって本格的な発展が始まる。写真は同社の工場風景。手紡ぎの時代には1人で1本の糸を紡いでいたが，この工場では，2人で1台の機械を受け持ち，同時に40本ほどの糸を紡ぎ出している。機械化の威力をかいま見ることができる。

1 初期大規模組織の特質

初発からの大規模性

1890年代に工業化を開始した日本では，外国技術の導入を基礎に機械制大工場が綿紡績業や鉱山，兵器生産などにおいて早くから生まれた。1909年に従業者数を基準にした規模でみると，上位3工場を含めて10位までの半数は，陸海軍の兵器工場と官営製鉄所で，残りの5つが三池，小坂，足尾などの鉱山であった。11位以下でも鉱山が名前を連ね，それに摂津紡績，大阪紡績，鐘淵紡績などの綿紡績業が加わり，30位までをこの3つの部門だけで占めている（**表11-1**）。

官営作業場を別とすれば，民間企業では，有力鉱山や造船所などを1つの会社形態に統合する財閥と，複数の大規模工場を擁する紡績会社とは，大企業部門の代表的な存在であった。当時の技術水準では鉱山・紡績などの労働集約的な部門の従業者が多かったこと，関連分野の諸工業が未発達であるために，重工業部門などでは機械の修理部門などをはじめとして内製率が高くならざるをえなかったことなどが，こうした「大企業」の存在を際立たせている。とはいえ，このことは，日本におけるビジネスの形成期の特徴であった。

しかも，紡績業を代表例として，これらの企業は，世界的な視野で見ても巨大さを誇るものへと短期間に成長した（**表11-2**参照）。先進国イギリスの綿業がきめの細かい分業のもとで市場的に結合させられていたのと比べると，日本の紡績企業は，1890年代後半にはじまる合同運動を通して，第一次大戦前までに企業レベルでは複数事業所を集権的に経営する大企業となり，ランカシャー

表11-1　明治40（1909）年の大規模作業場の従業員数

（単位：人）

1	呉海軍工廠	20,917	16	摂津紡木津川工場	3,984
2	東京砲兵工廠	12,561	17	貝島大辻炭鉱	3,921
3	横須賀海軍工廠	11,569	18	舞鶴海軍工廠	3,762
4	三井三池炭鉱	11,225	19	大阪紡三軒家工場	3,646
5	大阪砲兵工廠	8,075	20	富士瓦斯紡保土谷	3,611
6	官営八幡製鉄所	7,553	21	住友別子銅山	3,528
7	藤田組小坂銅山	7,128	22	三重紡津分工場	3,493
8	古河足尾銅山	7,010	23	三井本洞炭鉱	3,474
9	田中釜石鉄山	6,287	24	東京モスリン紡織	3,355
10	佐世保海軍工廠	5,591	25	鐘淵紡東京本店	3,327
11	北炭夕張第一炭鉱	5,543	26	農商務省二瀬炭鉱	3,305
12	三菱長崎造船所	5,389	27	鐘淵紡兵庫支店	3,221
13	貝島大之浦炭鉱	5,328	28	三菱相知炭鉱	3,220
14	三菱新入炭鉱	5,218	29	日清紡会社	3,133
15	三井田川炭鉱	4,990	30	古河阿仁銅山	3,024

（出所）　石井寛治『日本経済史』第2版，東京大学出版会，1991年，221頁。

の最大規模の企業と比べても遜色ないものとなった。

この世界的に見た規模の巨大さは，同じく繊維産業部門で輸出に主導されて発展した製糸業にも見られた。

後進国であった日本においてビジネスがこのような巨大な姿をもって立ち現れた理由は，何であろうか。それは，後進国として厳しい国際競争にさらされて，初発から「規模の経済」を発揮できるような国際的な規模を求められたことにある。その場合，綿糸や生糸が中間製品であり，最終製品ほど多品種ではなく量産品であったことが重要であった。しかも，綿糸については20番手前後の太糸に，生糸についてはアメリカ市場での経糸用の中級品に，製品分野が絞り込まれていたから，限定された製品分野で量産効果を発揮できた。その一方で資本市場が未発達であったため，

表11-2　国別10大紡績企業の紡錘数国際比較（1913年）

（単位：錘）

イギリス		アメリカ		インド		日本	
FCSDA	3,243,674	Amoskeag	2,283,000	Maneckji Petit	449,517	鐘淵紡績	862,073
Horrockses & Crewdson	680,850	Fall River	1,347,447	Century	261,539	三重紡績	650,701
Crosses & Winkworth	462,500	Pacific	1,078,600	Central India	234,948	大阪紡績	430,932
Iwell Bank	326,160	Massachussetts	780,342	J. Sasson	233,655	富士瓦斯紡績	345,007
Howe Bridge	316,000	BBR & Knight	743,363	Victoria	190,000	尼崎紡績	247,513
Bolton Union	290,478	Riverside	742,620	Buckingha,	182,346	大阪合同紡績	239,776
Times	264,144	Parker CM	722,748	Madura	159,804	摂津紡績	235,086
Broadstone	262,504	Merrimack	707,860	Bengal	158,982	東洋紡績	219,516
Bee Hive	262,000	Union	675,000	Curimbhoy	148,172	日本紡績	200,278
W. Heaton	260,000	Berkshine	321,199	Campore	120,838	福島紡績	155,424

（注）　ミュール換算値による比較。
（出所）　米川伸一『紡績企業の破産と負債』日本経済評論社，2000年，29頁。

資金の調達面での制約が大きいなかで激しい企業間競争が展開していたから，不況期には企業の合併・合同などによる企業集中が20世紀初頭から活発となった。これらが，繊維産業において，国際的に見て例外的な大企業成立の条件となった。

複数事業所の散在

もうひとつの重要なポイントは，このような大規模作業場を複数持つ財閥などの企業組織が，産業化の初期から大きな地位を占めていたことであった。当時の情報伝達のスピードなどを考えあわせると，全国に散在する複数の事業所をひとつの企業組織として統一的な意思のもとに運営していくことは，容易なことではなかった。この一見すると不合理な企業組織のあり方は，近世期以来の流通部門（金融や商業）を起源としていたことに由来する面がある。彼らの多くは，三都に店を構え，それらを人的な信任と金融的な紐帯で結びつけて遠隔地の商業活動や金融業務を展開していた。しかし，このような事業のあり方は，近世の大商人たちだけのものではなかった。たとえば，幕末維新期に輸入小間物の商いに従事していた木曽商人篠沢家のように，木曽に店を構えたまま，江戸（東京）・横浜と秋田などの東北地方の日本海側とを結ぶ商業活動を展開していた例もある。

このような組織の場合，産業化の初期には個々の事業所は利益追及の単位としてかなりの自由度・裁量権を認められていた。しかし，その一方で，そこで上がる利益の管理運用の単位は，本店などの企業組織全体を見渡す組織であった。このように，事業の運営についての権限が誰のものであるかという意思決定の単位を基準にしても，あるいは利益計算の基本単位を基準としても，各事業所もそれを包含する事業組織全体も，ともに企業としては曖昧な性格を持っているにすぎなかった。それが日本におけるビジネスの発生期の特徴であった。

2 大規模組織の成立

大規模組織成立の前提条件

このような条件のもとで，ビジネスが人々の生業から分離して，目的合理的に編成された組織によって管理・運営されるようになるまでには，幾重にも越えなければならないハードルが存在した。

ビジネスが企業に担われるようになるためには，企業の永続的な活動を成り立たせるために必要な再投資の資金の確保が必要であり，そのためにはビジネスの利益が正確に測定・認識できる会計的な技術が導入されなければならなかった。そして，誰がどのような責任を負っているかを定めた分掌規定を有する管理的な組織が必要であった。また，現場の労働者を組織し，彼らの最大限の努力を引き出しえるような仕組みが工夫されなければならなかった。さらに，このような企業の活動を支えうるようなさまざまな補完的なビジネスが生み出され，それらが取引関係を通して安定的な関係を作り出す方向に歯車が回り始める必要があった。

利益の認識

まず，明治初期に，三井や三菱などの有力企業でも資本の概念，あるいは出資に関する観念が不明確であり，出資と貸付の区別さえもあいまいな面が残っていた。三井物産は，事実上無資本で事業をスタートしており，郵便汽船三菱会社は西南戦争後に船舶購入にかかわる政府からの資金を返上する際に，同社の資本をいったん全額償却している。また，三井銀行では，株とは従業員である番頭たちが利益高に応じた配分を受ける権利を意味していた。これに対して同行は，三井同族への利益の配分を定額化し，固定的な費用と見なしていたといわれている。伝統的な商家のなかには，年々の支出と売上げを計算することなく，年末の資産・負債を書き上げ，その増減によって利益を認識するという方法をとるものが少なくなかった。このような方法では，収支双方ともに期間の認識があいまいであるばかりか，固定的な設備の投資など長期に利用される施設の設置費用をどのように期間配分して負担するかといった問題を残していた。この最後の問題を解決するためには，減価償却が行われる必要があった。

管理的組織の形成

管理的な組織の成立のためには，それを担う人材の供給が必要であり，学識や経験，経営の専門知識が提供されなければならなかった。出資を担う人々とは別に専門的な経営を担う奉公人が広く存在していた限りで，出資者と経営者の分離は，伝統的なビジネスですでに進展していた。初期の株式会社では，出資者となり株主として取締役に就任する人々の多くが非常勤の社外重役的な存在であり，実質的な経営は支配人以下のクラスの人々に担われていた。このやり方は，伝統な経営委任の仕組みと大きな違いはなかった。ただし，利益の分配にあずかることのできない支配人たちに対してインセンティブをどのように与えるかという問題が残っていた。

もっとも，維新の動乱期に自らの才覚で事業を拡大した場合には，管理的な組織は，異なる経路をたどって形成された。初期には三川商会と称し，3人の代理人の共同経営であった三菱の場合，1875年の「立社体裁」において岩崎弥太郎は，その事業とそこからあがる利益のすべてが自らのものであることを宣言し，それまでの共同経営者の地位にいた幹部職員が，三菱・岩崎家の雇われ人であることを明確化した。古河市兵衛や安田善次郎なども含めて，彼らのある種のカリスマ性がそれぞれのビジネスにとって重みを持っている限りで，彼らへの権限の集中は決定的で，管理的な組織による分権的な組織の階層性は形成されにくかったといわれている。

しかし，そのような事業の場合にも，明治前半期の分散的な組織状況のなかでは，信頼に足る人物への権限の委譲が必要である限り，専門的な経営者が育つ余地を持っていた。足尾銅山の経営に古河市兵衛は，自らの同族の中から木村長七を選任して現場の決定を委ねるとともに，長七に対してこまめに手紙を書き送って必要な指示をしていた。岩崎でも長崎造船所には荘田平五郎が全権を委ねられて派遣されている。

情報通信手段の改善

分散的な組織状況を克服していくためには，何よりも情報通信技術の発達による情報通信網の普及が必要であった。明治中期以降に電信から電話へと通信手段が発達し，遠隔地との意思疎通が容易になってくると，管理的な組織を作り，そのなかでの集権と分権との最適な組合せが模索されていった。こうして，組織が整えられていく。その点では，日本のビジネス・システム――ビジネスを支える経済社会的な条件――は後発の利益をふんだんに得ていた。電話の発明は明治初年のことであり，その普及は欧米社会と同時進行に近い形で進展したから，情報伝達手段の不備による大規模組織の不利は小さかった。これが，日本では早期に大規模企業の時代をもたらす一つの条件であったと考えることもできる。

交通手段の発達やそれに関連した輸送手段の変化も，ビジネスの発達に大きな影響を持った。輸出産品として重要であった諏訪の生糸や，北越で産出されていた石油は，鉄道網の開通によってようやく安定的な市場基盤を獲得した。とくに，明治末に実施された鉄道の国有化は，これによって推進された鉄道網の整備と運賃の低下を通してビジネスの発展に貢献した。

金融網と出資者

商業的な金融の仕組みは，遠隔地の送金のための為替取組などが，近世の商業活動のなかで発達していたことが，重要な基盤となった。さらに，地租の収納を主たる業務とする官公預金の取扱いが初期の銀行業務の中心となり，全国的な資金移動を可能とする金融網の発達に大きく貢献した。しかも，その付帯業務として倉庫・輸送などのビジネスの発展を促した。

しかし，その一方で長期資金の供給については，このような金融システムは必ずしも適合的ではなかった。そのため，株式会社の株主募集には，発起人となる数人のプロモーター的な人物の仲介が必要であった。彼らは一定の地縁や血縁を利用しながら広く資金を集める役割を担った。同族などの狭い範囲での出資によるビジネスの展開はどこの国でも当たり前のように行われていたが，それとは別に，株式の発行市場・流通市場の不備を渋沢栄一や松本重太郎などの人物の名声が補っていた。さらに重要なことは，こうした出資に際して，多くの株主が銀行からの株式担保金融によって資金を得て株式の払込みに充当していたことであった。株式会社という共同出資の形態は，このような銀行の預金吸収と与信によって支えられ，高額面株の株式の分割払込という独特の制度とあいまってはじめて，拡大の基盤を見出した。

銀行はまた，その制度の設計者が予定していなかった，企業への長期の資金供給という点でも大きな役割を果たすことになった。当時「機関銀行」として批判された銀行の多くは，資産家が事業経営の一環として銀行を経営し，そこで集まった預金を自らの関与する企業に貸し付けるという形で，特定企業と銀行との関係が強いという特徴を持った。そのため，往々にして債務の返済不能による固定貸などの問題を発生させる危険を伴った。しかし，その反面で，この仕組みは，単名手形の発行によって手形割引の形式で直接に事業資金を企業にもたらし，その書換えを繰り返すことで実質的に長期資金を供給した。銀行制度の設計者たちがイギリス流の商業銀行を理想とし，商業手形割引を本務としようとした普通銀行が，現実的にはその路線から逸脱して，産業資金供給に重要な役割を果たしていたことも，ビジネスの発展を支える条件となった。

外資排除政策

銀行が仲介する資金の動員と株式会社制度の組合せは，日本の企業がその発生期に外国からの投資に依存しなかったという点に注目すると，その重要性がより明らかとなる。

半植民地化の危機のもとで成立した明治政府は，外資の排除政策を初期の基本的な方針とし，安政条約（1858年）に基づいて，外国人の内地通商の自由を認めず，さらに鉄道や鉱山などの事業経営に対する外国人投資を排除する本国人主義を貫いた。その結果，資金の多くは，近世期以来の商人的な活動によって蓄積された富や，秩禄処分を通して形成された華族層の資産によって提供された。日本鉄道，大阪紡績などの初期の株式会社の株主にはそうした人々が名前を連ねていた。彼らの資金は銀行の設立資金となり，さらにその銀行を介して株式担保金融によって株式会社にも提供された。

他方で，外国資本の流入が抑制されることによって，富豪たちの資金蓄積に基づく家族企業が政商から財閥へと発展する可能性をも開いた。外国資本への排除政策は，条約改正により放棄され1899年に「内地雑居」が開始されることになったが，そのとき以後にも外国資本が資金面で果たす役割は大きくはならなかった。

労働の規律

資金の動員とともに労働力の動員と労働の規律の確保においても，大きな困難が伴った。鉱山における飯場制度や納屋制度——鉱山や炭坑におい

表11-3　全国102会社の大株主

（単位：1000円，株）

	氏　名	身分/住所	持株時価	株数
1	内蔵頭	（皇室）	41,971	231,266
2	第十五銀行		22,965	312,655
3	岩崎家	東京	13,619	192,130
4	三井家	東京	8,856	139,345
5	島津家	公爵	4,329	45,015
6	雨宮敬次郎	東京	3,953	39,917
7	安田家	東京	2,979	74,961
8	毛利家	公爵	2,692	29,860
9	前田家	侯爵	2,658	44,372
10	野本貞次郎	東京	2,427	37,459
11	鍋島家	侯爵	2,123	20,853
12	若尾一家	神奈川	1,897	13,991
13	田中平八	神奈川	1,876	19,890
14	浅野長勲	侯爵	1,828	23,030
15	徳川茂承	侯爵	1,627	20,692

（出所）　中村政則「日本ブルジョアジーの経済構成」大石嘉一郎編『日本産業革命の研究』下，東京大学出版会，1975年より作成。

て飯場頭や納屋頭が労働者の募集，作業の集団請負，監督，賃金管理，生活管理を一括して請け負う雇用形態──，繊維工場の女工に対する寄宿制度などの存在は，急激な労働力動員には量的な確保の面で制約要因が大きく，強権的な契機が必要であったことを示していた。そして，長時間・低賃金という過酷さが工場労働の社会的な評価を低めたため，量的確保をいちだんと困難にした。他方で，機械工場の「渡り職工」や金属鉱山の「友子鉱夫」などの熟練労働者は，高い移動性を伴う作業請負労働者であり，自律性が高かった。したがって，これらの職種では職場の規律は彼らの手に委ねられ，出来高給的な賃金制度によって能率の増進が図られた。女工など不熟練労働では競争刺激的な等級賃金制度などが導入され，工場作業の監視と成果の相対評価によって規律の維持が図られた。しかし，それでも，労働者の高い移動率と短い勤続年数に示されるように，大規模な作業場を維持しうる労働力の確保が困難であることには変わりはなかった。

3 中小規模ビジネスの量的優位

国際的に見た企業規模

日本の企業が産業化の初期段階からすべて大規模性を備えていたわけではなかった。明治の半ばには工場制が繊維産業よりやや遅れて重工業にも普及しはじめるが，それらの企業群は国内ではその規模の大きさが目立ってはいるものの，国際的に見ればトップレベルの企業には届かなかった。たとえば，国内最大の製鉄所となる八幡の官営製鉄所は，その設計立案に際してドイツ鉄鋼業から基本的なプランを学んだが，その規模は国際的な標準には届かず，世界最大規模のU.S.スチールの100分の1に過ぎなかった。これらの企業群が国際的に見て中規模であったことは，必然的にその国際競争力を弱め，独占組織を結成するなど，競争力の欠如を補うための組織化の進展を促した。国内では圧倒的な規模を持つこれらの重工業部門では，この弱さのために，ビジネスのあり方は組織性の高いものとなった。

後に巨大企業に成長する部門でも，技術的な限界から小規模性が際だった部門もあった。たとえば電力業は，非貿易財であり国際競争の圧力をまぬがれているという有利性にもかかわらず，火力発電設備の大規模化を制約した技術水準や，長距離送電にともなうロスを克服できず，各地方都市にひとつずつ電力会社が設立されるという割拠状態が出現した。電灯需要を主たる市場とする明治後半期の電気事業では，このようなビジネスが，初期には一般的となっていた。たとえば，中部地域では1910年代に300を超える電灯電力会社が存在したが，このような状態は関東や近畿などのエリアでも一般的であった。

小零細企業の展開と産地形成

国内に最も広い範囲にわたって展開した織物業などでは，零細な生産者を組織する問屋制的な仕組みが一般的であった。それらは販売市場が東京などの大消費地に結び付くようになっても，ニーズの多様性やその変化に対応するために，集中作業場に発展するというよりは，問屋に組織された小零細経営をむしろ維持する方向で新たな展開を模索していた。この場合，問屋は単に原料や製品の購買分野にのみ従事するわけではなく，場合によっては生産工程の一部を担う製造問屋であったりした。こうした問屋制の展開は，当時の技術水準に規定されて，集中作業場によって生まれる生産性やコスト面の有利さが小さく，工場設備の建設や労働の監視などに伴う費用を考慮すると，ルースな形での生産の組織化の方が適合的だったからであった。

日用雑貨の分野でも零細経営の比重はきわめて高かった。また，食品では清酒や醤油などの生産者が全国的な市場に対して供給を開始するのは，明治後半期から第一次大戦後のことであった。彼らの規模の零細性は，その依拠する市場基盤の地域性に規定されていた。また，物流の地域的拡大を可能にするために必要な冷蔵技術などの技術的条件が欠けていることも，市場基盤の拡大を難しくしていた。

注目しなければならないのは織物業を中心に，そのいくつかが産地を形成し，産地内での柔軟な分業の展開によって，対外的にも競争力の高いビジネスを展開したことであった。それらのなかには，帯谷商会のように急激に規模を拡大し，有力紡績企業の兼営織布部門と遜色のない規模に到達するものもあった。その一方で，各工程が分業化したり，工業試験所などから技術・製品開発面での指導を受けたりしながら，企業群として産地を形成して発展した地域もあった。しばしばそうした産地は，産地内での社会的な分業関係を進化させることによって能率を向上させ，あるいは特定の流通業者と結び付きながら，積極的なマーケティング活動を行い，自らの商圏を拡大した。

参考文献 REFERENCE

阿部武司『日本における産地綿織物業の展開』東京大学出版会，1989年。

石井寛治『情報・通信の社会史』有斐閣，1994年。

石井寛治『近代日本金融史序説』東京大学出版会，1999年。

伊牟田敏充『明治期株式会社分析序説』法政大学出版局，1976年。

粕谷誠『豪商の明治』名古屋大学出版会，2002年。

武田晴人『財閥の時代』新曜社，1995年。

谷本雅之『日本における在来的経済発展と織物業』名古屋大学出版会，1998年。

橋本寿朗・武田晴人編『日本経済の発展と企業集団』東京大学出版会，1992年。

藤井信幸『テレコムの経済史』勁草書房，1998年。

山口和雄・石井寛治編『近代日本の商品流通』東京大学出版会，1986年。

第12章　日本の企業と財閥

両大戦間期日本のビジネス

三菱第1号館
写真提供　三菱史料館

岩崎弥太郎が起こした三菱の事業は，海運から鉱業，造船，商事などへと多角化していく。東京丸の内の近代的なオフィス街も三菱が旧練兵場跡の払下げを受けて建設した。写真は，一丁倫敦とよばれた赤煉瓦街の第1号館で，1918年まで，三菱合資会社の本社が置かれた。

1 産業構造変化の重層性

重工業化と都市化

第一次世界大戦を契機とする日本経済の発展は，産業構造の変化をもたらし，労働運動の高揚によって労使関係の再編を促すなかで，企業組織のあり方を変えた。

産業構造の変化は重層性を持っていた。すでに技術的には基礎を固めつつあった海運，造船，鉄鋼が相互に有機的な関連を保ちつつ大戦ブーム下に成長した。戦争による国際競争の消滅と需要の急速な拡大とがキャッチアップを可能にした成長の要因であったが，先発企業の高配当に刺激されて，これらの分野に続々と新規の事業計画がたてられ，株式市場を通して資金が動員された。

他方で，こうしたブームに乗り遅れた電力業とその関連諸部門は，都市化による電鉄業の発展と工場電化の進展による電機産業の成長などに促され，電力飢饉の発生を背景に大戦後の産業発展をリードする産業部門となった。電力の発展とともに電気機械，電気化学などの新分野が新産業として成長した。旧型の重化学工業化が遅れて進んだのと対比すると，電力主導の産業構造の高度化という面では，産業構造の変化は先進国の状況と同時進行に近い形で進んだ。

新旧の2つの重工業分野がきびすを接するように成長を遂げたところに変化の重層性が示されていた。

都市化の進展は，まず第一に，都市に住む人々の日常の生活のため消費財の供給を必要とした。需要の多様性や製品規格の不統一などの状況の下で，その担い手となったのは，少量生産を行う小規模な工場・作業場であり，これを組織した製造問屋などであった。これに加えて，都市化は，都市における新しいサービス需要を生み，宅地開発や郊外電鉄の建設を代表とする新しい企業活動の場を拓いた。「文化生活」と称する西欧風の都市生活が理想のひとつとして語られるようになり，生まれたばかりの新中間層がこれを享受することになった。この新中間層は，大企業の中間管理者層，公務従事者，あるいは労働者の階層分化などにより登場した。そうした人々は所得の一部を貯蓄し株式に投資することが可能であった。大戦期の株式ブームを通じて急速に拡大した資本市場は，こうした階層の資金を企業部門に提供する機能も果たすようになった。

株式ブームは地方の寄生地主層などの投資のあり方にも影響を与えた。とくに第一次大戦後の土地生産性の停滞と小作争議による小作料率の引下げなどのために土地投資の収益性が低下すると，地主による投資は土地を離れ株式などに向かうことになった。

労使同権化の進展

産業構造の変化と資本市場の発展とともに，この時期の労使関係の変化も重要であった。

第一次大戦ブームは，物価の上昇を背景に労働条件の改善を求める労働者の組織的な運動の高揚をもたらした。政府の強い弾圧政策の下で逼塞していた労働組合運動は，1917年頃から攻勢的な争議を展開し，団結権や団体交渉権の承認を求める運動に発展した。政府も大戦末には組合の組織化を事実上認め，大戦後にはILO（国際労働機関）の結成などの国際的な影響をうけて，労働組合の活動基盤が固められていった。その反面で社会主義運動に対する弾圧政策は1925年の治安維持法によっていちだんと強化され，組合運動に対する「アメとムチ」の政策が展開するなかで，労働運動は分裂していくことになる。

このような運動の展開は，同時に経営側の労務管理方式の転換による強い影響を受けた。すでに日露戦争前後の時期には，従来の間接的で強圧的な労務管理方式の限界があらわになっていた。足尾，別子などの大鉱山では飯場制度が計画的な生産管理に障害となり，中間搾取が労働者の不満を高め，激しい争議が発生していた。また，三菱造船所でも技術の高度化が管理体制の見直しを促した。第一次大戦直前の時期には，産業化の時代を支えた労使関係は再編を必要とすると考えられていたのである。

大戦期には急増する労働需要と労働争議のために賃金が上昇し，重工業大経営では直接的な管理体制への再編と「産業平和」の実現が必要となっていた。そのため，大経営では基幹的な熟練労働力に対しては，長期の勤続を奨励するような賃金・賞与制度を導入して彼らを企業内に確保しようとした。一方，不熟練労働部門については臨時工などを利用して，重層的な労務管理がとられるようになった。飯場制度などの内部請負制度は生産現場の直接管理に変わり，飯場は労働者の生活面に関わる機能に限定された。機械工場でも直接的な現場管理が普及した。これに加えて，大企業は，労働組合に対して外部の全国組織からの影響を遮断して企業内化し，ドイツ流の「工場委員会」制度を模倣した労使間の懇談制を採用し，協調的な関係を構築することにつとめた。これらの諸方策は，第二次世界大戦後の年功制的賃金や，協調的で企業別組合的な労使関係の起源を形づくるものであった。また，三菱の労務審議会などに代表されるように，企業内に労務を担当する職員層の形成を促すことになった。

2 管理組織の整備

階層的組織の形成

管理者層の形成にもっと大きな影響を与えたのは，企業のあり方の変化，とりわけ組織の拡大であった。その第一は，合併などを通して事業所を複数持つ企業が増加し，「現代企業」の外観を示すようになったこと，第二は，多角化が進むなかで企業間関係が持株会社の普及による階層的な組織性を展開するようになったことであった。

鉱山会社や貿易商社などでは早くから多くの事業所・支店網を持つものが目立っていたが，鐘紡，片倉など繊維工業の巨大企業では，20から30を超える工場を保有する企業が登場していた(**表12-1**)。こうした企業形態は，一工場あたりの規模はそれほど大きくない工場が生産品目の専門化などによる生産の合理化を図るにとどまったこと，また関連部門へ多角化が進んでいくことによるものであった。複数事業所を持つ製造部門は製紙，製糖，ビール，電気機械などの諸分野にもみられた。こうした複数事業所の統合的な管理のために，独立した本社部門が形成された。

営業活動や資金調達の拠点として東京や大阪の商業センターに本店ないしは支店を設置するケースも増加した。資本市場での資金調達の必要や，1920年恐慌の打撃によって弱体化した伝統的な流通組織に代わる独自の営業活動のために，製造企業は財務や販売活動のためのスタッフを充実させることになる。こうして工場脇の小さな建家にあった事務所という小さな管理組織は，階層的で分権的な組織へと成長していった。トップ・マネジメントを構成する役員層も，会長・社長・副社長・専務取締役・常務取締役・取締役というような階層性を持つようになり，非常勤取締役

表12-1　有力企業の事業所数

社　名	種　別	1920年	1929年	1937年
鐘淵紡績	工　場	20	31	51
大日本紡績	工　場	14	18	23
東洋紡績	工　場	16	22	46
日清紡績	工　場	3	7	9
日本毛織	工　場	5	6	5
片倉製糸紡績	工　場	23	35	41
小　計		81	119	175
明治製糖	工　場	5	12	12
大日本製糖	工　場	4	10	11
塩水港製糖	工　場	5	7	8
小　計		14	29	31
大日本麦酒	工　場	6	9	13
王子製紙	工　場	6	16	33
東京電気	工　場	3	5	6
小　計		15	30	52
三菱鉱業	鉱山等	28	27	24
日本石油	鉱業所等	18	12	11
小　計		46	39	35
日本郵船	支店・出張所	20	15	15
大阪商船	支店・出張所	24	24	27
日清汽船	支店・出張所	7	8	8
小　計		51	47	50

（出所）大阪屋商店調査部『株式年鑑』各年より作成。

が多かった明治期に比べると，内部昇進を通して常勤の役員となるものが増え，彼らの機能が強化された。

管理的技法の導入

組織の拡大は，それを構成する各事業所の評価などを含めてさまざまな管理的な技法の導入を促すことになった。とくに，厳しい国際競争にさらされて合理化を迫られていた第一次大戦後に入って，この動きは活発となった。生産の現場では，適用できる範囲は限られていたとはいえ，いわゆる科学的管理法が試みられ，電気機械などの分野で標準作業の測定などが実施された。それらは，熟練職工が統御する現場から，大学卒の技術者の管理する現場への転換という直接管理方式にも適合的なものであった。

「予算統制」などの管理会計的な手法も積極的に用いられるようになった。製造企業を中心にきめの細かい予算制度が導入され，月単位あるいは四半期単位で生産数量やコスト，利益などの予算が部門ごとに策定され，その予算の達成度に応じて評価されることになった。それは複数の事業所を統合的に管理し業績を評価するためには不可欠の手法であった。こうして，科学的管理や予算統制など国際的にみても新しい管理的な手法が，大企業を中心に欧米とほぼ同じ時期に導入され，組織の拡大に対応した企業システムが形成された。

3 持株会社組織の普及

持株会社と総有制

事業規模の拡大は，家族企業的な性格が強かった富豪たちの経営組織にも変革の契機となった。先陣を切ったのは三井であった。組織の選択にとって重要な要因となったのは，株式会社の有限責任制と法人税制のあり方であった。受取配当所得が非課税となっていたことから，持株会社は所得のほとんどについて課税を免れてプールすることが可能であったし，子会社の株式会社化は危険の分散という点で望ましかったから，持株会社が有力な選択肢となった。三井物産，

表 12-2　持株会社の設立

設立年次	社　　名（資本金）
1909 年	三井合名（5,000）
1912 年	（名）安田保善社（1,000）
1915 年	渋沢同族（300）
1917 年	三菱合資（3,000），古河合名（2,000） （名）大倉組（1,000），（名）藤田組（600）， 森村同族（500）
1918 年	浅野同族（3,500）
1920 年	山口合資（1,000），（資）川崎総本店（1,000）， 大川合名（1,000），（名）久原本店（1,000）
1921 年	住友合資（15,000），鴻池合名（1,700）
1922 年	野村合名（2,000）

（出所）　武田晴人「資本蓄積（3）財閥」大石嘉一郎編『日本帝国主義史 1』東京大学出版会，1985 年，247 頁。

三井銀行，三井鉱山を株式会社化してその株式の全額を保有する持株会社三井合名が設立され，以後持株会社の設立がつづいた（表 **12-2**）。

この組織は，欧米から導入されたアイディアと伝統的な商家の出資形態との融合のもとに成立していた。同族の共同出資は，持分が分割不可能で処分の自由のない「総有制」とよばれる独特の特質を備えていた。持株会社は，総有の対象となる共同の営業財産を管理する組織として，事業部門子会社に対して出資者を代表し，封鎖的な所有を原則として維持した。その半面で，同族は持株会社に対して，そして持株会社は株式会社化した子会社に対して，安定的な株主として対峙することになった。

持株会社は，その節税効果もあって富豪の資産保全のための組織として利用されることになり，1920 年前後までに多くの資産家たちが持株会社組織を採用した。それまで個人名義で保有されていた証券類などが持株会社の資産として現物出資されたが，この「法人成り」によって株式市場では，保険会社や信託会社の資金力の増加とも相まって，法人株主が重要な位置を占めるようになった。

有力財閥の場合には，単なる資産保全の目的ではなく，事業の統括的な本社機関として持株会社は設立されたが，その際，本社と子会社との関係が問題であった。欧米の株式会社制度の発展の中では，持株会社は事業の統合・拡大のための手段であり，株式の取得を通して有力企業を子会社化して経済力を集積させていた。こうした場合，株主として子会社の経営に介入することは，持株会社の主要な機能であった。これに対して，日本の財閥の場合には，統合された事業体の中からのスピンアウトによって有力子会社が作り出されたから，子会社化以前から統一的な経営体としての体裁を保っていた。したがって，独立の子会社とすることは，組織の効率性を高めるために権限を委譲することが主要なポイントになったという点で，欧米の経験とは異質であった。

分権化と内部資本市場

本社と子会社との関係では，制度設計の当初には子会社の独立性をそれほど高く想定していたわけではなかった。子会社は，利益計算の単位という意味での企業としては独立であったが，幹部職員の人事権や資金の配分に関しては本社が掌握しており，意思決定の単位という意味での企業としては単一の形態を追求していたように見える。

しかし，形態からみた組織の垂直的構造や，子会社の主要な経営戦略の最終的な意思決定権限を本社の役員会に委ねるという権限規定にもかかわらず，想定された持株会社の機能は実際には空洞化する傾向にあった。本社と子会社との間で経営戦略をめぐって対立が発生し，本社による強い介入があったことを示唆している例もあるとはいえ，これらの事例を強調しすぎることには慎重でなければならない。子会社が裁量の自由を完全に得ることはなかったが，子会社の「現場の知恵」に基づいた事業計画は最大限尊重され，封鎖的な所有を維持することを重視する本社は，資金調達の負担を軽減することを主眼に，計画の縮小を求めた事例も多かった。そこから浮かびあがるのは，資金調達に責任を持つ本社と事業計画の具体的な立案に責任を持つ子会社との水平的な分業関係が展開しているという姿であった。

このように本社が資金調達の役割を担ったことは，中堅規模の財閥の持株会社，たとえば藤田や古河，そして鈴木商店などの本社が，銀行からの借入金を原資として子会社に対して資金を供給していたこととも共通する特徴となった。そして，それ故に，これらの持株会社は1920年代の不況期に多額の支払利子負担によって破綻していった。

本社の機能と出資者

持株会社組織は幹部職員の人事と資金調達について内部市場を形成し，その組織的な活動を展開した。人事については，概ね各事業分野の専門家を育てるキャリアパスが採用され，その選抜のゴールは各子会社のトップ・マネジメントを担い，事業部門を代表して本社の役員となることであった。資金面では，封鎖的な所有の原則が維持されたが，本社はその責任を果たすために，所有する金融資産を利用して資本市場との接点を探り，持株の一部を売却して譲渡利益を獲得するなどの手段を講じるようになり，投資機関として独自の資金調達方法を開発していくことになった。

本社の子会社に対するモニタリング（監視）には，大企業に普及した予算統制などの計数的な管理方式が採用された。こうした管理手段によって，本社は少なくとも株式市場に対する通常の情報開示とは比較にならないほどの詳細な情報を獲得していた。資金調達に関わる本社の意思の表明は，このようなモニタリングに基づいて実施された。しかし，他面で本社は，多角化した子会社事業の経営戦略に介入しうるほどの専門的な知識を持ったスタッフを抱えてはいなかった。本社の管理的な部門の人員は少なく，財閥の本社は「小さな本社」だった。子会社の新規事業などの投資・拡張計画の承認は本社の権限に属したから，内部資本市場の限られた資金を効果的に配分するために，本社は各子会社の計画を裁定し調整する必要があった。

この間，同族は持株会社の運営に積極的に関与することは稀であり，同族の出資者としての位置は，「君臨すれども統治せず」と表すべきものであった。もちろん，だからといって同族が出資者としての権力を全く放棄したわけではなかった。戦時期に実施された三井物産による三井合名の吸収合併は，同族の相続税負担対策という私的な事情に基づいており，必要があれば彼らはその力を行使することに躊躇はなく，専門経営者の覇権もそれを抑止することはできなかった。

財閥商社と財閥銀行の機能

財閥傘下の貿易商社は，その総合性という点に特徴があった。鉄鋼商社や綿花商社など専門性を持った貿易商社もみられたが，財閥商社は，三井物産を先駆として三菱商事なども，取扱い分野も広く，世界的な支店網を形成していた。そうした商社は傘下鉱山の生産物などの販売を起源としていたため，傘下企業は原料や生産設備などの購買，製品の販売部門をこれらの商社にゆだねることが多く，その結果としてこれらの業務を担当する部門を企業内にはほとんど備えていなかった。

こうした関係は，アメリカで支配的となった事業部制が，購買から生産・販売を垂直的に統合して自立的な利益単位をなしていたのとは，企業の事業の範囲という点で大きく異なったものとなった。傘下企業間で生産と販売を分担する財閥の組織構造は，当然のことながら製造部門と販売部門間の振替価格の決定などの独自の問題を生んだ。それが明確な基準によって決定される仕組みが成立しなければ，各子会社の業績についての客観的な基準となる利益を計算することができないからである。

また，貿易商社はその販売機能を通して産業の組織化に貢献した。石炭や鉄鋼などのカルテル活動では三井物産や三菱商事が中核的な役割を果たした。

本社が内部資本市場の主役を演じていた以上，財閥傘下の銀行の役割は長期資金の供給という点では限定されていた。三井銀行を例にとれば，1920年代には三井財閥内の過剰資金を預金として預かり社債等に運用する役割を果たした。銀行を経由した資金供給が財閥系企業にとっても重要な意味を持つのは，戦時体制期の資金統制まで待たねばならなかった。

銀行の限定的な役割は，三大財閥に際だった特徴であり，他方で鈴木商店と台湾銀行などの例にみられるように，一般的には「機関銀行」的な銀行行動が産業資金の供給に依然として重要な役割を果たしていた。こうした特定企業と金融機関との結合関係は，第一次大戦後の恐慌や震災などを通して累積した不良債権債務関係の温床となり，1927年の金融恐慌によって一掃されるまで続いた。そして，金融恐慌がこのような関係を清算したとき，財閥系金融機関の，そして三大財閥の優位性が決定的となった。

4 寡占的大企業の構造

事業持株会社化

持株会社を頂点としてピラミッド型の企業形態を整備した財閥は，本社を中心と

表12-3　総資産1億円以上の大企業（1937年）

	金　融	持株会社	商　業	公　益	鉱工業
10億円以上	日銀，勧銀，正金，三和，安田，第一，**住友**，**三井**，**三菱**，興銀				
5億円以上	第百，三井信託		**三井物産**	東京電灯	日本製鉄
2億円以上	日本生命，六九，野村，**三菱信託**，**住友信託**，**明治生命**，十五，第一生命，帝国生命，千代田生命，北拓，神戸，安田信託，愛知，共同信託，名古屋	**三井合名**，**三菱合資**，**住友合資**，東洋拓殖	**三菱商事**	東邦電灯，大同電力，日本電力，宇治川電灯，**日本郵船**	**王子製紙**，**鐘紡**，日窒，**三菱重工業**，日本鉱業，川崎造船所，**三菱鉱業**
1億円以上	昭和，**東京海上**，野村信託，芸備，第一徴兵生命，鴻池信託，関西信託，日本昼夜，安田生命，中国，静岡三十五，十二，十七	東電証券，**王子証券**，安田保善	東株取引，**東洋棉花**	京阪電気，阪神電鉄，阪神急行，九州水力電気，京都電灯，広島電気，東京瓦斯，**大阪商船**，国際汽船	東洋紡，**三井鉱山**，大日本紡，日立，日本化成工業，日本石油，日本水産，日本鋼管，日本綿花，大日本製糖，大日本麦酒，日本毛織，**住友金属**，**北炭**

（注）　強調文字は三大財閥系企業，―――は安田系。
（出所）　武田晴人「大企業の構造と財閥」由井常彦・大東英祐編『日本経営史 3』岩波書店，1995年。

表12-4　巨大企業の有価証券保有

（単位：1,000円）

	総資産	有価証券	比　率（%）		総資産	有価証券	比　率（%）
東京電灯	955,692	118,858	12.4	日本製鉄	633,558		
東邦電灯	425,164	35,174	8.3	王子製紙	457,141	19,653	4.3
大同電力	333,115	49,902	15.0	鐘淵紡績	319,023	35,006	11.0
日本電力	352,753	24,111	6.8	日本窒素	391,549	176,234	45.0
宇治川電灯	338,354	8,822	2.6	三菱重工業	338,336	27,949	8.3
日本郵船	228,251	23,445	10.3	日本鉱業	259,923	59,597	22.9
大阪商船	197,056	15,317	7.8	川崎造船所	235,995	61,266	26.2
三井合名	394,369	329,014	83.4	三菱鉱業	220,406	69,220	31.4
三菱社	234,640	209,300	89.2	東洋紡績	197,245	20,849	10.6
住友合資	215,455	145,100	67.3	三井鉱山	192,628	61,010	31.7
東電証券	120,585	107,552	89.2	北海道炭砿汽船	111,772	26,271	23.5
王子証券	103,797	102,356	98.6	三井物産	740,951	115,987	15.7
東邦証券*	62,030	59,193	95.4	三菱商事	361,372	18,866	5.2
大同土地*	29,203	22,096	75.6	東洋棉花	123,043	25,711	20.9

（注）　*印の東邦証券と大同土地は参考表示。

（出所）　武田晴人「大企業の構造と財閥」由井常彦・大東英祐編『日本経営史 3』岩波書店，1995年。

する内部資本市場を基盤に，寡占的な大企業を傘下におき，大きな経済力を集中することになった。金融や商業（貿易），そして持株会社など財閥系企業の巨大性が目立つ部門だけでなく，総資産規模で測った場合，**表12-3**のように，製造工業部門の資産2億円以上の企業の半数が三井・三菱・住友の三大財閥の傘下の子会社だった。

持株会社形態は，本社と子会社群との関係ばかりでなく，有力子会社が事業持株会社化することによって，関連事業の拡張にもしだいに利用されるようになり，この時期の日本の企業組織に広く普及した形態となった。財閥外でも，有力電力会社が子会社として設立した持株会社が電力業の統合再編に大きな役割を果たし，また，金融部門でも東京海上による損害保険会社の系列化，安田銀行や住友銀行による地方銀行の系列化などが進展した。これらの場合には，ヨーロッパでも見られたように，事業拡大の手段として持株会社組織が利用されたのである（**表12-4**）。

株式による支配によってだけ企業の組織化が図られたわけではなかった。1930年代に入ると，日本製鉄，王子製紙，住友金属，三和銀行などの巨大企業が複数の企業の合併によって成立した。その成立の事情はそれぞれに異なっているが，1920年代に進展していた製品市場に対するカルテル的な統制が1931年の重要産業統制法の下で強化されるなかで，後掲の**表12-5**のように，いちだんと産業の組織化が進展したのである。

財閥批判と新興財閥

もっとも，1930年代前半は財閥の歴史のなかでは「冬の時代」であった。昭和恐慌期の「ドル買い事件」をきっかけとした「財閥批判」の社会的な高揚は，「財閥の転向」とよばれる組織の再編を必要としたからである。関係会社のトップ・マネジメントからの同族の引退，寄付行為などによる利益の社会的還元，そして株式の公開が求められたからであった。

そのため，財閥の投資行動は，1930年代の景気回復過程でやや消極的なものとなった。その間隙をついて新興の化学工業などを中心に，事業持株会社の形態を利用して新しい企業群が登場した。これら「新興財閥」とよばれる企業群は，資本市場で資金を集め，子会社へ投資するという点で，財閥の封鎖的な所有とは対照的な資金調達方法を活用して成長した。1920年代に進展した電力投資がこの時期には過剰能力を生み，余剰電力利用のための事業計画を促したこともこうした企業群の成長の条件であった。日本産業，日本窒素肥料，日本曹達などがこうした新興財閥群を形成した。

しかし，これらの企業の成長は，株式市場に依存した資金調達に支えられたために配当性向を高めざるを得なかったから，財務面での弱体性を免れえず，戦時体制への転換にともなって限界を露呈することになった。戦時体制期の急激な機械工業化は，環境の変化に柔軟に対応しえた既存の巨大財閥によって担われることになった。

5 中小企業部門の組織化

工業組合法の制定

大企業体制の展開のもとで，中小の産業分野では，輸出向け産地の組織化やカルテルの形成，そしてやや遅れて機械工業の下請企業群の再編にむかうことになった。粗製濫造などの問題によって輸出拡大に制約を受けていた輸出中小工業を対象とする工業組合法が1925年に制定され，1931年にはその対象とする範囲が拡張された。製品の検査だけでなく，産地内の分業工程の一部が共同化されたり，

表 12-5　1930年頃のカルテル協定の内容

（単位：協定数）

		重工業	化学	繊維	食料品	合計
生産統制	生産制限協定	7	14	9		30
	生産割当協定	8	3		3	14
	材料共同購入	5	4		1	10
	生産分野協定	1				1
	新設備協定	1	3			4
	規　格	2	2	2		6
	その他			3	1	4
	小　計	24	26	14	5	69
販売統制	価格協定	12	15	2	4	33
	数量割当	7	6	1	1	15
	共同保管		6			6
	販路協定	5	3		1	9
	共同販売	15	9	2	2	28
	輸出入協定	3	6	1	1	11
	販売方法協定	1	3	3	2	9
	その他				1	1
	小　計	43	48	9	12	112

（出所）　高橋亀吉『日本経済統制論』改造社，1933年，129頁。

あるいは地域の工業試験所などが中心となって生産方法の改善が追求され，さらには輸出仕向地における嗜好に合わせた製品開発などが取り組まれた。1930年代にかけての綿織物等の輸出拡大は，円為替の低落という条件が寄与していたとはいえ，産地の組織的な取組みの成果でもあった。

このような変化は，1920年恐慌を契機にそれまで各産地の生産を支えていた商業組織の基盤が揺らいだことを背景としていた。綿製品を例に取ると，大戦期から大戦後のブームにかけて投機的な取引にのめり込んで多額の債務を負った大阪の綿糸布商はその基盤を自ら掘り崩してしまった。問屋の果たす主要な機能のひとつであった与信業務の限界が明らかとなり，また，彼らの経営する地方銀行なども経営的な動揺を免れえなかったからである。豊富で低廉な電力の供給が実現し，小型のモーターを使った力織機化が進展したことも，問屋制的な枠組みでの産地生産の展開には不利に働いた。こうして商人たちの力が弱まると同時に，産地の生産者たちの組織である工業組合が，重要な役割を果たすようになった。

流通面では，これに加えて，部分的ながら特約店制度や代理店制度を活用して自らの商圏を確保し，ナショナル・ブランドへの成長を追求する企業群が現れた。生活資材に関連した業種で見られたこのような傾向は，伝統的な流通組織の再編成を供給サイドから促す役割を果たしていた。

工業組合法と並び産業組織化政策の柱となった重要産業統制法（1931年）は，アウトサイダー規制を可能にすることによって，それまで企業数が多いために利害対立を克服できずカルテル的な統制が効果を上げえなかった分野にカルテルの結成を促した。結果的にはこの重要産業統制法は，大企業部門というよりは化学工業など中規模の企業が多かった産業分野で組織化の進展を促した。

他方で，戦時体制期にかけて，産業構造の重工業化，とりわけ航空機を代表とする機械工業化が進展するとともに，それらの機械組立に必要となる部品の生産などを担う中小の機械工場の役割も重要性を増した。自動車では当初輸入完成車の修理部品製造や外国会社に対する部品納入で技術を蓄積しつつあった企業がそうした役割を担うことなる。加工組立企業の規模にも規定されて，系列的な取引関係の形成には至らなかったが，そうした経験が第二次世界大戦後の機械工業の発展の地盤を固めた。

参考文献 REFERENCE

武田晴人「資本蓄積(3)財閥」大石嘉一郎編『日本帝国主義史1』東京大学出版会，1985年。
武田晴人「資本蓄積(3)独占資本」大石嘉一郎編『日本帝国主義史2』東京大学出版会，1987年。
武田晴人「大企業の構造と財閥」由井常彦・大東英祐編『日本経営史 3』，岩波書店，1995年。
橋本寿朗『大恐慌期の日本資本主義』東京大学出版会，1984年。
兵藤 釗『日本における労資関係の展開』東京大学出版会，1971年。
平沢照雄『大恐慌期日本の経済統制』日本経済評論社，2001年。
宮島英昭「昭和恐慌期のカルテルと政府」原朗編『近代日本の経済と政治』山川出版社，1986年。

第III部 大企業体制のビジネス

20世紀央

PREFACE

第Ⅲ部

　第Ⅲ部は，各国に出現した大企業体制と，その下におけるビジネスを扱う。大企業体制とは，大企業が長期にわたって安定的な地位を維持できるような経済社会の仕組みをさす。このような仕組みは，大企業が見られるところどこにでも出現したわけではなく，またその強弱や長短にも差異が見られた。

　この時代は，企業活動の違いが国ごとにはっきりしていた半面，同じ国の同じ産業内の企業は類似した戦略を示した。なぜこのようになったのであろうか。アメリカ，ヨーロッパ，日本における大企業体制の違いに注目し，この特徴を強く出した日本を中心に説明する。

　大量生産を基盤に持つ大企業は，自らの優位性だけで長期的安定を維持できたわけではなかった。大企業に有利な社会・経済政策の意味を検討する。他方，大企業体制下において，金融・サービスが萎縮したり，在来産業・中小企業が自らを防衛したり，それらが大企業体制と結びついて生き延びる様子を明らかにする。第一次大戦以降，終わりは地域によって時期にずれがあるが，1960ないし80年代までを対象とする。

第13章　アメリカの大企業体制

大企業・大労組・大きな政府

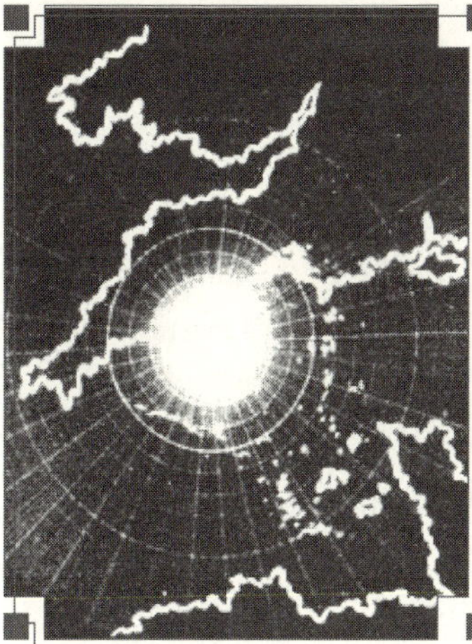

大きな政府の役割：大規模科学技術開発

写真提供　MIT Museum

（出所） S. Handley, *Nylon: the Story of a Fashion Revolution*, Johns Hopkins University Press, 1999, p.54, より。

第二次大戦中に連合国が協力して開発したレーダー・システムは，戦勝に大きく貢献した。左上の写真は，連合国がドイツに対して反攻に転じたDデイ（1944年6月6日のノルマンディー上陸作戦）時のレーダー画面である。戦後，アメリカ企業は優れた科学技術を駆使して多くの家庭用の耐久消費財を開発し，右上の写真のように，人々は豊かな「アメリカ的生活様式（American Way of Life）」を享受することとなった。現在，われわれの身近にある電子レンジは，レーダー技術を基礎として戦争直後にレイテオン社によって開発された。

1 大企業と産業規制

●政府の役割の拡大

大企業体制

1940年代後半のアメリカの製造業企業は，圧倒的な生産力を誇り，その生産量は全世界の60％にも達していた。アメリカの製造業の内部では，大規模企業がその地位を従来にもまして高めつつあった。戦後間もない1947年の時点では，製造業の上位200社が，付加価値の30％を生み，企業総資産の47.2％を占めていた。その後，1963年までに上位200社のシェアは，付加価値で41％，総資産で56.3％にまで増加し，そのシェアは引き続き増加しつつあった。

このような第二次大戦後における大企業の成長は，**表13-1**に示されているように，経営の多角化と国際化を通じて実現された。1948年の時点では，大製造業企業の大部分はまだ単一製品系列について大量生産と大量販売を統合したタイプの企業であり，その経営組織は部門別集権管理組織が一般的であった。これに対して，1960年代以降の大企業は，多様な製品系列へと事業の幅を広げ，積極的な対外直接投資を通じて国境を越えて事業を展開し，製品別・地域別の分権的な事業部制組織を採用していた。

多角化戦略と事業部制組織は，すでに第8章で見たとおり，1920年代にデュポンをはじめとする数社によって推進・開発された戦略と組織であった。したがって，戦後の製造業大企業は，これらのパイオニアの経験に学ぶことができた。ただし，企業を取り巻く環境条件は，1920年代と第二次大戦後では大きく異なっていたことを確認しておかねばならない。

アメリカの大企業は，奔放な企業者活動を通じて，ほとんど政府や社会の規制を受けずに成長した。しかし，1930年代以降の

表13-1　規模順位上位100社の戦略と組織：1919～79年

（単位：%）

		1919	1929	1939	1948	1959	1969	1979
戦　略	単一製品	89	85	78	62	40	24	22
	関連製品	11	15	22	36	55	56	53
	非関連製品	0	0	0	2	5	20	25
国際化	No	59	47	35	33	23	13	7
	Yes	41	53	65	67	77	87	93
組　織	持株会社	31	25	16	5	5	7	4
	機能別組織	69	73	75	75	43	20	10
	事業部制	0	2	9	20	52	73	86

（出所）N. Flingstein, *The Transformation of Corporate Control*, Harvard University Press, 1990, p. 336

大不況と戦争の経験を経て，アメリカ経済は大企業の形成期に比べると，大きくその構造を変えていた。第一には，政府が経済過程に深く関与するようになったこと，第二は，労働組合が法認され，団体交渉を中心とした新しい労使関係制度が定着したことである。第二次大戦後の企業経営は，大企業，大きな政府，大労組の三者の力が鼎立する経済的･社会的な枠組みの中で営まれるようになったのである。

政府の役割

アメリカにおける大企業に対する国家政策には，独占禁止政策という，他の国には見られないユニークな伝統がある。自由競争と機会の平等を尊ぶアメリカ社会においては，19世紀末以降の大企業への巨大な経済力の集中は，企業者的な機会を奪い，ひいては政治的民主主義体制を危うくするものとして，強い政治的反発と法的規制を呼び起こした。しかし，大企業形成の経済的な大潮流は，このような政治的な動きによっても押しとどめることはできなかった。依然として，均衡財政と小さな政府を原則とする政治思想が根強く，

図13-1　GDPの年間変動率

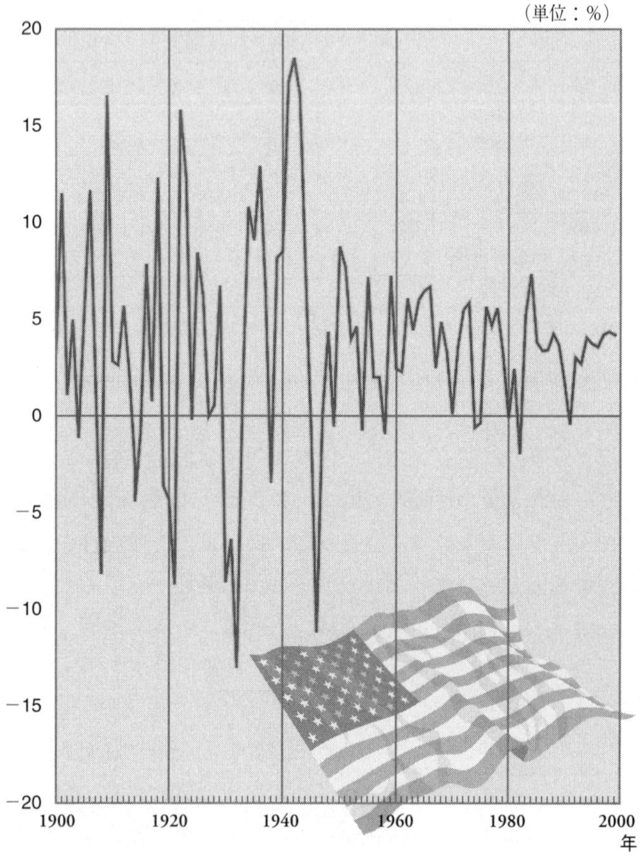

（出所）　T. Caplow et al., *The First Measured Century*, The AEI Press, 2001, p. 245.

政府の役割，とくに連邦政府の持つ経済的権能は依然として狭く限られていた。

政府の役割が一気に増大したのは，1930年代の大不況とニューディール政策と第二次大戦の経験を通じてのことであった。さらに第二次大戦後の1946年の雇用法には，連邦政府は全力で「最大限の雇用と生産及び購買力を創出」に努めるべきことが明記されることとなった。

こうして政府の役割は，伝統的な公共財の供給（国防，郵便，研究・教育など）機能の飛躍的な規模の拡大やマクロ経済運営のための金融・財政政策の整備・充実に加えて，製品の購買者（軍需品，農産物），経済活動の支援者（農業，交通），企業活動の規制者（公益規制，独占禁止政策），セイフティーネットの確保者（失業保険，直接扶助，社会保障）等として，きわめて広範囲に及ぶようになった。経済の安定成長と完全雇用を目指して実施された政府の経済政策は，その目的を完全に達成したわけではないが，マクロ経済の動きに大きな影響を及ぼし，景気循環の形をより穏やかなものと変えた。GDPの変化をグラフ化した図**13-1**は，第二次大戦後はそれ以前に比べて，経済の循環的な変動の幅が縮小したことを物語っている。

独占禁止政策の強化

完全雇用政策を強力に推進するためには，大企業に対する規制が不可欠であると考えられた。経済理論の教えるとおり，一般産業においては，寡占的な大企業は，完全雇用が達成されるレベル以下に生産を押さえ，価格を競争市場水準より高く維持する可能性があるからである。電器・ガス・水道事業のように，自然独占が成立し規模の経済が大きく作用するような産業分野については，個別産業ごとに価格規制が不可欠とされ，連邦通信委員会（1934年），連邦海運委員会（1936年），連邦航空委員会（1938年）など，多くの独立規制委員会が設置された。次の二つの判例・立法は，大企業の経営に大きな影響を及ぼした。

第一は，1945年の合衆国対アルコア事件の判決である。アルコア社に対するFTC（Federal Trade Commission）の訴追が開始された1937年当時，アルコア社はアメリカのアルミ地金市場の90％に達する圧倒的なシェアを持っていた。アルコアは，既存の判例に沿って，アルコアの大きなシェアは公正ですぐれた経営政策によってもたらされたものであり，独占の意図はなく，不公正な手段を用いたこともないと主張した。これに対して，裁判所は，独占の意図を要件とせず，新規参入を阻止して大きなシェアを確保し続けたこと自体をもって，シャーマン法違反としたのであった。これは要するに，大きなマーケット・シェアを持つこと，つまり「大きいこと」自体が法律違反と認定されることを意味する。

第二は，1950年のセラー・キーフォーバー法によってクレイトン法7条（株式の取得・資産取得）が改正され，企業の合併・統合に対する規制が一段と強化された。この改正によって，クレイトン法で想定されていた持株会社による株式保有だけでなく，水平結合や垂直統合も，実質的に競争を制限し，独占を生じさせる可能性が高い場合には違法とされることとなった。

こうした制約条件のもとで，大企業がさらなる企業成長を目指そうとしても，既存製品の分野にとどまる限り，早晩限界に達してしまうことは明らかであろう。それに満足せず，いっそうの企業成長の道を探るとすれば，次の2つの成長戦略がありうる。第一は，国内市場において新事業へ進出し，経営の多角化を図ることであり，第二は，国際的な事業展開を進めることである。

前述のとおり，既存の大企業の多くはすでに原料から生産を経て流通に至る機能を内部化した垂直統合型の企業となっていた。したがって，さらなる企業成長のためには，独占禁止政策の強化がなくても，多くの大企業は内部に蓄積された経営資源を戦略的に活用・展開して多角化や国際化へ向かった。独占禁止政策は，そのような企業の成長戦略を外から方向付け，加速するうえで大きな役割を果たしたのである。

2 労使関係制度

団体交渉制度

1965年当時，製造業の上位200社に属する大企業は，**表13-2**に示したとおり，雇用面でも多くの産業分野で支配的なシェアを占めていた。自動車産業ではそのシェアは約70％に，鉄鋼業では80％に達している。これはいうまでもなく，自動車産業におけるゼネラル・モータース（GM），フォード，クライスラーの上位3社（ビッグ・スリー）の優位，鉄鋼業におけるU.S.スチールを筆頭とする寡占体制の反映であるが，同時に，大規模な産業別労働組合の存立基盤でもあった。

これらの産業の労働組合は，従来の熟練工を中心とする職種別の労働組合とは異なり，同一産業に雇用される労働者をその職種にかかわらずに組織する産業別組合であり，自動車労組や鉄鋼産業労組は，最大級の組合員数を有する大労働組合であった。これらの大量生産型の産業分野における労働諸条件は，これら大労組と大企業の間の団体交渉を通じて決定されることとなった。

鉄鋼産業や自動車産業では，パターン・バーゲニングといわれる交渉形態がとられた。自動車産業を例にとると，全米自動車労組はまずビッグ・スリーの中から，最も有利に交渉を進められかつ他の2社に対して強い影響を及ぼすことができると考えられる相手を選んで交渉を進める。そこで勝ち取った労働諸条件の改善を他の2社および自動車関連産業の多くの企業へと及ぼすという交渉方式をとったのである。

表 13-2　鉱工業上位 200 社が基幹産業雇用に占める地位

（単位：%）

一次金属製品	
(1) 鉄鋼	80.4
(2) 非鉄金属	44.4
(3) その他	32.3
輸送用機器	
(1) 航空機	94.6
(2) 自動車	70.6
(3) 航空機部品	66.5
(4) 船　舶	39.3
(5) その他	38.2
機械（電機を除く）	
(1) 事務機械	55.8
(2) エンジン・タービン	53.1
(3) 家庭用機械	41.9
(4) トラクター，農業・建設機械	37.8
(5) 一般産業用機械	21.6
電気機械	
(1) 通信設備	47.9
(2) その他電気機械	35.4
(3) 電機産業装置	34.8
化学（無機・有機）	72.6
石油（石油精製）	67.2
ゴム製品	49.5
精密機器	30.7

（出所）R. T. Averitt, *The Dual Economy: The Dynamics of American Industrial Structure*, W. W. Norton 1968. pp. 56-57.

パターン・バーゲニングとは，「パターン」を決定できる有力企業を交渉相手に選んで有利な労働条件を獲得し，それを他の企業に及ぼすという交渉方式である。U.S.スチールが卓越したシェアを保持していた鉄鋼産業の場合は，産業別労働組合が組織される以前から，労働条件の決定についても同社が産業全体のリーダーとしての役割を果たしていた。1910年代から30年代にかけて実施された14回の大規模な賃率の改定のうち11回は，U.S.スチールが先行し，他社はそれに追随してほぼ同一の改定を行ったのであった。パターン・バーゲニングが定着した背景にはこうした状況があったが，団体交渉制度はこのような傾向を制度化し，その適用範囲を大幅に広げる役割を果たした。

第一に，企業は労働組合を承認し，団体交渉を通じて労働諸条件を決めることにより，不測の労使紛争の発生を防ぐことができた。労使交渉が紛糾し，1949年には長期にわたるストライキがうたれることもあった。そのような場合でも，最終的には連邦政府の調停を期待することができた。こうして，激発型の労使紛争は減少し，いわゆる「労使紛争の制度化」といわれる現象が定着した。

第二には，業界各社間の労働条件の均一化である。この傾向は競争関係にある同業他社はもとより，労働組合のない企業の労務管理政策にも多大の影響を及ぼした。多くの使用者が，労働組合運動の波及を防ぐには組織化された企業と同一水準の労働条件を提供しなければならないと考えたからである。アメリカの労働組合の組織率は1950年代の約30％がピークであり，他の先進諸国のそれに比べると高いとはいえない。しかし，基幹産業における労使間のパターン・バーゲニングの影響は，労働組合の組織率をはるかに超えてアメリカの産業界に広く浸透したと見ることができる。

新しい賃金決定方式

このような交渉方式を定着させ，1970年代に至る期間の労使関係の枠組みを決めるうえで決定的な役割を果たしたのは，1948年のGMと全米自動車労組（UAW）の交渉であったといわれている。ビッグ・スリーと自動車労組は，1937年以来毎年，労働条件の改定交渉を行

全米自動車労組（UAW）の集会（1940年）

リバー・ルージュ工場前歩道橋

（出所） R. Banham, *The Ford Century*, Artisan, 2002, pp. 54-55.

1937年3月26日，フォード社のリバー・ルージュ工場前の，この歩道橋の上で，フォード社のガードマンと労働組合の活動家たちの間で小競り合いが起きた。「歩道橋上のバトル（Battle of the Overpass）」である。これより3ヶ月ほど前の1936年12月30日，ゼネラル・モーターズ社のフリント工場では，「座り込みストライキ（Battle of Bulls Run）」が行われた。ニューディール政策の下ではあったが，両社がUAWを承認したのは，これらの激しい対立・抗争を経て後であった。

写真提供　Ford Motor Company

ってきた。組合は一貫して職種を問わない一律の賃率増加を要求し，それを実現してきたため，自動車産業の職種別賃金格差は大幅に縮小した。物価の上昇や景気変動などに対応するために毎年交渉することが必要とされたためであった。しかし，1948年に至って，GMと自動車労組は，毎年のように労使交渉に多大の時

図13-2　アメリカの製造業の賃金と物価の推移（1929～72年）

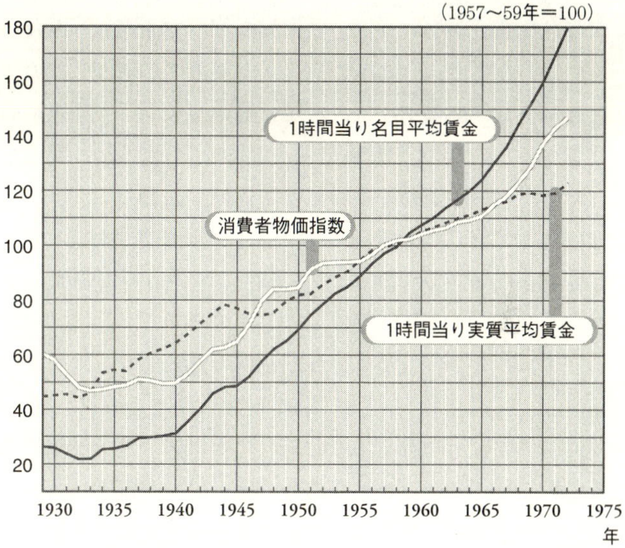

（出所）　L. G. Reynolds, *Labor Economics and Labor Relations*, 6th ed., Prentice-Hall, 1974, p. 222.

間とエネルギーを投入する方式を不合理であるとして，合意内容の有効期間を2年間とする長期協約方式の採用に踏み切った。

それに伴って，賃金を消費者物価の上昇と生産性の向上とに関連付けて，自動調整する方式が導入された。GMの労働組合員は，「エスカレーター条項」によって，インフレーションの影響から保護され，「生産性向上成果配分条項」によって生産性の向上の成果を享受できるようになったのである。この交渉では，時間当り6セントのベース賃金の引上げと消費者物価の上昇補顚分の5セント，両者をあわせて11セントの賃上げが実施された。労働生産性の向上に対応した賃上げは，時間当り3セントであった。

自動車産業の労働組合員は，労働生産性の向上と消費者物価の上昇を反映した所得保障を獲得したのである。

このような賃金決定方式は，鉄鋼業などの他産業にも波及した。こうして強力な労働組合組織のある大企業部門の労使交渉で決定された賃率や労使関係制度は，次第に他の産業分野や未組織の企業の賃金へと波及した。1930年から70年代に至る間，製造業分野に働く労働者の時間賃金と物価の関係は，**図13-2**のグラフのように推移した。第二次大戦後は，消費者物価は緩やかな上昇を続けたが，1950年代の半ば以降は，名目賃金の上昇が物価の上昇を上回った。実質賃金は着実に上昇したのである。

雇用管理制度

大企業がより高い労働条件を求める労働組合の要求を受け入れたのは，第一に，好況期においては労務費コストの上昇の相当部分を製品価格に転嫁できる力を持っていたためである。第二に，不況期においては労働組合に雇用調整を受け入れさせて労務費を削減すると同時に，製品価格を極力維持することによって利益を確保することができたためと考えることができよう。労働組合としては，不況期にかりに賃金の切下げを受け入れたとしても，企業が製品価格を引き下げて需要を喚起し，雇用を増やす努力を払うという保証が得られない以上，賃金と雇用の二者択一を迫られた場合には賃金を選んだということができる。

もちろん労働組合とて，手放しで雇用調整を受け入れたわけではない。労働組合は，雇用調整は，原則として再雇用をともなう一時解雇（レイオフ）によること，その人選は先任権によることを主張し，補助的失業補償給付（SUB）の拡充を図った。

先任権制度とは，要するに勤続年数に従って雇用機会を配分する制度である。この制度のもとでは，最も勤続年数の短い人が最初に一時解雇され，一時解雇された人の中では最も勤続年数の長い人が最初に再雇用される。付加給付の受給資格や給付量は先任権とリンクしているものが多い。

1978年に行われた調査によると，どの年齢階層でも，5年勤続した職務にその後も勤務し続ける可能性はきわめて高く，30歳台初めの人々では，その割合は50％近くに達する。一定年数以上を勤続した人々の中から，企業は優秀な人材を選び，その雇用を保証していたのである。全体としては，第二次大戦後のアメリカ大企業の雇用管理制度は，常識的な見方とは異なり，かなり長期勤続奨励的な特質を備えていた。この傾向は，ホワイトカラー層についてはとくに顕著であった。

このような制度的な枠組みを背景として，1950年代から70年代にかけて，アメリカ社会には，高い労働条件を提供する大企業に長期勤続するホワイトカラーと半熟練工の厚い層が形成された。男子に限ると，ジョブ・ホッピングの時期を経過した後には，約5割の人々が特定企業に長期にわたり勤続する。この長期勤続傾向の強さは，日本の場合と比較しても勝るとも劣らないとされている。このような雇用構造と，先に見た賃金決定機構によって決定される賃金水準によって，アメリカ社会はガルブレイス（J. K. Galbraith）の論じたとおり，「豊かな社会」となり，大企業が担う大量生産体制に見合った広大な国内市場が形成されたのである。

3 アメリカ大企業の多国籍展開

対外直接投資

1950年代以降，アメリカ企業は海外に多数の子会社を設立した。アメリカ大企業の海外子会社の売上高は，1974年には1150億ドルに達していた。これに対して，同年に国内で生産された製品の総輸出額は

470億ドルであったから，海外子会社の売上高はアメリカからの輸出額の2倍を超えていたことになる。この時期の企業戦略のもう一つの柱であった経営の多角化については，これまでにも数箇所で取り上げてきたので，以下では直接投資を通じたアメリカ企業の多国籍化について検討することとしたい。

対外直接投資という経済活動は，19世紀末から盛んに行われてきた。アメリカはよく知られているとおり，第一次世界大戦期までは資本の純輸入国であった。しかし，それ以前においても，銅，アルミニウムなどの天然資源開発のための中南米方面への投資があり，海外油田への投資も本格化しつつあった。製造業の分野でも，シンガー（ミシン），マコーミック（農業用機械）GE（電気機械），ウェスティングハウス（電気機械）等の企業は大規模な直接投資を行っていた。したがって，直接投資それ自体は，アメリカの産業にとっても，新しい現象ではないが，第二次大戦後のアメリカ企業の対外直接投資にはいくつかの大きな特徴があった。

表13-3に示したとおり，まず第一に，その量が飛躍的に拡大したことを指摘しなければならない。第二は，従来の直接投資は先進諸国からラテン・アメリカ，アジア，アフリカなどの発展途上国への投資が主体であったのに対し，西欧諸国など先進諸国への投資が大きな割合を占めるようになったことである。ヨーロッパ向けの直接投資は1929年には18％を占めるにすぎなかったが，80年には45％を占め，これにカナダを加えれば全体の66％に達している。これに対して，ラテン・アメリカ向けの投資は，この間に47％から18％へと大幅にシェアを減らしている。

第二次大戦後の直接投資に見られる第三の特徴は，従来の天然資源や鉄道建設などの公益事業から製造業へと投資対象が移ったことである。製造業分野での直接投資は，1929年には24％であったのに対し，80年には42％を占めるようになった。一貫して

表13-3　アメリカの対外直接投資の規模と分布

（単位：100万ドル，%）

投資先	1929年	1950年	1980年
合　計	7,528	11,788	213,468
地域別分布（%）			
カナダ	27	30	21
ヨーロッパ	18	14	45
ラテン・アメリカ	47	41	18
アジア・アフリカ・中近東	8	15	16
産業部門別分布（%）			
製造業	24	31	42
石　油	15	29	22
輸送と公益事業	21	12	n.a.
鉱　業	15	9	3
貿　易	5	7	12
農　業	12	5	n.a.
その他	8	6	11

（出所）U. S. Department of Commerce, *Historical Statistics of the United States*.（アメリカ商務省『アメリカ歴史統計』第1巻・第3巻，2001年）により作成。

重要な投資対象である石油を除くと，直接投資の製造業への集中傾向はいっそう顕著となる。古典的な直接投資活動の主要な形態は，資本の豊かな先進諸国の企業が発展途上国に向けて，工業原料の確保やその輸送ルートの建設を目的に，天然資源開発や鉄道建設へと投資するというものであった。これに対して，第二次大戦後のアメリカ企業の対外直接投資の主要な部分は，ヨーロッパの先進諸国に対する製造業を対象とした投資となっており，従来のそれと比べると大きな変化が生じたのである。

プロダクト・ライフ・サイクルの国際的な移動

このようなアメリカ企業の多国籍企業化の背景には，圧倒的な技術開発能力と豊かな国内市場があった。アメリカ企業は高度な技術力を利して，豊かな購買力を持つ市場に向けて，次々と新製品を開発した。代表的なケースとしては，第二次大戦によって中断していた白黒テレビの本格的な製品化を皮切りに，続々と登場した，カラーテレビ，冷凍庫つき冷蔵庫，電子レンジなどの一群の家庭用耐久消費財，コンピュータ，各種の合成樹脂や合成繊維，ペニシリンなどの抗生物質医薬品などをあげることができる。これらの新製品の開発には，高度な研究開発体制と多額の開発資金の投入が必要であった。そうしたコストを回収するために，これらの新製品の価格は，開発直後の段階では高価格とならざるをえなかった。そして，そのような高価な新製品の需要は，購買力豊かなアメリカの国内市場にしかなかったのである。

しかし，需要が増加するに従って，新たな局面が現れる。新製品は，導入期を終わり，普及期に入って生産量が拡大すると，生産技術が進歩して規模の経済が実現する。製造コストの低下はいっそうの需要の増加をもたらすとともに，戦争の痛手から回復しつつあったヨーロッパ諸国でもその製品に対する需要が芽生え，製品輸出も可能となった。次いで，輸出による海外市場の開拓が進展して，その市場規模が一定以上の規模になると，製品輸出と海外生産のどちらが有利かを比較検討する段階が到来した。海外で生産すれば，輸送費の節約などでコストの削減が可能となる場合もあるし，輸入関税を回避できる。また，アメリカは世界最高の高賃金国であったから，賃金の低い輸出先の国で生産すれば，コストの削減が期待できた。さらに，同業他社が直接投資の動きを見せたり，あるいは現地企業が生産を開始して競争が激化しはじめれば，対抗上，自らも現地生産に踏み切る必要があった。アメリカの圧倒的な生産力に起因したドル不足，つまりドル高も，アメリカ企業による対外直接投資の大きな促進要因となっていた。このように，直接投資に踏み切る理由はさまざまありうるが，海外生産の企てが成功するか否かは，その企業の持つ競争優位の有無によるということができる。

こうして西ヨーロッパ諸国での生産が開始され，次いで市場開拓の段階から普及段階へと移行すると，海外子会社はしばしば発展途上国の市場の開拓へと向かった。発展途上国のおける需要が伸びれば，先ほどと同様な論理で，生産拠点をそこへと移動させるほうが有利となる。この頃になると，アメリカではそれらの製品市場は成熟段階に入っていた。したがって，企業はアメリカにおける生産活動を絞り，発展途上国からの逆輸入によって需要に応ずる道を選択した。こうして，アメリカの有力な製造業企業は，アメリカを起点とする「新製品の導入→普及→成熟」という製品のライフ・サイクルの国際的な移動に沿って，世界各国の市場を手中に収めることのできる企業，すなわち多国籍企業への道を開拓したのである。

このように，海外における事業活動がその規模を拡大していくに従って，次第に企業経営の基本政策も変化した。国内市場の枠を破って製品輸出に着手した段階では，企業は自らをまだ小さな海外市場を持った国内企業であると考え，海外事業の担当部門の規模は小さく，付与される権限も限られたものであった。製品輸出が増加して，海外直接投資を開始する段階になると，企業は海外市場への依存度の高い国際企業になったと考えるようになり，海外事業部門はいっそう拡充された。さらに，多くの国々に海外直接投資を展開するようになれば，企業は自らを世界市場を相手とする多国籍企業であると自己規定することになる。このような国際化の進展に従って，企業組織も初期の付随的な位置付けから国際事業部を経て製品別事業部制や地域別事業部制の形態を整えるに至ったのである。

プロダクト・ライフ・サイクルの起点の多様化

いわゆるプロダクト・ライフ・サイクル理論によれば，第二次大戦後のアメリカ企業の多国籍化は，大略以上のような論理に沿って展開された経営戦略であった。しかし，1970年代に入ると，次第にアメリカ企業による直接投資の大幅増加の傾向に変化が生じた。アメリカ企業の持っていた競争上の優位性が失われ，追い風的な要因となっていたドル高は完全に解消したからである。高い競争力を持つ西ヨーロッパ諸国や日本等の有力企業による対外直接投資の増加が始まり，新製品は先進国ではほぼ時を同じくして導入されるようになり，プロダクト・ライフ・サイクルの起点が多様化し，同時に，アメリカへの外国企業による直接投資が急増し始めたのである。

参考文献 REFERENCE

R. T. アベリット（外山広司訳）『中核企業――経済発展の新しい主体』ダイヤモンド社，1969年。

S. M. ジャコービィ（内田一秀・中本和秀ほか訳）『会社荘園制』北海道大学図書刊行会，1999年。

S. ハイマー（宮崎義一編訳）『多国籍企業論』岩波書店，1979年。

M. ピオリ＝C. セーブル（山之内靖・永易浩一・石田あつみ訳）『第二の産業分水嶺』筑摩書房，1993年。

R. P. ルメルト（鳥羽欽一郎ほか訳）『多角化戦略と経済成果』東洋経済新報社，1977年。

第14章

新産業の誕生と先端技術開発

先端技術産業と政府の役割

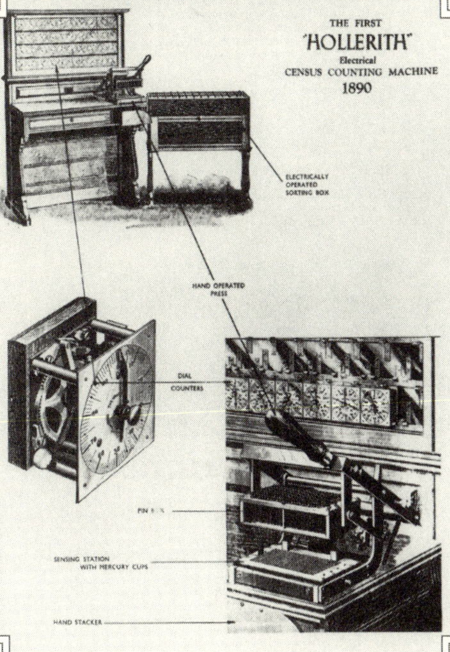

ホレリスのパンチカード式計算機

写真提供　IBM Corporate Archives

ハーマン・ホレリスは，1890年の合衆国国勢調査の集計作業の効率化を目指して，パンチカード方式による作表機（PCS）を発明した。これによって，センサス・データの集計処理に要する時間は大幅に短縮された。PCSのマーケティングにレンタル方式が採用されたのは，初期のPCSには信頼性に問題があり，メーカーが保守・整備に責任を持たねばならなかったためといわれている。ホレリスの事業はその後IBMに統合され，PCSは，鉄道・銀行・保険など，大量のデータの処理を必要とする分野の企業で使用されるようになった。

ニューディール以降の大きな政府は，各種の公共投資などを通じて，民間企業にとって大きな市場を提供するようになった。さらに，政府は第二次大戦中に先端的な研究開発活動にも深く関与するようになり，戦後には東西の冷戦という極度に緊張した国際政治状況のもとで，その傾向が一段と強まった。アメリカ企業が，コンピュータや半導体などの先端技術の開発で世界をリードし，急速に成長していく過程において，民間企業の研究開発活動と同時に，連邦政府の科学技術政策が大きな役割を果たしたのである。

1 半導体産業の成長

トランジスタの発明

ベル研究所のショックレー（W. Shockley）は，1919年12月29日の実験用ノートブックに「今日，真空管ではなく半導体を使った増幅器が原理的に可能だという考えが浮かんだ」と書いた。AT&T社では，長距離電話網の拡大に伴って，真空管に代わる増幅器の必要が痛感されるに至り，ベル研究所で半導体の研究開発が開始されていた。このプロジェクトは戦争でいったんは中断を余儀なくされたが，戦後にただちに再開され，ショックレーたちのチームによって，1947年にトランジスタが開発されたのである。

しかし，トランジスタの本格的な工業生産は容易ではなかった。ベル研究所では引き続き生産技術の開発がすすめられ，それに基づいてウエスタン・エレクトリック社のアレンタウン工場で生産が開始されたのは，1951年のことであった。当初の目的であった電話システムへの導入も1952年には始まったが，初期段階では，トランジスタの最大の市場となったのは，陸軍の通信部隊であった。トランジスタの生産技術は開発途上であったから，コストについては，点接触トランジスタの価格20ドルに対して，真空管は1ドルとはるかに安価であり，トランジスタの民需はとうてい期待できる状況ではなかった。

通信部隊は，小型化が可能で真空管と異なりスイッチ・オンと同時に作動するトランジスタの性能に着目し，対ソ連早期警戒防空通信網にトランジスタをいち早く採用することとした。軍はウエスタン・エレクトリックのレディング工場の建設費を実質的に負担した。軍の要請に基づいてGE，RCA，レイテオン，シルバニアの各社でも，トランジスタの安定供給を確保するために，生産体制を整えた。

この新技術の普及には，独占禁止政策も大きな役割を果たしている。AT&T社は1949年に，司法省から独占禁止法違反で提訴された。争点の一つは，ウエスタン・エレクトリック社の分離であった。この問題は1956年に同意審決によって決着することになるが，AT&Tは，それに先行して，1952年に対価2万5000ドルでトランジスタの特許を公開した。トランジスタ技術の公開は，独禁法よる企業分割を回避し，ウエスタン·エレクトリック社をAT&Tの傘下に確保しておくための措置であった。こうしてトランジスタ技術のAT&T社による独占は，阻止された。

特許の公開を契機として，新旧取り混ぜて多くの企業がトランジスタの事業化計画を進めた。ベル研からショックレーをはじめとして多くの研究者が独立したり，テキサス・インスツルメンツやモトローラなどへ移動したりした。その結果，トランジスタの技術は急速に業界各社に広がった。

ベル研の研究成果を踏まえて，トランジスタ技術の発展に大きな貢献をしたのは，テキサス・インスツルメンツとフェアチャイルドの2社であった。テキサス・インスツルメンツ社は，1954年に成長型ゲルマニューム・トランジスタの量産を開始し，次いで，シリコン・トランジスタの開発に成功した。前者は，同年のクリスマス商戦に向けて，50ドルという低価格のトランジスタ・ラジオとして商品化された。後者のシリコン・トランジスタは，耐熱性に優れ，ゲルマニュームよりも軍需に向いた素材の開発を目指して行われた研究の成果であった。これによって，同社はそれまでの石油探査などを主たる業務とする企業から，半導体のパイオニアへと変身を遂げたのである。

フェアチャイルドは，ベル研から独立したショックレーがカリフォルニアに設立した会社を退職した8名の技術者たちが，航空測量会社の資金支援を得て，1957年に設立したベンチャー・ビジネスであった。その最大の貢献は，シリコン半導体の表面を酸化処理して内部を保護するプレーナー技術である。これによって，シリコン・トランジスタの真空管に対する優位性が決定的に確立したのである。このフェアチャイルド社からは，後述するインテル社をはじめとして，多くの人々が独自のアイディアを企業化するためにスピンアウトした。先端技術の産業集積として有名なシリコン・バレーの先端技術企業には，ベル研やゼロックス社のパロアルト研究所のような有力企業の研究機関からスピンアウトした技術者によって設立された企業が少なくない。

集積回路の発明

トランジスタの生産技術が完成し，コンピュータのようにおびただしい数のトランジスタを用いた製品が出現すると，新たな問題が生じた。すなわち，「数の難問」である。多数の個々に独立したトランジスタを配線でつなぐと，接触不良などのトラブルが生じ，信頼性が損なわれる恐れが大きくなる。この傾向は，トランジスタの数が多くなればなるほど強まる。この問題は，1958年にテキサス・インスツルメンツ社のキルビー（J. Kilby）とフェアチャイルド社のノイス（R. Noyce）によって解決された。2人は，ほぼ同時に，

表 14-1　アメリカにおける集積回路の最終需要構成（1962～1978）

市　場	1962	1965	1969	1974	1978
政府向	100％	55％	36％	20％	10％
コンピュータ	0％	35％	44％	36％	38％
産業財向	0％	9％	16％	30％	38％
消費財向	0％	1％	4％	15％	15％
合計：100万ドル	**4**	**79**	**413**	**1,204**	**2,080**

（出所）R. N. Langlois and W. E. Steinmueller, "The Evolution of Competitive Advantage in the Worldwide Semiconductor Industry, 1947-1996," in D. C. Mowery and R. Nelson, *Sources of Industrial Leadership*, Cambridge, 1999, p.37.

各種の回路をシリコンというひとつの素材に組み込んだ集積回路を発明したのである。集積回路は，1961年にフェアチャイルドとテキサス・インスツルメンツによって，相次いで発売された。

集積回路の特許権をめぐって，両社は法的に長期間にわたって争った。しかし，実際には，法律上の争いは，この重要な新技術の発展にとってほとんど障害にはならなかった。両社は1966年にクロスライセンスを交わし，他の企業へも技術を供与する方針をとったからである。トランジスタの場合と同様に，集積回路の技術も，ライセンス契約や技術者の移動を通じて，広く業界各社に普及したのである。

テキサス・インスツルメンツ社の集積回路を利用した最初の製品は，空軍に納入したコンピュータであった。初期の集積回路は，それを構成する部品を配線でつないだ既存製品よりもはるかに高価であった。したがって，初期の市場は，弾道ミサイルの誘導用のコンピュータや国家的威信をかけて遂行されたアポロ計画を始めとする宇宙開発事業のように，コストは二の次とされる場合に限られていたのである。

表 14-2　アメリカの真空管と半導体の上位10社の変遷

順位	1955年	1955年	1960年
	真空管	トランジスタ	半導体
1	RCA	ヒューズ	TI
2	シルバニア	トランジストロン	トランジストロン
3	GE	フィルコ	フィルコ
4	レイテオン	シルバニア	GE
5	ウェスチングハウス	TI	RCA
6	アンペレックス	GE	モトローラ
7	ナショナル・ビデオ	RCA	クレバイト
8	ランランド	ウェスチングハウス	フェアチャイルド
9	アイマック	モトローラ	ヒューズ
10	ランスデール真空管	クレバイト	シルバニア

（出所）R. N. Langlois and W. E. Steinmueller, "The Evolution of Competitive Ad-
Mowery and R. R. Nelson, *Sources of Industrial Leadership*, Canbridge U-

政府は，後に見るコンピュータの場合と異なり，集積回路の開発には大きくは関与していない。しかし，市場開発の初期段階で，政府は寛容な需要家として市場基盤を提供し，その発展に大きな役割を果たした。アメリカ軍の調達政策は，名門企業に限定せず，テキサス・インスツルメンツのような新興企業にもチャンスを与え，安定供給を確保するために常にセカンド・ソースを確保することを原則としていた。その結果として，技術を1社で独占することは事実上不可能となり，多くの企業へと最新技術を普及させることとなった。

集積回路が民需市場向け製品に使用されるようになるのはかなり遅れ，1960年代の後半であった。その先鞭をつけたのは，テキサス・インスツルメンツ社の発売した卓上電子計算機であった。集積回路の生産工程は，歩留まりは10％に満たないことが稀ではないほど難しかったが，同社は低価格で早期に大きなマーケッ

1965年	1975年
半導体	集積回路
TI	TI
モトローラ	フェアチャイルド
フェアチャイルド	NSC
GI	インテル
GE	モトローラ
RCA	ロックウエル
スプラーギュ	GI
フィルコ/フォード	RCA
トライジストロン	シグネティックス／フィリップス
レイテオン	AMI

vantage in the Worldwide Semiconductor Industry, 1947-1996," in D. C.
niversity Press, 1999, p.33.

ト・シェアを獲得する政策を意識的に採用した。早期に累積生産量を上げることで学習効果を通じた歩留まりの向上とコストの低下を実現し，後発企業に対する優位な地位をいちはやく確立するという政策である。クオーツ時計についても同様な政策が採用され，集積回路の生産は急速に伸び，1966年にはトランジスタのそれを上回ったのである。

この間の半導体の開発と生産に従事する企業間では，激しい競争が展開された。**表14-2**に掲げた半導体産業の上位10社の変遷にも示されているとおり，この分野には多くの新規参入があり，真空管時代から1975年の集積回路の時代まで，上位10以内を保った企業はわずかにRCAのみであった。GEやウェスティングハウスのような電機業界の有力企業は共に脱落してしまった。この分野では，大企業のR&D活動から多くの革新的な技術が生まれ，それが新興企業家の手で企業化されるケースが多く見られた。

2 IBMとコンピュータ産業の成長

パンチカード会計機（PCS）とIBM

IBMの起源は，19世紀末にホレリス（H. Hollerith）によって設立されたTMC社（Tabulating Machine Company）である。同社はホレリスの発明したパンチカード計算機（PCS）をレンタルする企業であり，その最初の顧客は1890年の国勢調査の集計作業を迅速に処理する必要に迫られていた連邦政府であった。国勢調査の集計作業を通じて，その有用性が認められたパンチカード計算機の市場は，その後，鉄道会社や保険会社など，大量のデータの処理を必要とする民間市場へと広がった。事業家として成功したホレリスは，1911年に事業をフリント（C. R. Flint）に譲って引退した。フリントは同時に，タイムレコーダーの大手企業と自動計量器メーカーを統合して，C-T-R（Computing-Tabulating-Recording Company）社を設立した。同社の初代社長には，タイムレコーダー会社の大株主であったフェアチャイルド（G. W. Fairchild）が就任した。C-T-R社は，3社の統合によって成立した企業であったが，従業員総数1300名の中規模企業にすぎなかった。

IBMを世界的な大企業へと成長させたワトソン（T. Watson）が，このC-T-R社に迎えられたのは，1914年のことであった。ワトソンは，パターソン（J. H. Patterson）のNCR社で，金銭登録機のセールスマンとして敏腕を振るったが，1913年にシャーマン法違反のかどで，パターソンたちとともに有罪判決を受けた。同社のアグレッシブなマーケティング活動の一環であった中古機械の販売活動が，「独占を意図した行為」と判断されたのである。彼

C-T-R社の1920年の企業広告

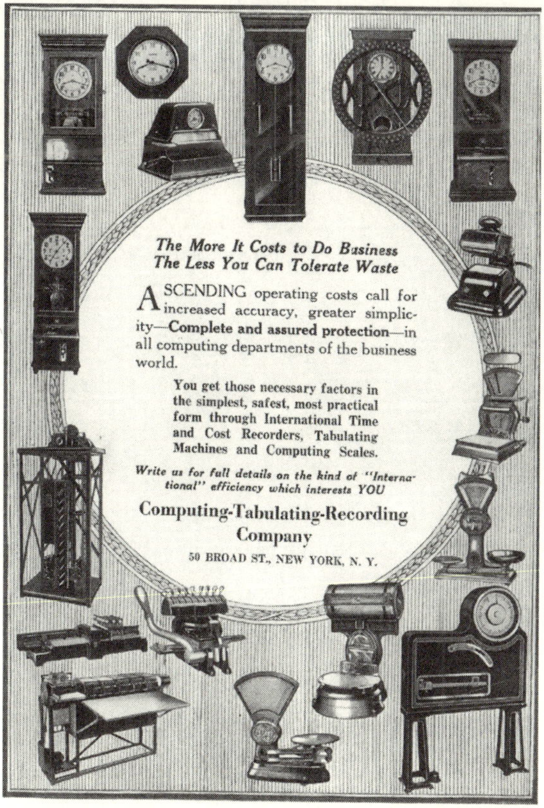

1920年のC-T-R社は，タイムレコーダー，食肉の自動計量器，会計機（PCS）の3系列の製品群を持っていた。同社の社長となったワトソンは，企業名をIBMと改め，会計機を中心製品とした。

写真提供　IBM Corporate Archives

は一生を通じて無罪の主張を変えなかったが，ワンマン経営者であったパターソンとの人間関係が悪化し，1913年にワトソンはNCRを突然解雇され，翌年C-T-R社に迎えられることとなった。

ワトソンは，1915年にはC-T-R社の第二代社長に就任し，パンチカード計算機を主力製品と位置づけた。NCR時代の経験を活用して積極的なマーケティングを展開し，1924年に社名をIBMと改め，同社を成長軌道に乗せたのである。IBMがやがて，ワトソンのワンマン経営的な状況のもとで，独特の「企業文化」を生み出すことになるのも，彼の個人的な資質とともに，NCR時代の経験によると見ることができよう。

IBMは，大恐慌のさなかに事務機器業界でトップの地位に躍進した。IBMが採用していたレンタル方式のマーケティングは，膨大なサービス・スタッフと大きな資金力を要するが，新規契約が減っても，既存の契約が解約されない限り，それらからレンタル料や消耗品の売上げが入るため，不況に強い。中古機市場の発生が抑えられるので，中古機市場からの値崩れの心配が少ない。IBMの売上げは，1929年の1800万ドルから32年の1700万ドルへ低下しただけであった。同時期にNCRの売上げは5800万ドルから1600万ドルへと激減しており，IBMが受けた大恐慌の影響は比較的軽微であったといえる。

不況を契機としてIBMが企業成長を遂げたのには，もうひとつ大きな理由があった。それは，不況期を通じて，IBMは生産調整や雇用調整をいっさい行わず，むしろ生産・販売・研究開発活動を強化拡充する政策を取り続けたことである。大恐慌下でこうした積極政策を強行することは，無謀とも思われたが，予想外の新しい市場が開けて，結果的には図に当たったのである。

新しい市場を提供してくれたのは，連邦政府のニューディール政策であった。ルーズベルト政権は，ニューディール政策の一環として，1935年に社会保障法を成立させた。この法律に基づいた社会保障制度の成立にともなって，2600万人にも及ぶ雇用労働者の就業状況の正確な把握が必要となった。こうした情報処理需要の急増により，IBMは連邦政府から大量の計算機を受注した。生産調整を行わなかったIBMは大量の在庫を保有しており，ただちに対応することができたのである。当時のIBMの主力機405型とその後継機の400シリーズは，パンチカード計算機の最後の世代に属し，1960年代まで使用された。IBMは第二次大戦中も，軍需生産と並行して，パンチカード計算機の生産体制を維持したから，第二次大戦が終わった時点では，IBMは事務機械産業における大企業として圧倒的な地位を確立していたのである。

コンピュータの登場

1943年に，ペンシルヴァニア大学のモークリー（J. W. Mauchly）とエッカート（J. P. Eckert Jr.）は，陸軍の支援を得て，電子計算機の開発を開始した。陸軍における弾道計算が直接の開発目的であったが，1945年末に完成したENIACは，プログラム内蔵型の汎用計算機であり，かつ真空管を用いた完全に電子化された計算機であった。その後，2人は大学を離れてUNIVAC社を設立し，自ら電子計算機の生産販売の事業に乗り出したものの，資金面で行き詰まり，1950年にレミントン・ランド社に吸収されることとなった。

レミントン・ランド社はPCSを含む事務機器業界における有力企業であった。IBMにとってはUNIVACが同社の手に落ちたことは，先端技術の分野で立ち遅れたことを意味し，大きな脅威であった。IBMは直ちに，UNIVACと同レベルのコンピュータの開発に乗り出し，1952年の春に701型を発売した。このコンピュータは，IBM社内では防衛用計算機とよばれていた。レミントン・ランド社のUNIVACの納入先は民間企業が少なくなかったのに対して，701型の納入先の多くが軍の関係機関であったからである。これに対して，商業用に開発された702型の記憶装置はやや信頼性が低く，IBMは1955年の段階では設置台数でレミントン・ランドに追いつけなかった。

ワトソン2世によれば，IBMがその後短期間に「コンピュータ業界の王座を得ることができたのは“冷戦”のおかげ」であった。1949年ソ連は原子爆弾の実験に成功し，アメリカは防空体制の強化を図る必要に迫られた。新たな防空システムの根幹として，リアル・タイムの情報処理能力を備えた高性能のコンピュータの開発が急がれることとなった。空軍ではMIT（マサチューセッツ工科大学）で行われてきたワールウインド（Whirlwind）計画の研究成果を引き継ぎ，より大規模なSAGE（Semi-Automatic Ground Environment）計画を立ち上げた。その研究を担当することとなったのは，同じくMITのリンカーン研究所であった。SAGE計画の目的は，ワールウインド計画で開発されたコンピュータのプロト・タイプを完成させ，それを中心とした大規模な防空システムを構築することであった。IBMはコンピュータに関する研究開発体制を評価されて，この計画に参加することとなったのである。

IBMはMITから技術移転を受け，防空指令センターに設置されるAN/FSQ-7というコンピュータの開発と生産に当たった。1950年代前半を通じて，IBMのコンピュータ事業の約半分は，SAGE関係のものであった。再びワトソン2世によれば，このコンピュータの受注自体はさほどの利益はもたらさなかったが，人材の養成や移転された技術によって，研究開発体制が飛躍的に強化されたことが重要であった。

IBMがSAGE計画を通じて獲得した技術のうちで最大の成果は，フェライト・コア・メモリーの技術であった。1956年に発売したIBM 703は，信頼性の高いフェライト・コア・メモリーを搭載していた。これによって，IBMはUNIVACを完全に凌駕することができたのである。

コンピュータのモデルT

一時期先行を許したUNIVACを完全に凌駕したとはいえ，まだIBMの利益の大半は，旧来のパンチカード式会計機事業によるものであった。この分野では，IBMは圧倒的なマーケット・シェアを持っていた。そのため，1952年1月に司法省からシャーマン法第1条および第2条違反で告訴を受けた。

IBMが不公正な手段を用いたことはないと確信を持つワトソンは，徹底抗戦の立場をとった。このような立場は，前項で触れたアルコア判決で確定した見解に従うと，IBMが大きなマーケット・シェアを保持している以上，受け容れられない。無罪判決を勝ち取れる見込みが乏しいだけでなく，多大の時間と資源の無駄遣いになることを恐れたワトソン2世は，同意審決による早期の問題解決を良策と判断した。父子間で激論が繰り返されたが，1955年末に父が折れた。同意審決には，IBMはレンタルだけでなく売切り販売も行うこと，IBM製以外のカードの使用を認めること，などが規定されていた。ワトソンは，これより先の1952年に2世を社長に任命していたが，これを契機としてIBMの経営の全権を2世に譲って一線を退いた。

2世が訴訟の解決を急いだのは，メモリー技術だけでなく真空管に替わるべきトランジスタの開発など技術の進歩が著しく，PCSの時代が終ろうとしているとの判断があったものと思われる。701型のDefense Calculatorと並行して，IBMは1953年7月に小型機650型を発売した。レンタル条件はPCSからの切替えを想定して設定されており，性能面ではどの企業の競合機種よりも優れていた。IBMの狙いどおり，PCSから切り替える顧客が続出した。ワトソン2世は，「大型の100万ドルもする700シリーズが社会的な注目を集めたのに対し，650はコンピュータのモデルTになった」と，その役割を高く評価している。さらに，1959年10月に，IBMは1401モデルを発売した。先に触れたIBM 650をトランジスタ化し，フェライト・コア・メモリーを搭載した製品であった。IBMはパンチカード式会計機のユーザー向けのプログラミング教育やソフトウェアの提供を実施し，コンピュータへの切替えを促した。その結果，この機種のアメリカにおける設置台数は1961年末までに2000台に達した。これは，コンピュータの総設置台数の約25％に相当する。そして，1960年代中葉には，同機の設置台数は1万台を超えた。こうして，IBMはパンチカード式会計機を新鋭のコンピュータに置き換えることによって，民間市場において圧倒的な地位を確立した。

IBMは，コンピュータのトランジスタ化については，技術公開の直後にベル研究所からサンプルの提供をうけてトランジスタの研究を開始した。1957年12月に数個のトランジスタを小さなカードの上に組み付けるSMS（Standard Modular System）を開発し，真空管をいっさい用いないIBM 608を発売した。それと同時に，ワトソン2世は，今後の新製品には真空管は使用しないとの基本方針を立てた。1957年12月にテキサス・インスツルメンツ社との間にトランジスタに関する技術提携契約を締結し，IBMはトランジスタを内製する体制を整えると同時に，その第二の供給源を確保したのである。

IBM360と互換性の確保

IBMはコンピュータ業界で傑出した地位を確立したが，その過程で大きな問題が浮上してきた。これまで見てきたとおり，IBMはさまざまな利用目的を想定して，大小各種のコンピュータを開発してきた。その結果，1960年にはIBMは互換性のない7つの機種を保有し，各機種は仕様を異にするため，生産面ではスケール・メリットが得られず，2500種もの回路モジュールを在庫せざるをえなかった。営業やサービス面でも，それぞれに専門の担当チームが必要であった。最も深刻だったのは，ソフトウェアの互換性の欠如であった。

IBM 360 システム

1960年までにIBMはコンピュータ産業で圧倒的な地位を確立し，競争企業7社はしばしば7人のこびと（seven dwarves）とよばれた。しかし，IBMも大きな問題に直面していた。当時，IBMはさまざまな用途に使われる大小7個ほどの機種を持っていたが，そのそれぞれが独自の生産・販売体制が必要とし，さらに機種が増加すれば，ソフトウェアの開発能力が早晩不足することは必至であったからである。この問題を一気に解決したのが，1964年に発表したIBM 360システムであった。“360”というネーミングには，一群の互換性の保たれた機種によりあらゆる需要に対応できるという意味がこめられている。IBMは以降20余年間にわたって，優位な地位を保持した。

写真提供　IBM Corporate Archives

1965年に発売されたIBM 360シリーズは，このような問題を一気に解決するために開発された，相互に互換性のある6種のコンピュータと44種の周辺機器からなるシリーズであった。360という名称は，あらゆるニーズに対応できることを暗示したものといわれている。それは，1920年代にGMのスローン（Alfred P.

Sloan Jr.）が，市場環境の変化に柔軟に対応できるように，高級車から大衆車までのフルラインの製品系列を整え，部品の共通化などによってスケール・メリットをも確保し，フォード社との競争に勝利したのと同様な意図をもった政策であった。コンピュータの場合は，ユーザーにとって，新しい機種を選択する際にソフトの資産の蓄積を引き続き活かせるか否かが決定的に重要である。互換性を保つことによって，IBMはユーザーを確実に囲い込み，他社の機種への切替えの防止に成功したのである。このような政策を実施するには，各レベルの機種を保有していることが必要であるから，それは，同時にきわめて高い参入障壁としても機能した。かくして，IBMは以降20年余りにわたり，アメリカだけでなく世界のコンピュータ業界で，圧倒的な地位を保ち続けたのである。

DECとミニコン

コンピュータの発展は，真空管を用いた第一世代，トランジスタを用いた第二世代，そして集積回路を用いた第三世代というように区分されることが多い。この区分を当てはめると，IBM 360シリーズは，第二世代と第三世代の中間に位置づけられる。IBMは360シリーズの開発に際して，集積回路の採用を，技術と経済性の両面で時期尚早と判断し，見送った。同社が360シリーズに採用したのは，先に触れたスタンダード・モジュラー・システム（SMS）であった。IBMのこの判断が，他のコンピュータ企業による集積回路の採用を促進することとなった。IBMの築き上げた強固な布陣を突破するには，技術的にIMBのレベルを超える特徴を備えた製品を開発することが必要だったからである。集積回路の採用に先鞭をつけたのは，DEC社が1965年に発表したPDP-8であった。この新機種は集積回路を全面的に採用しており，第三世代に属する最初のコンピュータであった。

集積回路を採用したPDP-8は，従来の大型機よりもはるかに小型で1万8000ドルと価格もきわめて安く設定されていた。この低価格政策は次のような判断に基づいていた。すなわち，大型コンピュータの総コストに占める中央演算装置の割合は20％程度であり，その他は各種の周辺機器，ソフトウェア，サービス費用などであった。顧客を科学技術計算に使用する人々に絞ることによって，これらの付帯的な経費は大幅に削減できる。なぜなら，ユーザーはコンピュータの専門知識を持っており，自らプログラムを組むことができ，メーカーのサポートをあまり必要としないからである。この新製品は発売直後から，大学などの研究機関に爆発的に売れた。その結果，データ・ゼネラル社，サイエンティフィック・データ・システム社等が同様な製品で新規参入し，メインフレームとは異なるミニコンピュータという新しいセグメントが確立したのである。

ハイテク・ベンチャー企業の創業プロセス

DECを創業したオルセン（K. Olsen）は，MITでSAGE計画に参加し，コア・メモリーの開発に当たった技術者であった。MITのリンカーン研究所では，トランジスタを用いたTX-0の製作を担当した。こうした経験を基礎として，彼は同僚のアンダーソン（H. Anderson）とともに，ベンチャー・キャピタルの創始者であるARD（American Research and Development）のドリオット（G. Doriot）の支援を受けて，1957年にDECを設立した。そして，PDP-8の爆発的な売上げにより，DECは1966年に株式の公開を果たした。上場までにDECの販売実績は約800台に達していた。

高度な技術と強い事業意欲を持った若い企業家を老練なベンチャー・キャピタルが，財務と経営面から支援して事業を立ち上げ，業績の向上を機に株式を公開する。このような過程を順調にたどることが，アメリカにおけるハイテク・ベンチャー企業の理想の創業プロセスであろう。DECはそうしたハイテクの新興企業の際立った成功例であったということができる。

参考文献　REFERENCE

R. ソーベル（青木栄一訳）『IBM――情報巨人の素顔』ダイヤモンド社，1982年。

T. R. リード（鈴木主税・石川渉訳）『チップに組み込め』草思社，1986年。

E. M. ロジャース＝J. K.ラーセン（安田寿明・A. S. ドッカー訳）『シリコン・バレー・フィーバー』講談社，1984年。

T. ワトソン2世（高見浩訳）『IBMの息子――トーマス・ワトソン2世自伝』上・下，新潮社，1991年。

第15章 戦後ヨーロッパの大企業

揺れる大企業体制

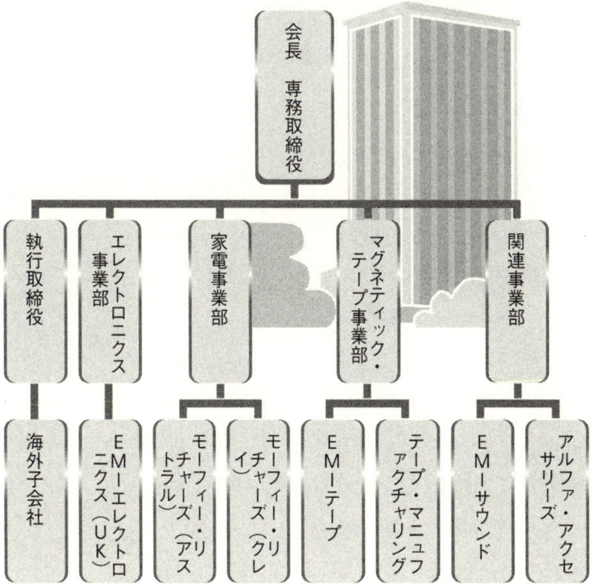

EMI社の組織（1964年）

ヨーロッパの大企業は1960年代に相次いで組織改革を行い，アメリカ企業にならって「事業部制組織」を導入したといわれる。しかし上の図に見られるように，それらが持株会社組織であることに変りはない。

1 高まる大企業の地位

戦後ヨーロッパの大企業

この章は，第二次世界大戦の終了から1980年頃までのヨーロッパの大企業を取り上げ，経済全体における地位，安定性，内部構造や行動様式などを中心に説明する。ヨーロッパの大企業について，ヨーロッパに「大企業体制」があったかどうか，という点から考えてみたい。

イギリス中西部から，大陸ヨーロッパのライン河を遡ってスイス·北イタリアに至る一帯は，第二次大戦後においてもヨーロッパの大規模製造企業の拠点であった。しかしそれを，「ヨーロッパの」と一括することは容易ではない。ヨーロッパの中枢部分をなすこの地域内においてさえも，歴史や制度の違いからくる企業組織，管理の慣行，人材供給の仕組み，技術やビジネスに対する社会的評価における相違が見られた。第一次大戦前後からの産業や通商に対する国家介入も，国ごとの違いを生み出した。ヨーロッパ内における違いを見出すほうが，共通性を指摘するよりも容易であろう。

他方でヨーロッパの大企業は，いずれもアメリカの大企業とは異なっていた。第二次大戦後の変化や機会には，以下に見るようにヨーロッパの大企業は同じように対応した。大企業体制が確立し，大企業が長期にわたって安定的地位を維持したアメリカと違って，第二次大戦後のヨーロッパでは大企業の交替や消滅も多く，同じ産業でも，ある企業は存続し他の企業は衰滅するという事態が絶えず見られた。

第二次大戦後のヨーロッパの大企業は，産業・市場特性におい

表15-1 ヨーロッパと日本の大規模製造企業：産業部門別分布（1970年売上げ上位100社）

	イギリス	ドイツ	フランス	日　本
食品・醸造	29	8	18	10
繊　維	6	3	5	8
製紙・印刷	8	4	4	6
化　学	8	11	12	8
石　油	4	6	7	8
窯　業	4	1	3	2
非鉄・ゴム	7	8	8	7
鉄　鋼	1	11	6	9
電気機械	8	10	10	13
機械・重工	12	12	12	9
自動車	7	6	5	11
非関連	6	18	10	8

（出所） 著者作成。

ては，戦前と比べてそれほど大きくは変化しなかった。たしかに，大企業の部門構成を見ると，第一次大戦後から自動車，家電，食品など最終消費財部門が高まり，第二次大戦後はこれらの部門の企業数はさらに増大した。また第二次大戦後は，一般機械や石油などの大企業も登場した。アメリカ企業の子会社はこうした新部門に見られた。しかし依然として，大企業は製紙，化学，非鉄・材料，鉄鋼などのいわゆる素材部門によってその多くが占められている（**表15-1**参照）。

大企業の比重の高まり

第二次大戦後のヨーロッパ各国では，売上げ，資産，付加価値などが急激に大企業に集中した。この一般集中度の上昇は，アメリカより遅れて始まった。しかし第二次大戦後のイギリスやドイツにおける集中化傾向は著しく，大企業への集中度は1970年までにアメリカや日本よりもはるかに高くなった。イギリスでは，上位100社が製造業純生産に占める割合は，1920～40年をとおして20％前後で安定していたが，49年の22％から58年に32％となり，70年には41％にまで上昇した。ドイツでも，上位100社が製造業総売上げに占める割合は，1954年の34％から67年の49％にまで増大した。従業員数や資産から見ても，大企業は各国の経済規模に比してアメリカや日本よりも相対的に多い。また就業者数から見た製造業部門の経済全体に占める割合も，低下していない。

ヨーロッパの企業が急速に大規模化した第一の要因は，アメリカ大企業のヨーロッパへの進出にあった。アメリカ企業は第一次大戦以後，石油，自動車，化学，機械などの分野でヨーロッパ各地に拠点を持っていたが，第二次大戦以降はコンピュータや製薬など先端部門においても，直接投資，企業買収，合弁などを進めた。ヨーロッパの企業も，競争力を維持すべく大規模化をはかった。

ヨーロッパの企業が急速に大規模化した第二の要因は，ひとつのヨーロッパ市場の出現であった。1950年のECSC（欧州石炭鉄鋼共同体）による共同市場の出現を契機として，EEC（欧州経済共同体，1957年），EC（欧州共同体，1967年），拡大EC（1973年）へと，商品，資本，労働力，サービスにおけるより広範囲な市場圏の形成が進んだ。19世紀に見られた傾向（第2章参照）が，第二次世界大戦の終わりとともに再開したのである。各国の大企業は，一方では生産要素や経営資源の点で自らに適した立地を得られることになったが，他方ではより多くの競争相手に直面することになった。

国ごとの違い

第二次大戦後のヨーロッパ企業に見られた今ひとつの特徴は，国家介入や国家管理の進展であった。戦後のヨーロッパ諸国には社会民主主義政権が誕生し，各国で鉄鋼，自動車，造船，航空機，石油など主要産業の国有化が進んだ。国際競争力を維持するための大規模合併も，国家主導の下に進められることが多かった。イギリスでは，鉄鋼や航空機が国有化され，自動車では国家主導の合併が行われた。中小企業の国であったフランスも，第二次大戦中に大企業体制へと転換し，戦後は基幹産業の国有化や各種の産業政策を積極的に推進した。

このように，第二次大戦後のヨーロッパ企業は，一方では国家の政策によって推進された大企業体制と，他方では国を越えた市場経済との間を揺れ動くことになった。

2 戦略と組織構造

●持株会社の定着

ヨーロッパ企業の戦略

第二次大戦後のヨーロッパの大企業に，アメリカ大企業と同様な動きを見ることもできる。イギリス企業は，1950年にはまだ一社一業的性格が強かったが，70年までに上位100社のうち6割が多角化した。イギリスの海外投資は伝統的に間接投資が中心であったが，第二次大戦後は直接投資も増え，1970年には国外に6社以上の子会社を持つ企業は上位100社中50社となり，アメリカに迫る勢いとなった。

しかし，ドイツやフランスをはじめとする大陸ヨーロッパの大企業は，アメリカとは異なって，市場機会の拡大に対応して，多角化よりは規模を拡張する路線をとった。大陸ヨーロッパでは，ひとつは欧州石炭鉄鋼共同体に始まる市場の広域化にともなって，いまひとつは1950～60年代における大衆消費市場の発達にともなって，市場機会が拡大した。

国境を越えた市場の形成に規模の拡大をはかって対応した典型は，鉄鋼企業であった。ヨーロッパの鉄鋼企業は従来，アメリカのそれと比べてプラントの規模が小さく，製鉄部門は内陸の鉱山や炭鉱地帯に立地していた。しかし1950年代から，従来とは異なった銑鋼一貫の大規模な臨海製鉄所が建設され，連続ストリップミルやLD転炉の採用など製鋼部門の近代化が進められた。

この過程で，製鉄企業の合併，国境を越えた共同投資，技術協力が行われた。ドイツ，ベルギー，フランスでは，企業間の合併や提携が進んだ。ドイツのティッセンはマンネスマンと提携し，ベルギーのコックリルは国内のいくつかの鉄鋼企業を合併し，フランスではユジノールやシデロールといった企業が誕生した。またフランス，ベルギー，ルクセンブルグの企業は，共同出資してシドマールをベルギーのヘント近郊に設立した。ドイツのヘッシュは，オランダ国営のホーホオーフェンスと技術協力関係を結んだ。

同じ動きは化学企業にも見られ，その結果，フランスのローヌ・プーランクや，オランダ，ドイツ，ベルギーにまたがるAKZO（1969年）などの巨大企業が出現した。

大衆消費市場と大企業

1950年代以降，ヨーロッパにも大衆消費時代が本格的に到来し，自動車や家電製品など耐久消費財や，加工食品などの市場が拡大した。ヨーロッパの自動車需要は急増し，世界市場に占める割合も第二次大戦直後の10％から1970年には40％に達した。自動車企業は，競争力強化のために合併による拡大を進めた。イタリア，フランス，イギリスでは国有企業が出現し，国家の補助金や資本参加をとおして国内の自動車会社を糾合した。ドイツでも連邦政府と州政府がフォルクスワーゲンの主要株主となり，そのフォルクスワーゲンはアウト・ウニオンを傘下においた。これらの自動車企業は，国内市場を満たすとヨーロッパ内の他地域に進出した。その結果，1970年までにヨーロッパの自動車の25％は他のヨーロッパ諸国からの輸入品となった。さらに電気機械では，ドイツのAEGが合併や連携によって製品系列を強化しつつ，家電製品を強化していった。オランダのフィリプスも，家電の各分野で製品開発を進めつつ，イギリス，ドイツ，フランスに子会社を設立して多国籍化した。

イギリス企業も大型合併を推進した。タバコ会社のBATは海外タバコ会社の買収を進め，英米など約50カ国に100工場を擁して，イギリス以外を市場とした。電線・ケーブルメーカーのBICCは多くの子会社を持つ2大企業の合併によって出現し，国内外に立地した。醸造企業のアライド・ブルワリーズは，インド・クープなど4つの子会社を組織して，醸造，蒸留，パブ，ホテル，不動産などに進出した。このように，第二次大戦以後のヨーロッパ企業の大規模化の大半は合併によるものであった。同様に多国籍化についても，ヨーロッパ内への進出が多かった。海外投資については，ヨーロッパから出て行くよりは入ってくるほうが多く，イギリスもドイツも，1970年までに上位100社中20社までがアメリカ企業の子会社で占められるようになった。

持株会社の増加

ヨーロッパの大企業は持株会社組織をとった。持株会社組織はヨーロッパ各地で増え続けた。ユニリーヴァもBATもフィリプスも，親会社から各地の事業会社に至る階層的持株会社によって運営された。リオ・ティント＝ズィンクも，持株会社による鉱山開発を行った。イギリスでは，1940年に上位50社の約半数が持株会社組織をとっていたが70年には上位50社の9割までが持株会社組織となり，持株会社組織は，アメリカ企業の子会社以外のほぼすべてを占めた。ドイツでは，第二次大戦までに上位100社のほぼ半数が持株会社組織をとっていたが，1960年にはその割合は6割を超えた。

3 アメリカのインパクト

●事業部制と似て非なる組織

アメリカ的管理の影響　ヨーロッパ企業とアメリカ企業との技術や生産性の格差は，第二次大戦中に拡大していた。これを重く見たヨーロッパ諸国では，戦後すぐに生産性本部が設置され，管理手法の吸収をはかった。アメリカの管理技術，生産方法，マーケティング手法は，経営学のテキスト，アメリカに派遣された使節団，アメリカのコンサルタント会社，ヨーロッパに進出したアメリカ企業をとおして伝えられた。

アメリカのマーケティングや生産管理をいち早く試みたのは，アメリカ企業の子会社だった。米ゼロックスはイギリスのランクと合弁でランク・ゼロックスを設立し，アメリカ大陸以外での事業を展開した。ランク・ゼロックスはヨーロッパに生産子会社を設立し，ヨーロッパ企業とは異なったマーケティングを行った。それは，販売代理店を使わずに，自社の営業所網をとおして複写機をレンタルで設置し，複写枚数に応じた料金収入を得るという手法であった。IBMやNCRも，同様な直販·レンタルを展開した。一方，ITTはイギリスのスタンダード・テレフォン・ケーブル（STC）を傘下におさめ，ヨーロッパ市場に通信機器を供給していた。STCは，親会社との関係でアメリカの原価計算手法を導入していたが，第二次大戦後，改めて統計的品質管理の手法を学習した。

ヨーロッパ在来の大企業も，自動車，家電，食品など最終消費財部門をはじめ，製紙，化学，鉄鋼など伝統的素材部門においても，相次いで大量生産の仕組みを導入した。自動車企業ではルノーやフィアットなどが，すでに戦前からフォードの生産·管理技法の導入に積極的だったとされる。しかし，本格的にアッセンブリ·ラインを取り入れ，アメリカの工具を使うようになったのは，第二次大戦後のことであった。

ヨーロッパの事業部制

アメリカから紹介された経営管理の手法で最大のものは，事業部制組織であった。事業部制は，製品・市場が複雑な企業を管理するのに適した組織としてアメリカのコンサルタント会社が持ち込み，流行のようにヨーロッパ各地に普及した。ドイツでは1960年代後半に，上位100社中18社がマッキンゼーなどのアメリカのコンサルタント会社によって事業部制を導入した。イギリスでも1960年代を中心に，上位100社中の3分の1がアメリカのコンサルタント会社に組織上の問題を相談し，必ず事業部制の採用を勧められていた。その結果，イギリスでは1960年代だけで，上位100社中36社が事業部制を採用したとされる。そのうち27社は，持株会社組織が非効率であるとの判断からそれを改組し，集権化をはかったものである。ドイツやフランスでも，1970年までに上位100社中40社前後が事業部制組織を導入したとされる。

しかし現実には，ヨーロッパに導入された事業部制は，アメリカ企業の事業部制とは重要な点で異なっていた。イギリスでは，持株会社形態を残したまま，子会社を職能や製品ごとにグループ化して事業部制的な運営を導入しようとした例がほとんどであった。組織形態から見ると，持株会社はその後も増え続けており，1980年までにイギリス大企業の9割に達している。ドイツでも持株会社組織の大企業が，事業部制組織に再編されたとされる。しかしドイツの大企業は，子会社の株式をすべて取得し，製品・市場ごとに子会社のグループ化をはかった。そこでは依然として，最高経営者のすぐ下の単位は子会社群からなっていた。組織形態から見れば，これらは持株会社というべきである。

ヨーロッパ企業の組織の機能

アメリカの事業部制との違いは，形態だけでなく組織の運営にも見られた。イギリス企業では，事業部制を導入したとされた後においても，本社機能の中心は財務，経理，法務，人事などにあり，全社的な長期戦略や資源配分ではなかった。事業部門に対する統制も，予算，キャッシュフロー，投資が主要な手段であった。事業部門の評価においては投資利益率が重視されたが，事業部ごとの報酬は業績とは連動していなかった。事業部間の取引も，一部の垂直統合型企業を除いて低かった。一挙に事業部制の趣旨にそくした運営を完成させるのは難しいにしても，時間がかかりすぎている。

最高経営者については，アメリカの影響はさらに小さかった。多くのイギリス企業では，会長と専務取締役とが最高経営者層を構成した。フランスでは，取締役会会長兼社長という集権制が維持された。ドイツの大企業は，監査役会と執行役会という2層の取締役会を維持した。同族や個人支配の企業は，イギリス，フランス，ドイツとも，1970年の時点で大企業のほぼ半数を占めていた。

4 市場経済と大企業の存亡

企業と資本市場の関係

大陸ヨーロッパでは，投資家が産業企業に資金を投じる伝統は弱く，フランスやベルギーでは持株会社をとおして，ドイツでは銀行をとおして資金が供給された。イギリスでも，第二次大戦以前は大企業の資金調達は資本市場と無関係であった。証券取引所での売買の9割は国内外の鉄道債や公債によって占められ，商工業企業の株式ではなかった。1950年以降，これが変化した。取引額に占める商工業証券の割合は，1950年に18％，65年に5割を超えた。資本市場と産業企業との分断は消滅し，企業の資本調達においても，通常の財貨や労働力の取引がそうであったように，市場原理が強まった。

株主層にも変化が生じた。もともとイギリス企業の株主は，個人，とりわけ資産家やその企業の関係者が多かった。大企業70社の調査では，1957年に個人株主の持株比率は62％で，投資機関の18％をはるかに凌駕していた。1970年までに個人株主の持株比率は45％に低下し，投資機関名義の株式は70年に35％，85年に50％となった。主な機関は，インベストメント・トラスト（投資会社），ユニット・トラスト（投資信託），生命保険会社，年金基金であった。インベストメント・トラストは古くから資産家の危険分散に使われていたが，生命保険と年金基金は一般大衆が備えをする経済的余裕ができたことにより，第二次大戦後，急速に発展した。

旧資産家はレントナー（利子生活者）志向が強く，危険分散を必要としていた。大企業の有価証券は，中小企業への投資より危険が分散される。多角化企業は，危険がより分散される。持株会社は子会社が別々の行動をとり，各々の成果が他から独立しているので，危険はさらに分散される。持株会社はこうした個人資産家の要請に応えた。しかし，生命保険や年金基金は，ポートフォリオを組んで，自ら危険分散を図ることができる。しかも1970年代以降，激しいインフレによる目減りと投資機関間の競争により，インフレへのヘッジと収益性が求められるようになった。持株会社への圧力は強まっている。

ヨーロッパ：市場経済の牙城

1970年代のヨーロッパは，長期の不況に見舞われた。繊維，鉄鋼，造船といった伝統産業部門の打撃はとくに大きかった。鉄鋼では，不況による需要減退のなかで，イタリアやスペインの台頭によりヨーロッパ内での競争が激化し，日本からの輸出も本格化した。自動車産業でも，競争が激化した。ヨーロッパの自動車企業は，規模は巨大化していたが，技術開発や生産効率では遅れをとっていた。家電製品や精密機械においても，事情は同じであった。これらの分野で日本製品が参入し，ヨーロッパ大企業の苦境は1980年代半ばまで続いた。

こうしたなかで，大企業の消滅や再編が，1970年代以降いっそう進んだ。イギリスでは1970年の上位100社のうち25社が85年までに合併等の理由で消滅した。ドイツにおいても1960年代後半の合併は大がかりで，それだけで製造企業の総売上げの10％を移す規模であった。こうして，同じ技術と市場を持つ同一産業内の大企業のなかに，ある企業は存続し他の企業は衰滅する，という事態が進行した。

だが企業の存亡とは何だろうか。形式的には，同一の法人格が存続するかどうかということであろう。しかし企業が存続しても，従業員の過半を解雇したり，半額減資したり，経営陣を更迭した場合，それは同一の組織体とはいえない。なぜならば，第Ⅱ部冒頭で定義したように，企業とは，ヒト，カネ，モノといった資源のいずれかを内部化した制度だったからである。しかしここからさらに進んで，ではここで扱った時代のヨーロッパでは企業が存続することが重要な意味を持つのかと問われれば，否と答えざるをえない。なぜなら企業の安定も存続も，大企業体制における尺度であって，市場経済においてはほとんど何の意味も持たないからである。第二次大戦後のヨーロッパの大企業は，市場経済における企業のあり方をひと足先に示すものであった。

参考文献 REFERENCE

工藤章『20世紀ドイツ資本主義』東京大学出版会，1999年。

L. ハンナ（湯沢威・後藤伸訳）『大企業経済の興隆』東洋経済新報社，1987年。

第16章　金融センターの興亡

大企業体制下の金融・サービス

世界恐慌のときのニューヨーク・ウォール街（1929年10月29日）
写真提供　共同通信社

ニューヨークがロンドンやパリから自立して世界の金融センターとなるのは第一次世界大戦中のことであったが，それも世界恐慌によって長くは続かなかった。

1 第一次世界大戦とヨーロッパの金融センター

●国際金融センターの衰退

金融センターと市場経済

金融とサービスの分野に目を転じ，第一次大戦にまで歴史を遡ると，そこには製造業以上に顕著な変化を見ることができる。製造業において大企業が広まった同じ時期に，国際的な金融・サービスの中心は繁栄を終え，長期の低迷を迎えた。代わって，国内を活動範囲とする大規模銀行や保険会社が主役となった。この章では，第一次大戦から1960年頃までの，金融・サービスの盛衰を取り上げる。

ロンドン，パリ，ハンブルク，ジュネーブなどヨーロッパの諸都市は，第一次大戦までに国際金融の拠点となっていた。ロンドンのシティは，世界の金融・サービスセンターとして突出した地位を築いていた。ロンドンの優位は，イギリス国内からの余剰資金，基軸通貨として安定していたポンド，膨大な外国為替を生み出す国際貿易に基礎を持っていた。預金量でイギリス国内銀行の2倍の規模を持つ外国銀行や植民地銀行が貿易金融を行い，国内銀行も外国銀行のコルレス先として国際業務から利益を得た。またマーチャント・バンクは，イギリスを始めヨーロッパ各地から資金を集め，各国政府債や鉄道証券などに対外投資を行った。多面的な金融業務は，保険や船舶取引などサービスの事業機会を生んだ。

第一次世界大戦を機に，こうした金融・サービスにおける優位を支える条件が変化した。それまでの優位は，案外もろいものであった。世界各地に資本輸出を行っていたヨーロッパ先進地域は，大戦によって海外投資の多くを失った。第一次大戦が終ったとき，イギリスは国外投資の4分の1を，フランスは半分を，ドイツはすべてを失った。この間アメリカは資本輸出国に転じ，ヨーロッパに代わる大口債権国になった。1914年以降，シティが海外準備と長短期融資センターの役割を維持できなくなると，ニューヨークが短期資金を集め，また長期資本輸出の拠点となった。ポンドやフランに代わってドルが基軸通貨となり，ドル建ての外国為替市場がウォール街に出現した。ウォール街の株価が他の証券市場の指標となり，シティもウォール街に追随するようになった。

第一次大戦と金融センター

第一次大戦後，アメリカの資金はヨーロッパの産業復興を推進した。国際貿易でも第一次大戦中にアメリカの地位が強固となった。ヨーロッパ諸列強は大戦中に金本位制を離れたが，この兌換停止によって為替市場は不安定となった。ヨーロッパの金融センターは機能を失い，1920年代初頭には世界の金融センターはニューヨークに移った。

1925年以降，金（為替）本位制への復帰にともなって，ポンドは貿易金融と国際金融で地位を回復した。ロンドン割引市場は最大の貨幣市場となり，シティは保険，海運，商品・金属市場などでも活気を取り戻した。アメリカの資金は，シティの取引関係をとおして大陸ヨーロッパに投じられた。シティはヨーロッパ大陸での機会を拡大し，1920年代には大陸にスターリング準備を持つ銀行が増えた。1928年にフランが過小レートで固定化されると，パリもまた大陸におけるセンターの地位を回復した。しかし国際貿易の回復は緩慢だった。最大の購買力を持つアメリカは，関税を引き上げた。これは，ヨーロッパ各国がアメリカに輸出することによってアメリカへ債務を返済したり利子を支払ったりすることを困難にした。

不安定な市場

ニューヨークの機能もまた，不安定で脆弱であった。アメリカの銀行は大量の短期信用を外国に与えたが，第一次大戦後の一方的な資本輸出，ニューヨーク株式市場の好況による資金のヨーロッパからの引揚げ，1929年の恐慌による貸出停止など，激しい資本移動を引き起こした。1931年の中欧における危機以降，各国は金本位制を離脱した。ニューヨークの国際市場としての役割も消滅した。

こうして，第一次大戦後の国際金融の緩慢な回復は1929年の恐慌によって打撃を蒙り，31年までに世界の輸出は3分の1に激減し，その影響は船舶市場や保険，商品市場にも及んだ。各国政府は通貨や貿易に対する規制を強化し，資本と財貨の自由な移動が止まった。各地の金融・サービスセンターは，自国ないしは自らのブロック圏への貿易や投資業務に活路を見出すことになり，グローバルなセンターに代わって多数の国内センターの台頭をもたらした。シティもまたスターリング圏と結びつき，その関係は第二次大戦後も続いた。

国際金融の機会が消滅したわけではなかった。第一次大戦の直接的影響を受けなかったスイスでは，大戦中に銀行の手形割引高は3.5倍になり，戦後の経済環境にもいち早く対応した。スイスは金に裏付けられた通貨制度を維持し，ヨーロッパ各国がインフレに直面していたときに資産価値を維持できる避難所として外貨預金を受け入れた。スイスの銀行は，それらの多くを在外資産のかたちで持った。こうしてスイスの銀行は，ジュネーブ，バーゼル，チューリッヒと拠点を移しつつ，外国から外国への投資を仲介していた。

2 ニューヨークの台頭と低迷

ニューヨークの台頭

工業生産でヨーロッパ先進地域に追いつき，大量生産や大企業形成においてはヨーロッパに先行したアメリカも，金融では第一次大戦までは後進国だった。19世紀末のアメリカは，ヨーロッパからの多額の借入れを抱えた最大の債務国だったが，それでもまかなえないほどアメリカ経済は大きくなっていた。20世紀に入る頃から，ニューヨーク証券取引所を中心とした半径1マイルが金融センターとして発達し，1914年にニューヨークの証券取引規模は，パリのそれに匹敵するほどになった。ニューヨーク証券取引所の担い手はブローカーであった。彼らは投資顧問として，政府債や鉄道債，ときに鉄道株について安定的収入という観点から資産家に助言を与え，手数料を得ていた。鉄道資金の多くはロンドンから調達され，貿易金融もロンドンに頼っていた。

第一次大戦中にアメリカが資本の輸出国に転じ，ヨーロッパに代わって大口債権国になると，ニューヨークは短期資金を集めて国際貸付けの中心となり，また長期資本輸出の拠点となった。相前後して，連邦準備制度が確立し（1913年），手形引受けも解禁された。

この機会を捉えたのは，ニューヨークに本拠を置くモルガン，ウォーバーグなど，証券引受業務を行う投資銀行であった。第一次大戦が始まると，各国政府は所有していたアメリカの証券を売却し，後には戦争遂行のためにウォール街で債券を発行した。イギリスは，戦争物資調達のために海外投資を売却し，1915年にはJ. P. モルガン商会をとおしてウォール街で借入れを行い，巨額の債券を発行した。アメリカ参戦後には，投資銀行は米国債の販売促進を行い，軍需物資生産に追加資金を必要とする民間企業の証券売出しにもたずさわった。こうして銀行の業務範囲も広がった。

投資ブームと投資機関

第一次大戦以前のアメリカでは，大衆は資産の多くを定期預金で持っていたが，しだいに投資銀行と取引を始め，債券やときには株式を購入するようになった。ウォーバーグも，大量の新規発行証券を売りさばくために，「小口投資家のところまで資金を求めていくことが必要であり，税法上も有利である」と見ていた。大戦が終わるとアメリカの貿易は激減し，商品投機への貸付け，対外信用や国際取引における未経験，不況と各国通貨の下落などによって，金融機関は損失を蒙った。

ブームは1920年代に再び訪れ，ブローカーも大衆投資ブームに乗って投機に進出した。証券投資を行わない人びとは銀行や信託会社に預金したが，銀行はそれをコールマネーに出して信用買いの資金や証券引受けに使った。1920年代に急速に拡大した大衆市場で，投資銀行は花形となった。しかし投資銀行は長期融資の経験がなく，投資リスクを判断できず，「1929年の恐るべき投機に終る軽信的」な市場へと奔《はし》った。銀行は倒産し，証券投資をしなかった大衆も預金を失った。ブローカーの数も激減した。大恐慌以後，投資銀行はグラス＝スティーガル法によって活動を制限され，商業銀行と分離されることになった。

ニューヨーク資本市場の特質

アメリカの資本輸出は，第一次大戦後のヨーロッパの経済復興に貢献したが，ヨーロッパの債務返済に必要な工業製品輸出に対してアメリカ市場は閉ざされていた。1929年の恐慌による銀行危機はアメリカの地位を決定的に低下させ，30年代には対外貸出の停止に至った。こうして1932年までにニューヨークは信用を失い，ロンドンからニューヨークへの金融センターの移転はきわめて不完全に終わった。資金はニューヨークにあったが，経験と熟練はロンドンにはかなわなかった。そしてアメリカも1933年に金本位制を離脱した。各国間の双務貿易すなわち相手国ごとに輸出入品目を取り決めて収支をバランスさせる貿易の増加によって，国際金融センターの機能も不要となった。

ニューヨークが復活するのは，第二次大戦以降，アメリカ政府が主導的役割を自覚してからのことであった。とりわけ1950年代の10年間，ユーロドルの台頭まで，ニューヨークは世界の金融センターとして，ドルの支配とともに海外投資の拠点となった。第一次大戦後と同様，当初はアメリカの輸入によるドル支払いは，海外におけるドル不足の半分をも満たさなかった。しかしこのときは政府援助と借款がそれを埋め，1950年以降はアメリカへの各国の輸出も増大した。とりわけマーシャル・プランやIMF，さらにはアメリカ企業による海外直接投資は，海外へのドル流出をもたらした。

ニューヨークの強さは，金準備法（1934年）以来のドルの安定，ドル需要，外国為替規制の緩さにあった。しかしながらニューヨークはあくまでも金融，とりわけ証券取引のセンターにとどまった。たしかに商業銀行は外国部門を持ち，手形引受け，外国為替売買，貿易金融，外国銀行への信用供与を行った。外国為替には専門的ブローカーや，引受・割引商会も登場した。しかしすべてロンドンには及ばなかった。商品取引所はシカゴにあり，ニューヨークは商業や保険などのサービスと絡み合った総合的センターとはならなかった。

3 国際性の喪失

国際経済と金融センター

ヨーロッパでは第一次大戦終了とともに信用業務は回復に向かったが，1914年以前と同じようにシティが資金を調達することは，不可能であった。ドイツ系マーチャント・バンクは支店を閉鎖し，再びシティに戻ることはなかった。国際証券市場の機能は第一次世界大戦で中断し，大戦後も海外向け発行は制限され，もとの水準には回復しなかった。シティにおける海外投資の割合は，大戦前は全投資（払込額）の60％を占めていたが，1920年までに43％，38年には30％へと後退した。

保険，海運，商品市場は，1920年代後半に回復した。シティの投資やサービスがもたらす貿易外収益は，第一次大戦前はイギリスの輸入額の半分近くをまかなったが，1920年代にはその30％にまで減少した。額では，1913年の3億2000万ポンドから29年の3億6000万ポンドへと推移したが，実質的には6割程度に目減りした。これは，海外投資が失われたほか，合衆国に対する多額の債務を背負ったことによるものであった。

金融センターの衰亡

ロンドン＝シティの地位を決定的に損なうできごとは，1931年夏に訪れた。ウィーンのクレディタンシュタルトの取付けをきっかけに危機はドイツに及び，ドイツ政府は外国からの貸付けの回収を停止した。シティはドイツに1億5000万ポンドに上る多額の借款を供与していたが，為替手形によるものはシティが払わなければならず，手形割引商会に打撃を与え，影響は商業銀行へ及んだ。金本位制が停止され，ポンド建ての外国為替手形は激減した。

影響は長期金融にも及んだ。ロンドンを経由する対外投資は，1931年の規制措置や中欧と中南米の債務返済不能のために，30年代に激減した。商品取引も，1929年の大恐慌や，その後の不況と保護主義によって激減した。1931年までに世界の輸出入は恐慌前の3分の1にまで減り，39年まで戦前水準に戻らなかった。船舶，保険，商品などの市場にも打撃が及び，輸出入商や代理商は第一次大戦以降，衰滅した。

ロンドンの国際性も後退した。1913年にはロンドンに支店を置く外国銀行は71行あったが，その後この数は増加することなく，はるか後の1967年においても88行であった。ロンドンは，世界のセンターであることをやめ，スターリング圏およびイギリス帝国との結びつきを強めた。業務の中心は英国政府証券に移り，大蔵省証券の取引が増加して，割引市場はかろうじて持ちこたえた。商業銀行は，貿易金融が減った分を，イギリス国内産業への貸付けで補った。国際経済に依存したマーチャント・バンクも外国手形引受けが減り，相対的地位は低下した。海外向けの新規発行も帝国の内外が逆転し，1930年代にはイギリス帝国内向けが3分の2以上を占めるようになった。貿易も全般的に振るわなかったなかで，スターリング圏では顕著な落込みはなかった。内外証券発行の趨勢は，1930年代までに50％ずつとなり，国債が3割を占めるようになった。シティもまた，ローカル・センターとして生き延びるほかなかったのである。

シティがたどった途は，パリや他の金融センターでも同様であった。それらが国際性を失うと，より局地的なセンターの役割が顕著となり，各国にひとつないしそれ以上のセンターが発達した。ドイツでは，グルデンを使うハンブルクに加えて，ターレルを用いたベルリンが国内金融において大きな役割を演じるようになり，後にはフランクフルトが加わった。イタリアでは，ツーロン，フィレンツェ，ミラノといった諸都市が，リラを用いたピエモンテと並んだ。そして各国とも，それらのひとつが，国内センターとなった。

第二次大戦は，資金動員のために，金と外貨の強制買上げ，ドル建て資産の登録と買上げ，外貨とポンドとの交換停止，外国為替への大蔵省統制をもたらした。商品や船舶を含めてシティの機能は制約を受けた。しかし保険会社は戦争を予見してアメリカ市場に進出し，証券取引所は政府債，割引市場は大蔵省証券をそれぞれ扱った。戦後は労働党政権によるイングランド銀行の国有化，基幹産業の国有化，低金利，外国為替規制，輸入規制と割当てが続いた。国際貿易の急増により，船舶市場が活況を呈し，商品市場も再開され，保険も好調を保った。取引所は残り，やがて先物市場として機能することになった。

金融センターの回復

いったん世界貿易が回復すれば，シティは能力，顧客，市場を持ち，ニューヨークに優った。スターリング圏はそれまでの避難所であった。1960年代にニューヨークで「Q規制」や資本統制が敷かれると，アメリカの銀行や証券ディーラーはヨーロッパの拠点を拡大した。ユーロドル市場が開拓され，外国の資金や外国銀行が，対外国政府・企業向け金融を行った。海外投資，とりわけ外国政府貸付けを重要な業務としたマーチャント・バンクは，為替規制もあって海外での活動ができなくなると，サービス業務に乗り出すことになった。1960年代には，企業の合併・吸収にさいしてのアドヴァイザー業務に，さらに年金基金等のファンド・マネジメントに進出した。

4 規制の時代と金融・サービス

規制と金融センター

政治的要因や諸規制は，金融・サービスなどの盛衰には経済的要因以上の役割を果たし，マイナス要因として働いた。1914年から70年代にかけて，とくに30年代初めから50年代終わりまでは，この種の規制が大きい時代だった。イギリスの金本位制離脱（1931年），アメリカにおける兼営禁止と支店制限（1931年），国際収支維持のための為替制限（1960～70年代）などの規制は，金融センターの繁栄を阻んだ。

イギリスの経済政策の基調は，1920年代には主要な国際金融市場としてのロンドンの位置を回復し，アメリカからの金融的挑戦を撃退し，貿易外収支の回復を図ることに置かれた。1925年から31年にかけてポンドは金本位制に戻り，ロンドンの地位を戦前に戻そうという試みがとられた。1930年頃までは，イギリスは世界最大の投資国であった。

1929年の恐慌をきっかけとして，31年には金本位離脱と厳しい為替規制がもたらされ，ロンドン市場の国際性は閉ざされた。1930年代半ばには，国外向け起債は全体の2割を下回り，大戦前と逆転した。また，恐慌によって外国貿易が衰滅しイギリスからの海外ローンが激減するなかで，スターリング・ブロックが累積負債をいかに返済するかが最大の課題となった。イギリスはスターリング圏をつくり，ブロック経済を完成させた。シティもコスモポリタニズムを捨てて，帝国に避難した。大恐慌とそれに続く不況は一国経済化をもたらし，為替も他の資源も，各国政府の規制と政府間による取決めのもとに置かれた。

生き延びる金融業者

ロンドン証券取引所もこの影響から逃れられなかった。海外証券投資に対する規制は，金融業者を政府債に向かわせた。為替規制，政府借入れ，制限的慣行などは，短期資金を長期投資に使うというシティのそれまでの特技を損ね，国際的仲介の場としてのシティの地位は落ちた。大衆投資家保護という名目の規制も敷かれた。その結果，ジョバーやブローカーの数が激減した。規制は第二次大戦とともに強化され，短期資本市場への規制が加えられた。厳格な為替管理が敷かれ，外国証券は売りに出された。大戦後も，政府借入れのために外国証券への投資が制限された。外国証券投資の割合は，1946年の20％から68年の12％へと低下した。

商品・海運市場では，ドイツ商人の追放とイギリス在外商人の引揚げにともない，国際商取引の情報集積地としてのシティの機能は低下した。国際カルテルや双務貿易などが，シティの価格設定機能を不要にした。海運においても，海運同盟がボールティック取引所の機能を損なった。保険においても，各国政府は自国籍船への保険に規制を敷いた。

しかし，ニューヨークもチューリッヒもパリも，ロンドン以上の規制があった。ニューヨークでは，商業銀行と投資銀行が分離され，証券業への規制が敷かれた。ニューヨークは戦後の一時期，国際的資本市場であった。しかし，ドルの価値を維持しようとする政府規制が取られ，1960年代にニューヨークでのドル取引が制限された。

参考文献　REFERENCE

青野正道『金融ビジネスの歴史』中央経済社，2003年。

P. J. ケイン＝A. G. ホプキンズ（木畑洋一・旦祐介訳）『ジェント

ルマン資本主義の帝国』Ⅱ，名古屋大学出版会，1997年。
S. D. チャップマン（布目真生・荻原登訳）『マーチャント・バンキングの興隆』有斐閣，1987年。
H.マックレイ＝F. ケアンクロス（中前忠訳）『キャピタル・シティ』東洋経済新報社，1986年。

第17章 中小企業，産業地域，クラフト

大企業体制下における存亡

クラシック料理バサミ発売時のデコレーション（1939年）
写真提供　ツヴィリングJ. A. ヘンケルスジャパン株式会社

ゾーリンゲンの刃物産業は，クラフト原理が，大量生産と大企業の時代を生き延びようとした一例である。しかし，1930年代になると，クラフトが後退し，第二次大戦以降は大量生産が普及した。

1 同時代人の見た産業地域

中小企業繁栄の基盤

この章では，大量生産と大企業が登場した20世紀前半における中小企業を，ヨーロッパを中心に扱う。第9章で見たように，ヨーロッパは大量生産と大企業の出現においてアメリカに遅れをとっていた。しかし，この期間のヨーロッパ主要諸国の1人当り工業生産指数は，アメリカよりも高かった。

大企業が世界各地に出現しつつあった19世紀末から20世紀初頭にかけて，地域に基盤をおいた中小企業は大企業に十分に対抗できることを主張した経済学者がいた。アルフレッド・マーシャル（A. Marshall）である。彼の主張の背後にあった当時の産業地域について，地域の仕組みや中小企業存続の条件を見てみよう。

マーシャルが注目したのは，特定産業の集積する地域である。そこでは産業の諸工程が地域内分業によって行われ，関連するサービスが発達し，多様な製品が生み出されていた。産業地域の利点はどのようなものだったか。

第一に，専門化による規模の経済が実現された。また集積に伴う外部経済，すなわち輸送コストの削減や販売・原材料調達の利点を享受した。第二に，技術，仕事への責任感，勤労の習慣，機械や原材料の扱いなどを自ずと修得させ，熟練や技能の蓄積を生んだ。第三に，地域はイノベーションの源泉になった。新しい着想が示されると，そこに別の人の考えが加えられ，仕事は正当に評価され，発明や，機械・工程・組織の改良は，すぐ採用された。第四に，いくつかの産業を擁する「大規模な地域」では，家族成員は異なった産業に従事し，このため賃金コストが下がり，不況の影響も分散できた。

中小企業と産業地域

このような産業地域は，当時のヨーロッパ各地に見られた。19世紀ヨーロッパの産業は，特定地域に立地して発展を遂げ，大工場を代表する綿業や製鉄業も例外ではなかった。中小企業ではこの特徴がその後も続いた。

(1)　シェフィールド

マーシャルが挙げる地域のひとつにシェフィールドがあった。シェフィールドはイギリス中部に位置し，刃物産業が中核となって19世紀までに60余の関連産業を生み出したとされる。その後，刃物や工具の材料であった「るつぼ鋼」において高級特殊鋼や合金鋼が開発され，鋼生産が産業発展の主役となった。この間，刃物産業は，理容用や調理用のナイフ，ポケットナイフから，はさみ，剪毛鋏，カマなどの利器，さらにはヤスリやスパナなど各種工具へと分化していった。19世紀末にはイギリスの刃物の9割，ヤスリの6割を作り，1万3000人の刃物工と，20数業種・250社の工具メーカーを擁した。刃物工は市中に仕事場を借りたが，工具メーカーや特殊鋼メーカーも大規模ではなかった。製品は，主に大陸ヨーロッパや北アメリカなど海外市場に輸出され，技術的にも世界市場でのシェアの点でも，1870年頃ピークを迎えた。刃物産業は鍛造，研磨，仕上げ，組立て等，すべて熟練を要し，刃物工は一生一種類の刃物を作るとされたように，分業は極度に進んでいた。

(2)　バーミンガム＝ブラック・カントリ

マーシャルが言及する地域のもうひとつに，バーミンガム＝ブラック・カントリがある。バーミンガム＝ブラック・カントリとは，イギリス中西部の都市バーミンガムから北西に広がる東西20キロ余，南北20キロ弱の地域で，シェフィールドの2倍の職

ミッドランズのジャパン

ミッドランズのジャパンは，ブリキ（ティンウェア）や紙製品（パピエ・マッシュ）の表面にアスファルトを施し，加熱して光沢を出したもの。（筆者撮影）

種を誇り，マーシャルのいう「大規模な地域」としての特徴を備えていた。

バーミンガムは，真鍮，銃器，ボタン，宝石の4大産業のほか，ペン先，ベッド枠，ワイヤ，時計，木ネジ，パピエ・マッシュなど多種の加工業を擁した。隣接するブラック・カントリには，鉄や石炭を利用する種々の産業が立地したが，バーミンガムとは異なって町ごとに1，2の業種に特化を遂げた。すなわち鉄道用品はウェスト・ブロムウィッチ，利器と刃物はオウエン・ヘイルズ，馬具と皮革はウォルソール，ガラスはスタワー・ブリッジ，ジャパンとブリキはウルヴァハンプトンとビルストン，ボルトとナットはダーラストン，錠と鍵はウィレンホール，チェーンはクラドリ，金属管はウェンズベリ，釘と鉄構物はダドリ，針と釣針はレディスといった様子であった。またブラシ，木ネジ，ワニスとラッカーなどもみられた。多くは小規模な家内工業から数十人程度の作業場で営まれていた。宝石，銃器，馬具などはその典型であった。ブリキ，ジャパン（写真参照），金属容器のように，100人を超す工場もあった。

シェフィールドでもバーミンガム＝ブラック・カントリでも，種々の原材料を使う多くの業種と製品が，たがいに原材料やサービスにおいて絡み合いながら発達し，多様な技能が蓄積されていた。製品は多岐にわたる販路を持っていた。半製品から完成品まで，生産財から消費財まで，奢《しゃ》侈《し》品から日用品まで，高度な技術を要する製品からそうでないものまで，それぞれ互いに独立した市場をもち，独自の流通経路を有していた。技術的にも自立していた。

2 旧産業地域における衰滅と生き残り

クラフトの硬直性

マーシャルが地域の重要性を指摘した直後に，産業地域の多くが衰退に向かった。シェフィールドでは刃物，工具，特殊鋼のそれぞれが，異なった途をたどった。特殊鋼は，生産量こそ普通鋼に比して少ないものの，生産額でも品質でも第一次大戦後まで高水準を維持した。これに対して世界市場に君臨した刃物産業は，ドイツのゾーリンゲンに追いつかれ，第一次大戦後の生産額は，ゾーリンゲンの3分の1にまで後退した。

刃物の最大の市場は北アメリカであったが，そこでは低価格の標準品の需要が増していた。ニューイングランドの刃物製造業者は，いち早く機械化を進めて量産方式を導入した。しかし，シェフィールドでは，鍛造は手で行われ，研磨も手作業に依存し続けた。機械鍛造も熟練工の抵抗により導入できなかった。製品は19世紀末以降，銀やメッキの使用，象牙や野牛の角で装飾された取っ手，一品仕上げなど，手のこんだ奢侈品の性格を強めた。これは欧米の新興都市市場が求めたモダンな洗練さと合致しなかった。アメリカ市場が高率のマッキンレー関税によって閉ざされると，それらの製品は，カナダや中南米，そして英帝国市場に向かった。シェフィールド刃物産業は高級市場への確信が強く，ゾーリンゲンが高級品を作ると模造品と非難し，普及品を作ると粗悪品と非難した。シェフィールドの製鋼業が開発した新素材は，シェフィールドでは使われず，ゾーリンゲンに輸出され加工された。刃物産業は1930年代に持ち直すが，それはイギリスが保護関税を設けたためであった。作業環境の改善は進まず，徒弟として入職する若年者が減り，熟練の再生産も困難になっていった。

市場が洗練された製品を求めるようになったという点は，工具でも同様であった。ここでも需要の変化への対応や機械化は遅れたが，新興産業からの工具需要が増大し，生き延びることができた。

バーミンガム＝ブラック・カントリでも，1870年代に一大転機が訪れた。在来産業の多くが衰滅したが，新産業が登場し，産業構成を変えつつ地域は繁栄を続けた。在来産業衰退の原因は，生活様式や嗜好の変化，新材料や新技術による代替品の出現，他地域との競争など，一様ではなかった。代わって，原材料や技術における地域特性を生かすような新産業が出現した。バーミンガム市内では4大産業のうち，銃器とボタン製造が衰微し，真鍮と宝石は発展を続けた。フリント・ガラス，時計も衰退した。銃器と宝石は，嗜好や生活様式の変化が盛衰を分けた。真鍮は新たな用途が開けて発展し，ボタンは原材料の転換により衰滅した。時計は他の地域との競争に敗れた。銃器やフリント・ガラスは，高度な手工的熟練に依存する限られた高級品に転じた。パピエ・マッシュは，没落の途をたどっていたが，1870年代にとどめを刺された。

転換の難しさ

バーミンガムに隣接するブラック・カントリの産業は壊滅した。この地域は石炭と製鉄の主要産地だったが，それらがまず衰退した。ウルヴァハンプトンとビルストンのジャパンは，家庭用の高級金属器や旅行用トランクなどで栄えてきたが，メッキ製品の登場や旅行ブームの終りとともに流行遅れとなった。そして石炭用バケツなどの日用品に活路を見出したが，かつての繁栄を失った。金属容器，馬具なども消滅した。

以上のような変化に対して，地域全体は強靭な対応力を示しただろうか。マーシャルによれば，そこには多様な業種があって転職が可能であり，家族構成員は別の業種に従事して不況の影響を分散できたはずである。しかし真鍮の艶出し工や研磨工，型工のように，他の業種に転じることができたのは例外であり，移動は限られていた。真鍮，宝石，高級ガラスは特殊な熟練を必要とし，銃器やボタンなど衰退職種からの参入は不可能だった。ペン先用工具も，特殊な訓練が必要で，他の型工が転入できる分野ではなかった。ブラック・カントリではバーミンガムよりさらに深刻であった。ここでは町ごとに業種の専門化が進んでいて，主力産業が衰退すると他に転じる途はなかった。家族構成員は，同一産業の別の工程や部門に従事しており，業種の衰滅は家計を直撃した。ウルヴァハンプトンのジャパンでは，成年男子がブリキ板の成形・加工や最終加熱工程を行い，婦女子が塗装工程を行ったが，どちらもこの産業の衰退から逃れることはできなかった。隣町まで職を求めて通うことも困難であり，人びとは衰滅する地元の産業から離れることもできず，それが産業の衰滅過程をかえって長引かせることになった。

3 新たな産業地域

新市場への適応

在来産業が地域内に蓄積された生産要素を生かしつつ転換し，生き延びることができたのは，新産業が導入され，新需要が生じた分野であった。

自動車，電気機械，化学など新興産業は，工具，装置，コイル，スプリング，ワイヤなどの需要を生み出し，シェフィールドの特殊鋼の市場を作り出した。材質強化のためマンガン，クローム，タングステンなどを使う合金鋼や，ステンレス鋼が開発された。シェフィールド大学には金属学の講座が設置され，初代教授のO. アーノルドは，地元企業に就職した門下生を中心に高速度鋼協会を組織し，小企業からの技術上の相談にのり，海外における特許のアドバイスを行った。各100人前後を雇う150社ほどの特殊鋼企業のなかに，世界的名声を持つものが現れた。製品はアメリカや大陸ヨーロッパなど，輸出向けが多かった。工具産業ではこれに匹敵する革新はなかったが，新興産業が工具を必要としていた。旧産業の没落は新産業の成長によって補われたが，そこには熟練や技術の移転はなかった。

バーミンガム＝ブラック・カントリでは，19世紀末から自転車，バイク，自動車などの新産業が，多様な熟練の存在に引き寄せられるように起こった。いずれも多種の部品を必要とする組立産業で，各種金属加工品を供給できるこの地域は立地として適していた。ネジ，ボルト・ナット，真鍮，鋳造などは新産業からの

ジャパンの技法のバイク塗装への転換

写真提供　Southward Car Museum

需要が大きく，在来産業はこぞって新産業の部品部門へ転換した。木ネジや金属ネジは自動車組立のシャシーに使われ，鍵はドアに，ガラスは窓ガラスに，鏡もバックミラーに，ランプは照明用に，鋼管は自転車用パイプに，馬具はサドルやシートに，時計はボルト・ナットに，ペンと真鍮は打抜きに，車両メーカーは自動車車体メーカーに，車両用鋳物業者は車軸メーカーに，青銅はベアリングに，鋳造業者はスパナや歯車に，スプリングも鉄道車両用から自動車用へ，鋳造や金属容器メーカーはモーターの鋳造にというように，転換した在来産業は自動車部品の多くを構成した。塗料やワニスさえも新産業に適応した。金属容器装飾用の黒ワニスは，自転車の管や自動車の車体を塗装する工業用ワニスやエナメルに変わった（写真参照）。

地域内分業の喪失

こうして産業地域は，新産業とともに再生し，繁栄を維持したかに見えた。人口も雇用も増大した。しかし地域の産業構成は一変した。複雑にからまりあう横のつながりが断たれ，各産業は最終メーカーに統合された。それぞれ販路を持っていた個々の製品は，組立業者だけを販路とすることになった。商業的自立やデザインや技術面の自立も失った。標準化した部品が必要となり，半熟練によって対応できるものとなった。こうして，クラフト的な万能的熟練は衰滅へと向かった。

マーシャルは言及していないが，このクラフト的熟練との関連で，第4章で見た下請制や請負制は重要であった。これらもこの時期に大きく変化した。下請制の中心には，ファクターとよばれる代理商が見られた。代理商の機能は，注文を取ってそれを仕分けし，加工業者に材料を届け，複雑な製品の場合には加工業者を調整することにあった。また製品販路を開いた。これらの機能は，大規模製造業者の手に移った。

下請制を一歩進めたものに，内部請負制があった。これは，機械化した近代的工場よりも，ブラック・カントリのように機械化の遅れた中小工場に顕著だった。内部請負制も，機械化と専門化によって，また作業の不規則や中断を排して財の流れを効率的にする必要から姿を消し，フォアマンに替わった。請負人は廃止に抵抗したが，配下の半熟練工は請負制の廃止を求めた。真鍮鋳造では，配下の半熟練工は，請負人からではなく直接に工場事務所から支払われるようになり，請負人の機能は単なる管理となった。請負人と配下の半熟練工とは，産業の盛衰にさいして協調することなく利害を対立させた。請負人と工場経営者も利害対立に向かった。請負制は，イギリスでは柔軟な分業関係として機能することはなかった。

以上の特徴は，先に第2章で見た19世紀大陸ヨーロッパの産業地域のそれとは異なっていた。シェフィールドの刃物産業やバーミンガム＝ブラック・カントリの金属加工業は，地域内での協調的で柔軟な分業関係，それを促進する地方政府や同業団体，そしてマーシャルの指摘にもかかわらず，大量生産とは異質な技術における持続的革新などのすべてを欠いていた。

4 大陸ヨーロッパの産業地域

●マーシャルの見なかったクラフト・システム

大企業経済を生き延びる産業地域

産業地域が大企業の時代を生き延びることは容易でなかったが，いくつかの地域はその仕組みを維持しつつ存続した。ゾーリンゲンの刃物産業と，ジュラ（スイス）の時計産業はその例であった。ゾーリンゲンの刃物産業は1880年代に台頭し，1890年代にシェフィールドに並んだ。19世紀末の興亡を分けた要因は，シェフィールドが縄張りを固定化したクラフトによりつつ旧来の奢侈品市場に依拠し続けたのに対して，ゾーリンゲンが多様な製品を作って対応したことにあった。19世紀後半に蒸気ハンマーによって鍛造の機械化が達成されると，ゾーリンゲンでは研磨工が中心となって，鍛造設備を共同で利用するようになった。共同の研磨作業所を営み，建物と蒸気力を賃借し，自らの工具を持ち込み，万能機械を使って顧客の多様な嗜好に応えた。こうして，ゾーリンゲンは1890年代以降，アメリカの単能機械ではできない高級品市場で優位に立ち，アメリカ市場や関税のないイギリス帝国市場を基盤として発展した。この過程で熟練工は，品質を維持するために，雇用者側と協力して品質基準の策定に参画し，調停委員会を設け，賃金の安定化をはかった。これは，過当競争を防ぎ，また好況期の賃金つり上げを防ぎ，双方の利害にかなった。ゾーリンゲンの刃物工業は，第一次大戦で広大な市場を閉ざされたが，直後に復活してシェフィールドを凌駕した。

ジュラの時計産業は，18世紀以来，農村工業として営まれてきた。ジュラは1840～50年代に北米市場への輸出によって拡大

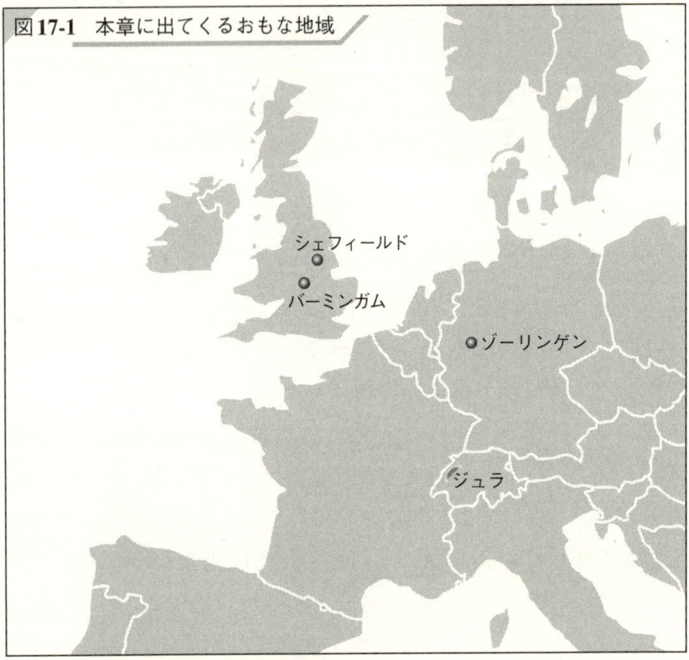

図17-1　本章に出てくるおもな地域

した。大量輸出は品質の悪化を招いた。19世紀後半にはアメリカ的生産方式をめぐって岐路に立たされた。1870年代にアメリカのウォルサムにおいて時計の量産が確立しアメリカ向け低価格品輸出が減少すると，クラフト・システムの回復が図られた。ウォルサムでは労働者1人当り年間150個の時計を生産するのに，ジュラでは40個であると指摘された。他方，アメリカ風の分業や，熟練を不要とする機械導入への批判も起こった。雇用者はクラフト・システムを選んだ。生産量の増加，競争激化，利潤や賃金の低落，粗悪品の出現といった事態を，ジュラの時計産業は高品質の時計を少量供給することによって乗り越えようとした。日用品では量産品にかなわないので，差別化，製品イノベーション，熟練で対抗し，ラテン・アメリカ，アジア，アフリカなどの小市場や欧米市場への最高級品を供給した。そして多様なモデルを残しつつ，部品の標準化が進められた。

調整された分業

時計産業は，製造工程がいくつにも分けられ，別々の職人によって担当されるため，技術や製品コンセプトのまとまりが必要であった。熟練，幅広い知識，その伝達など，イノベーションは熟練工から出た。工具も職人が考案した。ジュラは1880年以後，家内工業による部品生産と，40～50人程度の作業場における機械式組立を組み合わせて発展を遂げた。複雑なメカニズム，精密部品，装飾品などは，手工的熟練が必要であった。時計のカバー，機械装置，仕掛けなどは機械化された。中級品は熟練を維持しつつ機械化され，手工でしかできない差別化された製品も供給することによって，国際市場において優位を維持した。1885年以降，1914年までに輸出は2倍になり，世界市場におけるシェアは5割を超した。

こうした成功要因として，市場への対応の確実さと，地域内における密接な協力関係を指摘できる。製造業者と熟練工の協力関係を維持できるような紛争解決や団体交渉規則，工程間の密接な関係を維持するためのデザイン，マーケティング，商業信用における協力，品質，とくに正確さを審査する機関，8つの熟練養成学校など，クラフト・システムを再生産するような施策がとられていた。

大企業体制の下で長期に繁栄した産業地域は，マーシャルの指摘した集積の一般的効果以外の条件を備えていた。第一に，熟練を再生産するための，地域ぐるみの技能養成機関や，技能開発施設が見られた。第二に，変化に応じて分業関係を調整し再構築する下請制度が見られた。第三に，不況に持ちこたえる仕組み，すなわち生産量の調整やワークシェアなどの制度が確立していた。

大企業体制に対峙するためには，徒弟制，請負い，下請けといった従来からの協調的慣行を一歩進め，「協調の制度化」，すなわち社会契約や地方政府の機能へと発展することが必要であった。

参考文献　REFERENCE

M. J. ピオリ＝C. F. セーブル著（山之内靖・永易浩一・石田あつみ訳）『第二の産業分水嶺』筑摩書房，1993年。

渡辺尚＝作道潤『現代ヨーロッパ経営史』有斐閣，1996年。

第18章 日本の大企業（1）

戦略と発展類型

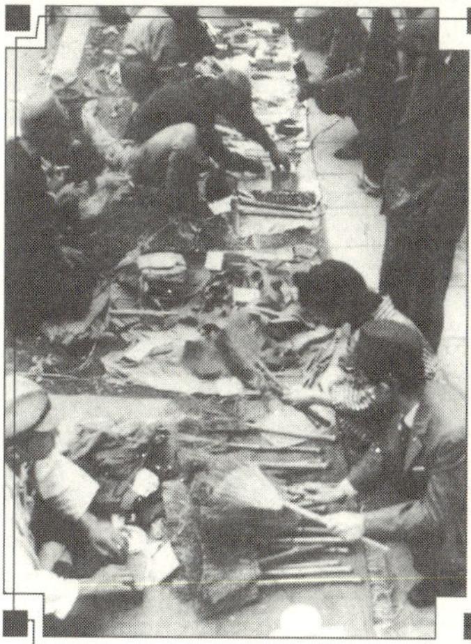

やみ市
写真提供　毎日新聞社

労働争議
写真提供　読売新聞社

第二次世界大戦後，敗戦の混乱のなかで人々の生活は困窮していた。物価安定などのために経済統制が戦後にも続けられたが，その効果は乏しく，やみ市が横行し，人々は食料の買い出しのために，「竹の子生活」を強いられた。そうした生活難のなかで，長く押さえ込まれていた労働運動が，占領政策によって公認されたため，賃金の引上げなどを求める運動が活発化し，企業経営のあり方に大きな影響を及ぼした。

1 アメリカナイゼーションの内実

財閥解体

第二次大戦後のアメリカを中心とした連合国による占領政策は，日本のビジネス・システムに大きな変革をもたらした。制度的な条件から見れば，戦後改革による財閥解体と集中排除政策の展開が戦後の企業成長の初期条件を作り出し，独占禁止法の制定が競争政策という側面から企業行動の規律を180度転換させた。経済力の過度な集中状態は非民主的であり，潜在的な戦争能力であると判断されたためであったが，それは財閥の日本経済に占める地位が戦時期に急拡大したことを背景としていた（**表18-1**，**18-2**）。その結果，持株会社組織などが禁止され，企業や金融機関の株式の保有についても制限が加えられ，カルテルなども全面的に認められなくなった。第二次大戦前までは営業の自由に基づいて独占的な組織の結成なども放任されていた経済法制は，競争的な秩序を維持することによって公共の利益を守るため，営業の自由の制限を部分的に認めるものへと転換した。

財閥解体措置は，さらに広い範囲に影響を及ぼした。第一に，財閥同族などの資産が持株会社の解体とともに処分の対象となり，財産税の賦課と戦後のインフレのなかで，これらの資産家層の経済的な地位が徹底的に引き下げられた。株主として企業に資金を提供していた富裕家層が一掃されたことから，持株会社の消滅とともに，**表18-3**のように1949年には「個人」の株式保有比率が大きく増加し，持株会社を含む「その他法人」が急減するなど，戦後の企業の株主構成が大きく変わることになった。

第二に，民主化措置の一環としてとられた「公職追放措置」が

表 18-1　三大財閥の位置

（単位：%）

		三　井	三　菱	住　友
金　融	1937 年	4.3	7.7	3.6
	1941 年	4.5	8.0	3.7
	1945 年	13.9	13.1	5.4
重工業	1937 年	5.9	5.2	3.4
	1941 年	7.8	6.0	3.6
	1945 年	12.7	10.7	8.3
傘下事業計	1937 年	3.5	3.3	2.1
	1941 年	4.4	4.3	2.1
	1945 年	9.5	8.4	5.2

（出所）　武田晴人「独占資本と財閥解体」大石嘉一郎編『日本帝国主義史 3』東京大学出版会，1994 年，246 頁。

表 18-2　財閥傘下の企業の子会社数

	1937 年	1941 年	1946 年
三井物産	22	56	49
三井鉱山	19	18	29
三井化学工業		1	9
三井造船			14
北海道炭砿汽船	4	12	15
東京芝浦電気		24	104
三菱商事	4	7	58
三菱重工業	4	6	30
三菱電機	1	1	33
三菱鉱業	13	11	22
三菱化成工業	2	6	23
日本郵船	3	5	34
住友電気工業	2	6	33
住友金属工業	1	5	43
日本電気		1	27
住友化学工業		1	16
住友鉱業		2	18

（出所）　橋本寿朗・武田晴人編『日本経済の発展と企業集団』東京大学出版会，1992 年，162 頁。

表18-3　株式分布状況の推移

（単位：%，100万株）

	1945年	1949年	1950年	1951年	1952年	1953年
政府・公共団体	8.3	2.8	3.2	1.8	1.0	0.7
金融機関	11.2	9.9	12.6	18.2	21.8	23.0
投資信託				5.2	6.0	6.7
証券業者	2.8	12.6	11.9	9.2	8.4	7.3
その他法人	24.6	5.6	11.0	13.8	11.8	13.5
外国人					1.2	1.7
個人その他	53.1	69.1	61.3	57.0	55.8	53.8
発行株数（100万株）	444	2,000	2,581	3,547	5,365	7,472

（出所）　武田晴人「独占資本と財閥解体」大石嘉一郎編『日本帝国主義史3』東京大学出版会，1994年，275頁。

経営者層にも及んだため，有力企業のトップ・マネジメントを担っていた専門経営者たちが企業経営から離れ，経営者層が一挙に若返った。「一等重役は資本家重役」，「二等重役はなるべくしてなった重役」。これに対して，先輩が追放されたために生まれたのが「三等重役」と揶揄《やゆ》された若い経営陣であり，彼らは企業経営者としては明らかに経験が不足していた。

第三に，当初の案から見れば大幅に縮小されたとはいえ，一部の大企業が分割され，事業形態の変更を求められた。もっとも徹底して行われたのは三井物産と三菱商事の解体であり，それぞれ220社以上，130社以上に分割された。このほか日本製鉄，三菱重工業，王子製紙などの企業が分割され，東京芝浦製作所や日立製作所が工場等の一部売却などによる事業範囲の縮小を求められた。このような措置によって，多角化よりは特定の事業分野に集中した経営発展を追求せざるをえなくなった。企業の経営者は経験が乏しいために多角的な展開に適切な能力を備えていなかったし，株式の保有を通した企業買収などの手段には制約が課されていた。結果的には，こうした制約が既存企業の経営戦略の視野を狭め，軍需生産から平和産業へと転換する際に発生したビジネス・チャンスに多くのすきまを生み出した。それは新興の企業の発生の余地がきわめて大きくなったことを意味していた。

証券民主化と株式持ち合い

しかし，平和産業への転換には大きな困難がともなった。その最大の要因は，占領軍の指示によって戦時補償が打ち切られ，回収不能となった債権が企業の財務を圧迫したことであった。これに加えて有力企業の多くは，戦時に軍の命令で展開していた海外事業を含めて在外資産のほとんどすべてを失った。そのため，1946年に企業再建整備法が制定され，これに基づいてそれまでに蓄積された自己資本を損失の補塡にあて，企業資産の再評価による利益や増資によって企業財務の再建が行われることになった。この過程で，増資資金の調達に応じうる投資家に乏しかったことから，民主化措置の一環として期待された証券民主化＝個人株主の育成は事実上放棄され，市場で消化しきれない増資株は，証券会社などの手で一時的に保有された後，それまで関係が深かった企業に保有されることになり，株式持ち合いの原型が形成された。**表18-3**のように，1950年代前半に個人の保有比率が低下したのは，そうした要因に基づいていた。そしてそれとともに，戦時に一時的で緊急措置としてとられていた銀行借入れによる事業資金の供給がむしろ常態化した。直接金融への転換は実現しなかった。

新しい企業観の登場

戦後の民主化措置のなかで，企業のあり方に影響を与えたのは財閥解体措置だけではなかった。「労働改革」は政治的な民主化の基礎を固める目的を与えられていたが，占領軍の積極的な労働組合育成方針によって，企業を単位とする労働組合が急激に成長し，組織率を高め，しばしば攻勢的な争議によって企業経営を脅かした。それらは社会的な弱者の経済的な地位を改善し，消費の水準の上昇を通して企業活動の市場的な基盤を作り出すものとなったが，当面は経営権の自立性を脅かすものであった。

こうした労使の対立のなかで，経営者層のなかに企業のあり方について新たな主張が登場した。それは，第二次大戦中の企業体制に関する政策的な介入が所有の制限と経営の優位を打ち出していたことを基盤としながら，アメリカ的な経営者資本主義をさらに進めた「企業民主化試案」であった。経済同友会の経済民主化委員会は，労働組合の経営参加要求に応えながら，経済民主化の要点を経済的弱者が強者によって圧迫されることがないようにすることだと捉え，「産業の運営に関して，すべての関係者が参加すること」を主張し，企業は経営者・資本家・労働者の3者で構成する協同体であり，企業利潤に関して3者が対等な権利を持つことを提案した。このような考え方は，その革新性のゆえに同友会の正式な意見として発表されることはなかった。しかし，所有と経営の分離を前提とした企業のとらえ方は，職員層と工場労働者との身分的な差別を撤廃した従業員組合の形成に対応し，品質管理の重視や生産性の上昇に対応した賃金引上げ，争議の制度化（春闘による）など，後の日本的な経営の原型を形作る上で重要な役割を果たした。それらは，当時のアメリカの企業観と驚くほど類似した構造を持つ企業観であったが，その後の軌跡は大きく異なることになる。

2 新産業の発生メカニズム

外貨不足と重点産業

ビジネス・チャンスは多くの企業に開かれていた。ただし，そこにはいくつかの制約があった。マクロ的な側面で見ると，戦後の日本経済は貿易の回復が遅れ，外貨が不足していた。そのため，政府の産業保護・育成政策は，そうした外貨制約の克服に貢献するかどうかをひとつの判断基準として展開した。たとえば，国産の資源である水力や石炭の開発は望ましい方向として優先的な政策課題となり，多くの保護的な措置がとられ，政策的な資金が大量に配分された。また，輸出拡大や輸入代替に貢献する場合にも，政策的な助成が期待できた。

しかし，同時に補助金や減税などの財政的な手段を必要とする政策には，財源上の制約がともなった。そのために，政策資金の配分が重点化され，それらは電力，石炭，鉄鋼，肥料，造船などの主要産業分野に限定された。すでに大企業の優位が成立していたこれらの産業では，寡占的な大企業間の競争を通して新しい事業展開が模索された。結果的には，基幹産業としての地位を保った鉄鋼，造船，電力に対して，肥料では新しい技術への対応を求められ，石炭は石油に取って代わられて時代に取り残されることになる。そうした変化は，それぞれの産業分野における企業間の競争構造に重要な影響を与えた。

技術導入と貿易管理

外貨の制約は，技術導入の面でも政策的な介入を正当化するものとなった。戦時下に発生した欧米先進国との技術上のギャップは，日本の企業にとって大きな障害であった。他面で先行する欧米先進国の大衆消費社会化は，どのような商品群が将来の需要を獲得しうるかということを指針として示していた。また，非軍事化を前提とする限り，先端的な軍事技術への関心は小さかったから，技術導入の方向についての選択肢は比較的限られ，耐久消費財を含む機械工業を中心に民需に偏ったものとなった。しかも，技術導入に対する外貨管理が厳格に行われていたため，企業間の導入競争によって

図18-1　技術導入件数の推移

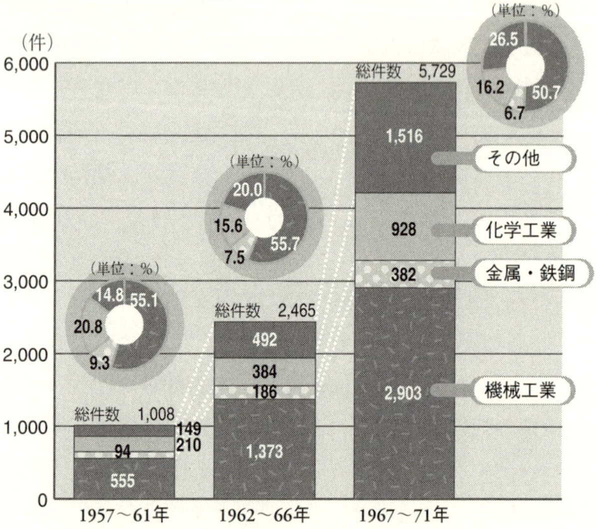

（出所）　安藤良雄編『近代日本経済史要覧』第2版，東京大学出版会，1979年，116頁，より作成。

対価がつり上げられるような弊害が排除された。日本市場はまだ十分に開発されておらず，直接投資に対する制度的な制約が大きかったから，外国企業はライセンスの供与を主要な進出手段として日本市場に対応していた（図**18-1**）。

もっとも，外貨の制約が技術導入を著しく制限したわけではなかった。綿花や鉄鉱石などの原材料に対する外貨割当量に比べれば，技術導入に対する対価の支払いはきわめて少額であったから，導入技術によって新しいビジネスを創始する可能性は十分に開かれていた。国内の政策的助成が重点化し，既存企業の視野が比較的狭いという条件の下で，多くの新製品分野で新企業の進出の機会が十分に存在し，そこに新産業発生の可能性があった。テレビ・冷蔵庫・洗濯機などの家電製品，二輪車・四輪乗用車など先進国で普及しつつある耐久消費財，新素材・新技術に属するトランジスタなどの半導体，新しい消費生活を構成する合成洗剤などの日用品，プラスチック製品など，そうした分野は産業育成政策からは距離があったが，民間企業に広く活動の場を提供していた。

他方で，外貨制約によって貿易が管理され，輸入に対する厳しい規制が展開していたことから，国内市場は国内企業に有利な競争条件の下にあった。国産の可能性があれば，輸入に対する制限的な措置が採用される可能性が高かったからである。1950年代初め，テレビ製造に関わる基本特許実施権を得て製造を希望する企業は40社以上に達していた。同じ頃，オートバイ生産につながる自転車バイクの製造者は200社を超え，オートバイ生産の中心地のひとつとなった浜松では30社を超えるメーカーがこの事業に挑戦していた。参入の機会は大きかった。1960年代の初めに貿易・為替の自由化計画が推進されるようになるまで，乗用車や家電製品あるいはコンピュータなどさまざま分野で，対外競争圧力が小さい温室的な条件の下で新産業の発展が可能となっていた。

3 アメリカン・スタンダードからの脱却

モデルとしてのアメリカン・スタンダード

成長のモデルは，アメリカの経済システムであった。戦後改革の目標にしても，戦後における企業のさまざまな制度的な工夫もアメリカから与えられた。そして，占領軍の豊富な物資は大衆消費社会につながるアメリカ的生活様式へのあこがれを人々のなかに育んだ。

海外渡航の機会が制約されたにもかかわらず，経済団体の組織する調査団等がしばしばアメリカを訪れ，その工場現場の生産管理や品質管理，販売方法などアメリカ流の経営手法を積極的に取り入れようとした。それらの技法には科学的管理法などの形で戦前から知られていたものを含んでいたが，たとえば，統計的な品質管理がGHQの指導のもとで着手され，日本科学技術連盟主催のデミング（W. E. Deming）による品質管理講座の開催などを通して普及し，全社的な品質管理運動（TQC）へと展開した。

また，証券取引法の施行に合わせて企業会計原則が定められ，公認会計士制度による外部監査の導入とともに，企業会計制度をアメリカの会計原則に基づいたものへと改めることになった。このほか，産業合理化審議会が企業内の管理体制の整備の方策として管理会計の導入を含む提案を答申し，これに基づいてアメリカのコントローラー制度の導入などが図られた。こうして予算統制や原価計算などの面で，戦前期に進展していた大企業内での管理会計的な手法がいっそう洗練された形で普及することになる。

このような変化は，当時，アメリカン・スタンダードが世界的に普及していったことと無縁ではなく，むしろ日本の変化もそのひとこまにすぎないという側面があった。この当時，アメリカでは，経営者資本主義の理念のもとに，巨大企業は大量生産と大量消費の推進力として，経済社会の新たな発展を牽引するものと見なされていたからである。それは，「豊かな社会」を実現することを可能とするもっとも望ましい選択肢であった。

ジャパナイゼーションの展開

しかし，アメリカン・スタンダードは，2つの異なる意味でその後の日本に独自性を付与することになった。ひとつは，このスタンダードが日本に受容されるに際して，変容をこうむったということであり，もうひとつはスタンダード自身がこの基準

表 18-4　独占禁止法適用除外立法一覧（1952～65年）

1952年 8月	特定中小企業安定臨時措置法
1953年 8月	中小企業安定法
1958年 4月	中小企業団体組織法
1956年 6月	機械工業振興臨時措置法
1957年 6月	電子工業振興臨時措置法
1956年10月	繊維工業設備臨時措置法
1964年10月	繊維工業設備等臨時措置法
1957年 5月	生糸製造設備臨時措置法
1956年 9月	石炭鉱業合理化臨時措置法
1953年 3月	酒税保全及酒類業組合等法
1961年 6月	漁業生産調整組合法
1952年 9月	輸出取引法
1953年 9月	輸出入取引法
1954年12月	輸出水産業振興法
1954年 9月	硫安合理化及硫安輸出調整臨時措置法
1964年 8月	肥料価格安定臨時措置法
1957年 6月	小型船海運組合法
1964年 8月	内航海運組合法
1951年 5月	港湾運送事業法
1957年 9月	環境衛生関係営業適正化法
1965年 6月	砂糖価格安定法
1961年 3月	果樹農業振興特別措置法

（出所）　安藤良雄編『近代日本経済史要覧』第2版，東京大学出版会，1979年，180頁。

からしだいに逸脱したことによってであった。

変容の側面は，たとえば独占禁止法が，**表 18-4** のようなさまざまな適用除外立法の制定によって，限定的な局面でしか効果を発揮しえなくされていった過程によく示されている。そこでは競争的な秩序そのものの維持が重視されるのではなく，国際競争力の向上と社会的な摩擦の排除のために協調的な共同行為が容認される傾向を生んだ。

また，アメリカ的生活様式に見られる消費生活におけるアメリカン・スタンダードもそのまま受け入れられたわけではなかった。所得水準が低いために製品の普及率が低く，量産化によるメリットを享受しがたいために，大衆消費社会を象徴するような製品分野では，特定の商品モデルへの生産の集中という製品開発戦略がとられた。消費者の多様なニーズに対応するよりも，特定のモデルに生産を集中して量産効果を実現し，低価格を武器に普及をはかることが優先された。仮にT型フォードによる量産化と製品フルライン生産を目標としたGMの製品戦略とを対比的に捉えうるとすれば，当時の日本は，T型的な量産化を追求したという意味で，一段階遅れた大量生産体制を構築することを選んだということになる。小型自動車や14インチ型のテレビなどは，そうした製品の代表例であった。成長の成果として個人所得が上昇し，低価格化と相まってようやくこうした分野では発展の基盤が整えられた。それは，多様な消費需要を満たすことのできるほど豊かな量産体制の実現ではなかった。

他方で，アメリカの逸脱は株主反革命という形で経営者資本主義の事実上の否定のもとに進展した。その結果，短期的な会計的利益が重視されるために，生産現場での管理などがしだいに軽視されていった。「安かろう悪かろう」が代名詞とされていたメイド・イン・ジャパンの製造業者たちは，国際競争力の向上が単に価格によって表現されるだけではなく，品質面における絶対的な改善が不可欠であることを骨身に染みていた。また，彼らの経営的な能力が活かせる場面がそうした局面にあったから，彼らは品質管理などについてより徹底的に追及することになる。そして，その結果，統計的な品質管理の母国では忘れられたデミングという名前を冠した表彰制度が，日本ではもっとも権威ある栄誉として維持されることになった。

4 革新の制度化

●草の根の革新

高いコスト意識

品質管理に代表されるアメリカ的な手法の洗練化は，アメリカン・スタンダードを超えて新しいビジネスの技法を日本の企業に生み出すことになった。その面でのスタンダードからの逸脱がのちに日本的な経営の優位として喧伝されることになる。

とりわけ重要なことは，「革新の制度化」ともいうべき下からの積上げによるコスト削減努力が，広く企業現場の指針として受け入れられていったことであった。品質の向上は，歩留まりの改善を通してコストの削減に結びつくものであった。「品質を作り込む」ことを目標としたトヨタ生産システムに代表される日本の生産システムは，組立ラインの末端に用意される検査工程の極小化を実現することをとおしてコストを削減し，あるいは不良部品購買によるロスを大きく削減した。

そうした成果は，戦後の日本企業において工職間の身分的な差別が撤廃され，彼らの協同作業が現場の改善の原動力となったことに基づいている。あいまいな仕事の分担という労働契約の特徴もこれに大きく寄与した。協調的な労使関係の下で，配分すべき企業成果の増大のために労使が一体となって革新の持続に努めることになった。

こうして品質管理の技法は，同時にコスト削減の技法に翻訳されていった。

追いつき型の競争のもとで高品質の製品を作るためには，それに見合う新鋭機械設備が必要であり，そうした設備の更新は多くの場合には生産コストの低下をもともなうものであった。鉄鋼業におけるLD転炉や造船業におけるブロック建造法など革新的な技術は，導入企業のコストを引き下げ，国際競争力の改善に貢献した。高度経済成長期は技術革新の時代であり，大型の画期的な技術の導入が脚光を浴びた。こうした技術導入では，主として技術者が主導権を持ち，商社などのネットワークとの協力の下で，最適な技術の選択が行われた。

導入技術の適応

輝かしい成果とともに重要であったのは，そうした新技術が生産技術として定着していくためには，絶えざる現場での微調整が必要であり，そのために工職が一体となった改善の努力が求められたことであった。現場からの継続的なコスト削減努力を「草の根の革新」と名付けうるとすれば，日本の企業は，これを制度化し組織的に利用することで，着実に国際競争力を培っていったのである。

産業構造の変化が耐久消費財を中心とした組立型の機械工業を基軸とする方向に動いていたことが，こうした革新のあり方を活かす上で好条件であった。装置産業などとは異なり，組立型機械生産は，分割可能な作業を連結する形で比較的長い生産ラインを構成していた。個々の作業を単純化し標準化することが効率性の点で優れていると考えられたからであった。そのために，特定の作業工程の改善はその担当する作業員の知恵を活かしやすく，また，そうした改善によってある工程の効率性が高まれば，これによって別の隘路が発見され，そこに革新の努力を動機づけやすいという特性を持っていたからであった。

この新たな要素は，通常「多品種少量生産」とよばれる「大量」生産体制につながるものであった。トヨタシステムの特徴とされる多品種生産は，その名前にもかかわらずどのような基準をとっても少量生産というものではなかった。そこでとられているのは，通常特定製品に専門化される生産ラインに可能なかぎり異なる製品を連続的に流す,「多品種混合」大量生産体制を実現するものであった。そしてその実現のためには,「現場の知恵」の動員,現場作業者の高い技能が求められた。それは,制度化された「草の根の革新」の下で培われたものだった。

参考文献 REFERENCE

岡崎哲二・菅山真次・西沢保・米倉誠一郎『戦後日本経済と経済同友会』岩波書店,1996年。

通商産業政策史編纂委員会編『通商産業政策史 第1巻』,通商産業調査会,1994年。

橋本寿朗編『日本企業システムの戦後史』東京大学出版会,1996年。

宮島英昭「財閥解体」橋本寿朗・武田晴人編『日本経済の発展と企業集団』東京大学出版会,1992年。

第19章　日本の大企業（2）

組織と雇用

水島コンビナート
写真提供　岩田恒雄氏

高度成長期にはいると，各地に大規模な工場用地が造成され，臨海型の工業地帯が建設された。石油化学工業は，そうした工業コンビナートの代表的なものとなったが，そのひとつが岡山県南部の瀬戸内海沿岸に建設された水島であった。大型のタンカーが接岸できる港湾設備，広い敷地内に展開する重厚長大の型の鉄鋼，石油精製，石油化学，電力などの産業は，高度経済成長期の花形産業であったが，こうした工業地帯は，大気汚染などの公害問題を発生させることにもなる。

1 本社と現場

集中排除の帰結

財閥解体によって独立した大企業は，そのひとつひとつをとってみると，その構造自体は大きな変化をこうむったわけではない。たしかに，王子製紙，日本製鉄，三菱重工，大日本麦酒のように，トラスト的な巨大企業は同業種の複数企業に分割された。しかし，集中排除措置を受けた企業の多くは，所有株式の処分等によって非関連の事業を処分したり，多くの鉱山企業のように非鉄金属と石炭を分離したり，大建産業のように紡績部門と商事部門などを分離するなどにとどまった。そして何よりも重要なことは，500社を超える指定企業のほとんどが集中排除措置を免れたことであった。それゆえ，おおざっぱな産業分類の範囲で見れば，戦後の出発点において既存企業は，財閥のようなコンツェルン的な組織が解体されるなかで，単一産業を担うという形に事業形態が整理された（**表19-1**）。

売上高基準で見た上位企業を1943年と50年とで対比すると，企業分割に加えて，戦時から平時へと需要構成が変化したことを反映して順位の変動が見られた。しかし，43年の上位10社のうち4社は50年にもベストテンに残り，また残りの6社のうち2社も20位以内にとどまっていた。

生産の集中度についても産業ごとの様相は異なり，部分的に低下したものの，全般的にはその低下の程度は限定されていた（**表19-2**）。大企業の位置とその組織は，基本的には戦後にも維持されたということができる。

表19-1　過度経済力集中排除法（集排法）の適用

	指定企業	再編成後の企業	その後の動き
同種部門の分割			
	日本製鉄	八幡製鐵・富士製鐵ほか２社	70年　新日本製鐵
	三菱重工業	東日本重工業，中日本重工業，西日本重工業	64年　三菱重工業
	王子製紙	苫小牧製紙，十條製紙，本州製紙	68年　合併発表，中止
	大日本麦酒	日本麦酒，朝日麦酒	現　サッポロ，アサヒ
	北海道酪農協同	北海道バター，雪印乳業	58年　雪印乳業
	帝国繊維	帝国製麻，中央繊維，東邦レーヨン	51年　帝国・中央合併
	東洋製罐	東洋製罐，北海製罐	
異種部門の分割			
	三菱鉱業	三菱鉱業，太平鉱業	90年　三菱マテリアル
	三井鉱山	三井鉱山，神岡鉱業	現　三井鉱山・三井金属
	井華鉱業	井華鉱業，別子鉱業ほか２社	現　住友石炭鉱業・住友金属鉱山
	大建産業	呉羽紡績，伊藤忠商事，丸紅，尼崎製釘所	
工場・施設処分			
	日立製作所，東京芝浦電気，日本通運		
株式処分			
	日本化薬，東宝，松竹，帝国石油		

（出所）　三和良一『概説日本経済史　近現代』第２版，東京大学出版会，2002年，160頁。

多角化の展開

単一産業に特化したことは，戦後の大企業が，徹底的な解体措置を受けた三井物産・三菱商事を除けば，規模の経済性や範囲の経済性という点で大きく効率性を損なわれることが少なかったことを意味した。

しかし同時にそうした企業形態は，2つの問題点を抱えていた。まず第一に，財閥型の企業形態では商事活動を関連商社に依存していたし，また，財務的な側面では本社と関係銀行に依存していた。戦後，そうした組織から切り離されて独立した企業は，これらの面では人的資源の蓄積に乏しく，ノウハウの蓄積を欠いていた。そのため，メインバンク・システムの形成や総合商社の復活がそうした欠落を埋めることになる。

表19-2　上位3社の生産集中度

（単位：%）

	1937年	1950年
鉄鋼	97.8	88.7
熱間圧延鋼材	56.2	49.6
亜鉛鉄板	48.1	34.0
電気銅	74.9	73.4
アルミ	91.8	100.0
鋼船	67.5	39.1
硫安	60.0	41.2
綿糸	33.9	35.1
パルプ	65.2	39.5
洋紙	83.1	57.0
ビール	99.4	100.0
セメント	40.1	55.9
石炭	35.4	35.9
銀行	25.8	21.8
生命保険	41.4	47.2

（出所）　公正取引委員会『日本の産業集中』1964年，付属資料より。

第二に，単一産業への特化は，新たな多角化の出発点であった。しかし，戦前の財閥が非関連部門への多角化を展開することがしばしば見られたとされるのと対比すると，異業種への「飛躍」は少なく，製品ラインの充実や，川上ないしは川下へと関連分野へ多角化することが多く見られた。また，戦時体制に順応するためにとられた多角化の遺産を活かして事業の拡張を図った企業も，少なくなかった。

蓄積された経営資源を活かすためには，限定された意味での「総合性」を発揮することもひとつの有力な選択肢となった。それは，典型的には総合商社の復活や総合電器メーカーの形成に示されている。重電機部門から出発した東芝，日立製作所，三菱電機，富士電機などのメーカーも，戦後には積極的に家電部門に進出し，また半導体やコンピュータ部門に対する進出を試みた。通信機器から参入した日本電気も，同様に家電やコンピュータ部門を視野に入れていた。もちろん，そうしたメーカーだけでなく松下電器などの出自の異なるメーカーも重要な位置を占めた。続々と開発される新製品は，そうした特定産業分野で総合的な製品ラインを提供する企業の行動を加速させた。新しいニーズの発見によって用途ごとに差別化された製品群の誕生が企業の多面的な市場展開を可能にし，特定の事業分野を深く掘り下げて製品分野を開拓させていく企業行動を促した。家電製品だけでなく，そうした特徴は，たとえば洗剤などの家庭用品の分野，さまざまな加工食品分野などに見られた。

合成繊維の場合には，総合性という点では世界的にみると範囲が限定された。総合的な化学品メーカーであったデュポンなどの地位が高い世界の合繊業界にあって，日本では戦前の有力繊維企業の多角化という性格が強かったからである。そのため，この分野では企業規模に大きな格差が発生した。日本企業がどのような分野でも総合的な企業となったわけではなかった。

事業部制的組織の内実

こうした多様な発展の結果，1960年代には，いくつかの利益センターを抱え込んだ大企業がさまざまな産業分野で成立することとなる。そして，そうした企業は，組織構造から見ると，アメリカの事業部制をモデルとした事業部制的な組織に組み替えられた。特定の事業分野に専門化した「事業部」が利益計算の単位として認定され，そこでの経営上の戦略決定の権限が部分的に委譲された。しかし，それは販売面や資金面まで独立性を持つという意味でのアメリカ的な事業部制とは異質であり，その意味では商社の利用や内部資本市場の調整が重要な意味を持った。

もっとも，製鉄業を典型として，複数の類似の事業所を擁する大企業では，事業所単位の組織のあり方が長く重要な位置を占めた。事業部を擬制した組織をとる場合もあったが，それは実質的には，事業所別管理組織にすぎなかった。そうした側面は，現場作業員がそれぞれ事業所単位で「現地採用」され，ホワイトカラーの本社採用と明確な差異を残したことなどに現れていた。そのために，労働組合も事業所別組織を単位組合とし，企業別組合はその連合体に過ぎず，労働条件も完全には統一されていなかった例が多く見られた。ここでは，企業別組合自体がすでに「虚構」であった。

管理的な視点から見た企業内の組織のあり方は，このように管理に適した最小単位を設定し，それとは分離された形で企業財務や戦略決定を行う本社組織をその上に置く形態をとった点では，特別に目新しい特徴を持っていたわけではなかった。1960年前後に所得倍増計画などの年次計画の策定が国民経済レベルで活発化したのと時期を合わせるように，本社組織のなかには，企画部門などがおかれ，中期の経営計画を策定し経営方針決定の指針とするような手法が採用されるようになった。人事管理は，ホワイトカラーの考課・選抜に配慮していたが，現場の労務管理については現場にゆだねる傾向にあった。財務部門は，概して脆弱であり，間接金融体制の下で銀行からの派遣役員などを窓口としながら小規模なスタッフによって担われ，財務と経理の区分すらあいまいというのが大勢であった。財テクが問題になり，余剰資金の運用のためのスタッフが問題になるのは，1980年代後半のことであり，そのときには必要な人材を育成できていた企業はあまり多くなかった。

流通の組織化とマーケティング

販売面では，中間財と最終消費財では明らかな相違があった。

中間財では有力な顧客との相対《あいたい》取引が大きな意味を持ったが，そうした場合でもしばしば商社仲介の形態をとり，「眠り口銭」を商社に支払う習慣が残っていた。また逆に，実質的な販売スタッフを持たず，商社の職員がメーカーのオフィスで販売伝票の起案から作成するというような大手鉄鋼会社の例も知られている。

これに対して，最終消費財の場合には，当初は多段階の問屋組織に国内の流通をゆだね，それを特約店制度や代理店制度などを利用して緩やかに組織するという方法が一般的であった。家電製品では，修理部品の供給などのアフターサービスが不可欠であったことから，流通の組織化が早くから見られ，また化粧品など対面販売を行うために同様の組織化が進む例も見られた。

いずれにしても，こうした流通の組織化が進んだ事例をのぞいては，メーカーの販売部門が市場との直接的な接点を持つことは少なかった。それでも取扱量に応じたリベート制度や再販売価格維持行為が違法であるにもかかわらず，多くの製品が「定価」を付して流通ルートに流されているという状況の下では，本社の販売組織の持つ積極的な意義は顧みられることが少なかった。

流通革命とよばれたスーパーマーケットの出現など，これまでの問屋を介した国内流通のあり方が変化するとともに，こうした販売に関わるスタッフの性格も変化した。また，マスマーケティングの手法が積極的に取り入れられて大量消費を必要とする消費財部門では，新聞やテレビなどの媒体を介した広告活動などが，重要性を増していった。そして，そうした変化とともに，市場での反応が製品開発へとフィードバックされるルートが確保されることになった。

2 同権化の圧力と労使協調

激化した労働運動

戦後の企業のあり方を特徴づけた労使関係の協調的な枠組みは，2段階にわたって強化され，日本的な経営の柱となった。

戦後の日本企業が直面した労使関係は，戦時需要の消滅という厳しい経営環境の下での過剰雇用問題であった。戦争中，職業軍人でない限り，兵役は職場からの一時的な離脱と見なされていたから，戦後の復員の過程は，当面は元の職場への復帰を意味した。しかし，そうした復員に対応しうる仕事は企業内には用意されていなかった。そのために，かなりの数の従業員が郷里に戻って帰農するなどの道を選択し，自発的に退職していった。それでも過剰雇用を解消できなかった。

戦後改革の下で公認された労働組合運動は，そうした客観的な状況を権力奪取の好機と捉える指導者層の影響の下にあった。労働党政権がヨーロッパでも誕生していたから，それはまったくの夢物語でもなかった。社会主義的な思想や政治的な活動が厳しく糾弾された戦後のアメリカ社会とは異なって，政治的思想的な自由は広く保障されており，労働運動は社会主義を望ましい社会の未来像として抱いていた。

労使対立の克服と雇用保障

こうしたなかで，1950年代初めまでの激しい戦闘的な労働組合運動を克服して，協調的な労使関係の枠組みの基礎が形成された。1950年前後には，階級闘争を全面に打ち出し，企業の存亡すら危うくしかねない激しい争議がドッジ・デフレ下の人員削減計画に反対する形で盛り上がった。これに対して，従業員の一部が第二組合を結成して雇用の保障を条件にストライキの解除に応じる動きを見せたことが転換のきっかけであった。結果的には新しく主導権を握った組合は，経営側から一方的な解雇を行わないことを条件に，企業成長をもたらす生産性の向上に協力し，その成果の「分け前」にあずかる方向に転換した。そうした組合運動の変質は，1955年頃から定着し始める春闘方式の賃上げ闘争と相まって，労働争議による損失日数がきわめて少ない，協調的な関係を作り出すことになる。

労働側が「雇用の保障」を手に入れたことは，実質的に指名解雇を行わないなどの限定された意味しか持たなかったとはいえ，企業内での個々の組合員が受け持つ仕事の中身については流動的な変化を受け入れることを意味していた。職種別の組合ではなく，従業員全体をカバーしうる企業別組合という組織形態は，この仕事の流動性の確保に適合的であった。技術革新が継起的に起こっており，また生産の現場での継続的な合理化の努力は常に過剰な人員をあぶり出す可能性があったが，そうした合理化をスムーズに行いうるためには，従業員の配置転換が容易であることが必要条件であった。人員整理・解雇が認められていれば新しい仕事には新しい人材を雇用することも選択肢であったが，それが認められない以上，配置転換の柔軟性は不可欠だった。「幅広い熟練」とよばれる労働者の特徴が生まれるのも，このように生産の現場での労働内容の流動性が重要な影響を与えていた。

企業成長の基盤と熟練

企業成長が順調に続いたことが，このような仕組みを機能させる上では有利な条件であった。成長が続く限り，配置転換の規模を小さくし新規雇

表19-3　雇用調整の方法の変化

（単位：%）

	1954～55年	1957～58年	1961～62年
労働時間調整	48	55	20
臨時工契約更新停止	19	30	16
臨時工期限前解雇	14	17	6
補充停止	10	12	24
学卒削減	8	15	26
社外工削減	3	8	15
外注量削減	9	11	23
配置転換	25	27	30
一時帰休	4	14	3
解雇・希望退職募集	17	17	7

（出所）佐口和郎「高度成長期以降の雇用保障」武田晴人編『日本産業発展のダイナミズム』東京大学出版会，1995年，377頁。

用によって必要な人材を確保することも可能だったからである。また，大学進学率がまだあまり高くなく，経済的な理由で進学をあきらめた高卒の工員のなかには，高い能力をもつ人材が相当程度含まれていた。そのため，そうした人材を集め得た有力企業の場合，こうした優秀な工員層が仕事への柔軟な対応能力を支える基盤となった。「草の根の革新」が工職一体となって現場で推進されたのも，こうした現場工員の高い潜在的な能力のゆえであった。

もっとも，雇用の保障を与えた経営側は，その制約のために新規の雇用の拡大，つまり雇用を保障しなければならない従業員数の増加には慎重であった。そのため，1960年代初めまで，臨時工や季節工，社外工などの非正規従業員によって労働力を確保するという動きも目立った。二重構造が問題とされたのは，このような不安定な就業形態が増大し，その基盤として低賃金を利用した中小企業部門の流動的な労働市場が展開していたからであった。第一次高度成長期の雇用調整が，**表19-3**のように，解雇などの比率を低下させる一方で，社外工の削減や外注量の削減に依存しているのは，こうした状況を反映していた。

安定的な雇用が保障され，長期の勤続が常態化するとともに，これに見合った年功制的な賃金体系や昇進の仕組みなどが工夫されていった。前者についてはホワイトカラーとブルーカラーでは類似の年齢と勤続とに比例した賃金体系が，インセンティブ・システムとして設計され定着していった。「幅の広い熟練」を求められることによって，その技能の習熟の期間は長期化していたから，その限りでは年功は技能の向上にもある程度見合った合理性を持っていた。これに対して後者の役職への昇進についてみれば，ホワイトカラーとブルーカラーとの間には厳然とした差異があった。管理者層として採用されたホワイトカラー層は本社部門の役職をゴールとする昇進レースに臨んでいたのに対して，ブルーカラーの場合には生産現場の責任者となるポストが主要な目標であった。こうした異なるゴールを前提とした内部労働市場が，長期勤続という労働慣行の下で，労働者の最大限の努力を引き出す枠組みとなっていた。この内部労働市場において長期の選抜過程を経験する従業員のなかで，ホワイトカラーとブルーカラーとの間には，現場の役職レベルでオーバーラップするとはいっても，明確な境界線が引かれ，これを超えるのは例外的なことであった。そして，それは学歴による区別として受け入れられていたのである。

3 石油危機と雇用保障

石油危機下の雇用調整

1970年代半ばに発生した石油危機は，高度成長の終りを画するとともに，以上のような協調的労使関係を支えてきた企業成長の持続という基礎的な条件を揺さぶることによって，労使関係の協調的な枠組みの試金石となった。

前例のないマイナス成長に，多くの企業は雇用の調整などの手段によって対処する必要を感じたが，それはこれまでの労使慣行に反することであった。高度成長期には，20歳代の若年層を中心に比較的流動性が高い労働市場が存在し，雇用量の調節は，そうした若年層の退職などを利用することによってある程度可能であった。

しかし，石油危機による成長率の著しい低下は，それまでにない大規模な雇用調整を強制するものであった。この試練に対して大企業では「減量経営」と称する対応が展開した。

企業経営の危機に際して，日本の企業はそのつど印象的な表現でその対応を表現してきた。ドッジデフレの時代，過剰雇用の克服には「合理化」という言葉で人員整理をもっぱら推進した。1990年代には企業構造の再構築を意味する「リストラ」が同じく人員整理の意味で使われた。これに対して1970年代の「減量経営」は，雇用調整という面では上の2つのケースに比べて限定的であった。減量の内容は，第一義的には，エネルギーや原材料価格の上昇に対応してそれらの原単位を引き下げるために「省資源・省エネルギー」を追求することであった。これに加えて，人員面では現場の生産コストの削減のために省力化が要請され，出

表 19-4　石油危機下の雇用調整

（単位：%）

	1974年			1975年			
月	1〜6	7〜9	10〜12	1〜3	4〜6	7〜9	10〜12
中途採用の削減・停止	14	28	45	44	50	46	44
臨時･季節･パート労働者の再契約停止・解雇	3	6	19	21	16	9	11
解雇・希望退職募集	1	1	6		5	3	3
配置転換，出向	3	6	18	22	23	21	21
残業規制	12	25	46	51	54	41	41
一時休業	3	6	17	21	20	7	7
休日の振替	1	4	5	8		3	3
週休2日制の導入	3	2	2	5	6	1	1
臨時休日の増加			4	3		2	

（出所）　佐口和郎「高度成長期以降の雇用保障」武田晴人編『日本産業発展のダイナミズム』東京大学出版会，1995年，383頁。

向，一時帰休，新規雇用の抑制ないしは中止という手段がとられた。こうした経営側の対応に対して労働組合は，狂乱物価の時期に実現した高率の賃上げが経営の圧迫要因となっていることを認め，賃金上昇を抑制することに応じ，また希望退職の募集などに協力した（表 **19-4**）。結果的には，そうした対応によって，大企業における正規従業員に関しては，むしろこの協調的な枠組みのなかでの雇用保障が明確化された。

雇用保障と「会社主義」

マクロ的にみれば，この時期にかなり大規模な雇用調整が進んだ。しかし，それは大企業における社外工・臨時工などの削減によって推進された面が強かった。操業率が落ちた工場で当面の仕事を失った従業員は，社外工などが従事していた補助的な仕事に当たることで「雇用保障」を得た。そうした仕事すら見出されない場合には，出向や一時帰休が求められ，あるいはあいまいな形で本社部門に人員が吸収された。その結果，生産現場の労働生産性は着実に改善され，コストの低下をもたらしたが，他面で本社部門の管理的労働の生産性については，等閑視される傾向にあった。

こうした問題点をともなったとはいえ，1950年代に作られた協調的労使関係による雇用保障は，石油危機という試練に際して，正規従業員の雇用維持を実現することをとおして強化され，明確化した。

労働組合が示したこれらの対応は，現場の労働者が部分的に経営参加を認められ，「会社主義」と総称されるような枠組みのなかでその活動を展開していたことを示していた。その点では，組合運動は，従業員の求心力のひとつとなることによって個々の労働者に分解されることのない組織性を日本の企業に付与した。改善運動や品質管理などに関わる生産現場との意思疎通の仕組みは，現場の知恵を組織することに成功し，「品質を作り込む」ための労働者の意欲を効果的に引き出すことになった。

しかも，この変動過程は，鉄鋼業における大規模臨海製鉄所の建設や，石油危機後の事業所の休廃止など，事業所レベルの組織変更の時期に重なっていた。そのために，この組織の再構築に対応して「現地採用」の従業員といえども「遠い職場」への移動を求められ，それを受け入れた（たとえば八幡から君津へ)。それは，雇用の保障の原則を維持するための代償であったが，結果的には事業所ごとに分断されていた労使関係が，全社的な雇用調整を通じて企業組合として統合される役割も担った。

しかし，このような雇用の保障を前提とする労使関係は，想定されていなかった事態の展開によって次第に変質せざるをえなくなっていった。「雇用保障」は，定年制や幹部職員の長期の選抜過程などの内部労働市場と密接な関係を持っていた。しかし，それは年功制賃金や企業別組合とともに「三種の神器」とされた

「終身雇用」とは異なるものであった。平均余命が小さく，退職後の生活期間がそれほど長くなければ，「終身雇用」と「停年までの雇用の保障」とは対立するものではなかったが，急速な高齢化社会への転換がこのずれを白日の下にさらすことになった。高齢化に対応し，勤労意欲の高い高年齢層の雇用確保のために定年延長が求められるとともに，これを補完する形で出向の枠組みや企業年金制度の充実が求められるようになった。「終身雇用」という形容が一人歩きし始めたのである。

同時に，繰り返し述べてきたように，雇用保障は大企業の正規従業員に対するものであり，その外縁に多くの不安定就業層を必要とするという問題を抱えていた。しかも，情報革命の進展など若年層に能力的な優位がある専門的な職種が増大するとともに，短期的な成果主義——個々人の貢献に対応した処遇——のもとで，雇用保障は見直しが求められることになった。

参考文献　REFERENCE

小池和男『仕事の経済学』東洋経済新報社，1991年。

佐口和郎「高度成長期以降の雇用保障」武田晴人編『日本産業発展のダイナミズム』東京大学出版会，1995年，所収。

兵藤 釗『労働の戦後史』上・下，東京大学出版会，1997年。

第20章　日本のビジネス・システム

市場と組織

ソニー大崎工場
写真提供　ソニー株式会社広報センター

流れ作業による大量生産方式は，組立機械工業の生産性を急速に改善する。この生産方式を用いて，自動車と家電製品は，大衆消費社会のシンボルとなった。次々と作り出される同種の製品は，大量販売の技術をも生む。写真は，秒単位で流れるカラーテレビを生産する，当時最先端の工場内の様子。ひとりひとりの作業は単純化されており，同一の製品が間断なく作業者の脇を動いていく様子がわかる。

1 企業集団と経営者主権

株式持ち合いの形成

日本のビジネス・システムを特徴づけるのは，非市場的で組織的な調整が全般的に優位であったことである。

その第一は，大企業間の水平的な結合を象徴する企業集団と，これに重なり合うように展開するメインバンク・システムであった。1950年代前半に，こうした集団形成への動きが旧財閥系の三井，三菱，住友の関係企業によって顕在化し，さらに60年代後半にこれに第一銀行，三和銀行，富士銀行などを結節点とする集団化の動きが追随して，6大企業集団が形成された。1981年に全法人企業に対して，6大企業集団は，企業数では0.7％に満たないものの，資本金額で30.8％，総資産で23.2％，売上高で27.6％を占めていた（**表20-1**）。

このような集団化の契機となったのは株式の相互持ち合いであり，それによる株主安定化，敵対的な買収からの防衛であった。戦後の経済復興期に間接金融への依存が明確となった大企業は，株主資本が相対的に過小となったために，敵対的な株式買収による経営支配権の奪取が容易であるという脆弱さを抱えていた。実際，三井不動産，陽和不動産（旧三菱本社不動産部門の第二会社）などが，不安定な株式所有構造のために，乗っ取りの危険に直面するという経営的な危機を経験した。

こうした事態に対抗する必要性が切実なものとなっていた。しかし，当時，株式市場の発展は十分でなく，企業再建整備に必要となる増資株の消化にも不安があるという状況の下では，自己資本の増加をはかることでこの事態を乗り切ることは難しかった。

表 20-1　6 大企業集団の地位

企業種別	1981 年					1987 年				
	企業数		資本金	総資産	売上高	企業数		資本金	総資産	売上高
	(社)	(%)	(%)	(%)	(%)	(社)	(%)	(%)	(%)	(%)
社長会メンバー	157	0.009	14.57	15.10	15.78	163	0.008	15.19	13.28	14.68
子会社	4,271	0.249	3.48	2.05	3.55	4,960	0.257	3.86	4.21	3.82
関係会社	7,529	0.439	12.70	6.01	8.30	6,875	0.356	12.98	9.46	6.70
合　計	11,957	0.697	30.75	23.16	27.63	11,998	0.622	32.03	26.95	25.20

（出所）　経済調査協会『系列の研究』各年より。

表 20-2　株式持ち合い比率の推移

（単位：%）

	1951 年	1955 年	1960 年	1973 年	1987 年
三 井 系	1.9	5.2	11.8	17.0	16.9
三 菱 系	2.7	11.1	20.2	26.5	24.0
住 友 系	0.3	14.0	23.7	28.1	23.5

（出所）　橋本寿朗・武田晴人編『日本経済の発展と企業集団』東京大学出版会，1992 年より。

無理な公募は株価を引き下げ，乗っ取りの危険をむしろ増加させる可能性すらあった。そのため，旧財閥系の企業間では，グループ各社が相互に株式を引き受けることで株主を安定化し株価の低落を防ぐことによって経営基盤を固めることとなった。その結果，旧財閥系 3 グループの平均持ち合い比率は 1950 年代の 10 % 前後から 60 年代に 20 % 前後となった（**表 20-2**。6 大企業集団では 1973 年に 19 %）。

持ち合いと経営者の主権

この株式の相互持ち合いは，戦前の財閥本社による株式の集中的な保有とは異なっていたが，機能的には「経営者の主権」を保障する点では同じものであった。封鎖的な所有を原則として維持していた財閥本社が子会社に対して安定的な株主として対峙したのに対して，持ち合いの構造は水平的な関係のなかでこの条件を満たしていた。同時にグループ内企業はそれぞれ戦時期から明確化した事業持株会社としての性格を保ち，「系列」のピラミッドの頂点をなす企業であった。企業集団はそうした大企業の緩やかな結合組織であった。

集団を構成する各社は，社長会や総務部長会など企業の各レベルで横断的な連絡会合を定期的に開催し，情報の交換などを行っていた。しかし，社長会が財閥本社組織に対応するような戦略的な意思決定の組織として機能した例はほとんど知られていない。明示的な権限規定を備えた財閥本社の機能ですら空洞化していたのだから，そうした条件を備えていない社長会に多くを望めないことはむしろ当然であった。商号の管理などの面で重要な役割を果たしたこと，また，グループ全体の信用を傷つけるような不祥事が発生した場合に社長会を構成する有力企業が大株主として経営に介入し役員人事を左右するなどの事件が知られている程度である。したがって，大きな問題が生じない限り，株式持ち合いによって支えられる各グループ企業の経営者は，経営の意思決定にもっとも大きな発言力を行使しうる地位に立っていた。それは，ビジネスの主導権を，財やサービスの生産に直接関わる現場に近い人たちに与えるという限りでは，財閥の組織のあり方と共通する特徴でもあった。

このような経営者の主権は，他面では彼らが従業員から選抜された「代表」と見なされることによって，「会社主義」の重要な側面を生み出すものとなった。主導権を持つ経営陣は，長期的な視野での企業の成長を追求し，自らの出身基盤である従業員の意見をくみ上げて経営に当たった。また，生産性の向上に協力する労働組合に対して雇用の保障を実現すべく，企業成長による賃金

表20-3　企業観の日米比較

	日　本	アメリカ
資本主義観	カンパニー・キャピタリズム	キャピタリスト・キャピタリズム
企業の目的	永続性の追求	利潤追求
誰のものか	企業員(経営陣と従業員)	株主
株式所有	持ち合い	株主・持株会社
戦略・戦術	長期	短期
社　長	社員の代表	株主の決定
意思決定	ボトムアップと集団責任	トップダウンと個人責任
人　事	定期採用・年功序列・定着型	スカウト・抜擢・流動型
不況対策	配当→賃金→人員カット	人員→配当カット
労働組合	企業内組合	職能別組合
生産システム	総合的（TQC，CIM）	分業的
労働者観	多能工，成長する生産要素	単能工・成長しない生産要素
利　益	投資指向・含み資産重視	配当優先・実現利益優先
資金調達	間接金融→直接金融	自己資金→借入金依存
M&A	事業拡大動機（敵対的買収反対）	利潤動機（敵対的買収賛成）

（出所）日本経済新聞社『ゼミナール現代企業入門』第2版，1995年，19頁より。

の増額とポストの増加とを同時に達成しようと努めた。彼らの社内での地位は，戦前（1927年）に主要企業の社長と新入社員との給料格差が100倍といわれたのに比べるとはるかに平準化しており，1979年の調査では税引き前で15倍程度，税引き後では8倍程度であった。また，その経営者としての基本的な姿勢の一端は国際的に見て相対的に低い配当性向にも示され，利益の再投資による企業成長の追求を重視していたことを示唆している。

こうした配当性向の低さは，「株主軽視」と後に批判されることになる。しかし，持続的な企業成長がこの高い内部留保によって保証されており，実質的には株価の上昇や無償発行増資株式の交付，額面での株主割当増資などをとおして長期保有の株主に対しては十分な利益を与えるものであった。こうして，アメリカ企業をモデルとしてそれに追随してきた日本企業は，これとは大きく異なる原理，理念を持つものに変質していった。

2　メインバンクと自己金融

メインバンク・システム

株主の発言権が目立たなかったことは，資金の提供者が主として銀行であったことにも関わるものであった。それはメインバンク・システムないしは融資系列とよばれた。企業金融という側面から見ると，日本はフランスと並んで外部資金への依存度が相対的に高く（表20-4），その資金源泉は銀行貸付であった。

メインバンクは資金の提供面で企業成長に貢献したが，それは銀行と産業企業との長期的な取引関係を基礎とした。このシステムは，金融業の側から見れば，リスクの分散を可能とする協調融資によって特徴づけられたが，企業金融の面から見れば，直接金融の手段が制度的に制約を受け続けてきたことを反映していた。その主たる要因は，金融業の特異な構造とこれへの政策的な介入の特殊性によるものであった。

預金者保護などを含めて金融システムの安定性を重視し，金利規制や店舗規制を展開した大蔵省の厳しい監督下にあった銀行業は，競争の手段を狭い範囲に限定されていた。金利面では「歩積み両建て」などの手段によって，借入企業の信用度に応じた実質金利の差別化が図られた。つまり貸出市場においては金利がリスクに応じて差別化され，信用度の低い企業は実質的には高金利を

表20-4　企業の資金調達

（単位：%）

		日　本	アメリカ	イギリス	西ドイツ	フランス
内部資金	75～79年平均	49.9	66.5	79.1	77.0	48.2
	80～84年平均	59.0	73.7	81.1	75.2	42.1
外部資金	75～79年平均	50.1	33.5	20.9	23.0	51.8
	80～84年平均	41.0	26.3	18.9	24.8	57.9

（出所）　日本経済新聞社『ゼミナール現代企業入門』第2版，1995年，258頁。

負担しなければならなかった。しかし，銀行から持続的な借入れが可能となるという意味で，メインバンクを持つことは，成長過程にある中堅の企業にとっては，その信用力を社会的に認知されるという側面で積極的な意義があった。もっとも，このような貸付市場のあり方は，見かけ上の資金供給量や預金高を大きくした反面で，実質的な資金供給を制約するものであった。

他方で，資金調達面における預金獲得競争は銀行間競争を特徴づけた。それは，規模の追求だけが銀行にとって他行にぬきんでる手段であったことを反映していた。資金を集めそれを融資系列の企業の資金需要に充当することが，銀行経営の基本的な枠組みであった。

メインバンク・システムの特徴は，戦時期の1企業1銀行の指定金融機関とは異なり，銀行間の協調融資を前提とするものであり，系列内への融資比率は16～31％，系列企業の系列金融機関からの融資依存度は16～34％で，いずれも多目に見て3分の1程度であった（**表20-5**）。

表20-5　メインバンク・システムの協調融資（1965年）

（1）　系列融資比率

（単位：％）

系列別	企業数	三井銀行	三菱銀行	住友銀行	富士銀行	第一銀行	三和銀行	その他
三　井	71	**31.02**	3.58	2.74	6.65	2.76	2.61	8.22
三　菱	67	1.10	**23.97**	2.52	1.80	3.72	3.12	4.48
住　友	70	1.60	2.74	**24.59**	3.42	3.19	0.83	3.00
富　士	62	1.92	2.92	2.08	**19.64**	2.23	1.83	3.41
第　一	40	0.54	1.00	0.39	0.35	**15.99**	2.00	3.09
三　和	45	1.32	1.66	0.95	3.04	2.14	**17.94**	3.33
その他	267	7.13	8.75	7.28	11.40	9.84	10.29	12.22
合　計	622	44.63	44.62	40.55	46.30	39.87	38.62	37.75

（注）　系列融資機関の貸出に占める集団内企業への融資比率。
（出所）　三輪芳朗・J. M. ラムザイヤー『日本経済論の誤解』東洋経済新報社，2001年，106-107頁。

（2）　系列融資への依存度

（単位：％）

系列別	企業数	都　銀	信　託	損　保	生　保	系列金融機関計	興長銀
三　井	71	14.31	9.28	0.12	1.47	25.18	9.12
三　菱	67	18.15	13.28	0.28	2.40	34.11	9.89
住　友	70	17.80	12.56	0.06	3.48	33.90	12.12
富　士	62	20.44	8.73	0.11	0.61	29.89	9.05
第　一	40	13.85			2.61	16.46	10.03
三　和	45	19.23	1.28		0.30	20.81	8.53

（出所）　同上，104-105頁。

大企業の自己金融化

高度経済成長によって企業の返済能力が企業レベルで保証される限り，この仕組みは破綻を来すことはなかった。メインバンクの審査能力は，審査がプロジェクトに対するものではなく，実質的には企業審査であった限りでは，関係が長期化するなかで形骸化し，実質的な意味を持ちにくくなった。しかも，大企業は多角的な事業を展開し複数の有力事業の担い手となることによって，その高い収益力を基盤に自己金融化し，内部資本市場の役割が増大する傾向にあった。

日本銀行の調査（**表20-6**）によると，製造業企業の資金源泉として内部資金の占める比率は，1960年代に平均50％を超え，70～80年代には70％台，90年代に87％の高率に達しており，内部資金が有形固定資産の増加をカバーしうる比率は60年代に88％，70年代に119％，80年代143％，90年代131％となっている。これらのデータは，製造業企業に関する限り，長期的な投資資金の源泉は間接金融ではなく自己金融によってまかなわれたことを示唆している。したがって，こうした豊富な自己資金を持つ企業に対する新規投資の貸付けも，内部資金の補塡の可能性がある限りはかなりの程度安全な貸付けであり，企業の返済能力が審査の対象となる限り，立ち入った実質審査を必要とするケースは限定された。

こうした状況のなかで，銀行の判断が求められる局面があるとすれば，それは取引関係を開始することが意味を持つような外縁部の中堅企業に対してであり，系列融資の枠外の領域であった。資金量が少額であり，その1件ごとのリスクはそれほど大きくはなかったから，そこに審査能力を発揮しうる余地があったかどうかには疑問が残るが，多くの場合，こうした融資の実行では経営者・出資者の個人保証を求め，個人の資産を担保として要求する

表20-6　製造企業の資金調達と設備投資

（単位：社，10億円，％）

	1960～69	1970～79	1980～89	1990～99
社　　数	417	961	1,035	1,144
企業の資金源泉				
内部資金（A）	25,860	39,196	83,824	91,984
（うち減価償却）	(15,857)	(22,427)	(43,488)	(63,832)
資本金	4,931	4,451	20,959	7,319
社　　債	2,394	2,391	18,005	956
長期借入金	11,917	8,273	－6,332	4,155
その他	549	271	967	873
計（B）	45,651	54,582	117,423	105,287
(A/B)（％）	56.6	71.8	71.4	87.4
資金の使途				
有形固定資産形成（C）	29,301	32,937	58,614	70,403
(A/C)（％）	88.3	119.0	143.0	130.7

（出所）　日本銀行『本邦経済統計』より作成。

などの方策がとられていた。事業用の土地や個人資産の土地が，こうした形で返済能力を判断する基礎となり，実質的な金利水準を設定するための拘束預金高の設定の基礎に用いられる傾向にあった。このように，メインバンクの審査能力が間接金融システムによる企業成長に貢献したという仮説が適応しうる場面や時代は限定されていた。

自己金融的な事業拡大の資金的基盤と，銀行間競争における規模の追求とは，企業集団内企業に対して積極的な投資を促し，集団間の競争をとおした拡大につながるものであった。安全で返済能力の高い企業への融資の実施は，預金獲得をとおして集められた資金の運用先としてもっとも望ましかった。また他方で，商社の利用などを含めた集団内取引が優先される状況の下では，集団内取引の規模拡大につながる集団の成長はコストの削減に結びつくものであり，それに貢献しうるようなビジネスのチャンスは積極的に推進すべきものだった。それゆえ，しばしばワンセット型の投資とよばれるような「横並び」の投資行動が各企業集団に発生した。

金融規制の歪み

銀行業に対する大蔵省の規制は，証券市場の発展や金融の仲介となるべき各種の金融商品の発展を抑制することによって，全体として金融構造のバランスを保っていた。そのため，金融の自由化に対する慎重な姿勢を大蔵省は一貫して維持しようとしたが，その結果，企業金融の面では選択しうる金融手段がきわめて限定された。金融業界は，こうした政策スタンスを自らの利害に沿うものとして積極的に支持していた。その結果，外部からの資金導入の手段として銀行からの貸出しが重要な意味を持ち続けることになった。こうした状態が改善の方向にはっきりと向かいはじめるのは，1980年代以降のことであった。

3 系列と長期相対取引

機械メーカーの下請取引

企業間関係の組織性は，垂直的な関係を示す系列関係と，水平・垂直両方向に展開する長期相対《あいたい》取引関係とにも現れていた。

垂直方向での長期的な取引関係は，組立メーカーと部品供給業者間の下請取引関係に典型的に見られた。また，大規模作業場内での補助的な作業における下請関係（社外工）も同様の性格を持った。

それらは，労使関係における雇用保障が受け入れられるなかで，雇用の調整弁として，あるいは低賃金利用という側面から形成されたものであった。たとえば組立メーカーでは，量産化の効果の上がる，ロットのまとまった作業の内製化が試みられる一方で，そうした条件に合わない部品の製造は外注化された。外製率を高めることは，雇用の増加を抑えながら事業拡大を図る重要な方策であり，取引先の企業は中小規模の企業群が多かったから，その賃金水準の低さがコスト削減の手段として有効であった。しかし，そうした下請企業の技術力や生産性の低さは，中期的にみれば産業発展の制約要因となった。それゆえに，このような取引関係は，二重構造として，1950年代後半には日本経済の脆弱性を示す問題点として強調された。

しかし，低賃金という下請関係の発生期の条件は，1960年代に入って労働力の不足が顕在化するとともに失われ，下請関係は新たな特徴を帯びるようになった。それは，国際競争力の向上が焦点となるなかで，品質を重視するために部品供給のレベルでも技術力の向上と量産効果の発揮が目的とされたからであった。そのため，組立メーカーは下請企業への技術移転に力を入れるようになり，その対象企業を選別し系列として組織的な紐帯を強めた。言い換えれば，市場の競争の圧力が取引関係の組織性を強める方向に作用したという，一見すると逆説的な関係が展開したのであった。他方で下請企業から見ると，親企業に対する専属性の高さを過度に強調することは適切ではなく，複数の親企業，あるいは異なる産業分野の親企業を持つものも少なくなかった（**表20-7**）。

親企業との紐帯の変化・変質は，装置産業である鉄鋼業における社外工の利用にも見られた。構内輸送や専用岸壁の陸揚げ作業など補助部門や設備工事などの不定期の作業は，その初期には人員を大量に投入することが求められていた。だが，次第に機械設備などの利用が進み専門的な技能が形成されると，彼らは事業所

表 20-7　下請企業の依存度

（単位：社，%）

	自動車		電　機	
	二次下請	三次下請	二次下請	三次下請
（対象企業数）	（222）	（222）	（343）	（207）
10%以下	5.9	18.9	3.5	4.8
10%超30%以下	7.2	11.7	5.8	10.1
30%超50%以下	8.1	10.4	5.0	5.8
50%超70%以下	21.2	11.7	7.0	4.4
70%超100%未満	23.4	14.9	20.7	11.6
100%	34.2	32.4	58.0	63.3

（注）　総売上高に占めるそれぞれの産業関連売上高の比率。
（出所）　神奈川県の調査。渡辺幸男『日本機械工業の社会的分業構造』有斐閣，1997年，56-57頁。

の運営には欠かせない協力企業としての地位を確保するようになった。しかも特定の事業所などで形成された技能は，次第に汎用性を帯びるような技能にまで昇華し，協力企業の独自の発展を可能とするものとなった。

長期相対取引

水平間の長期的な取引関係は，中間素材などで規模の経済性が発揮される場合には，双方寡占的な状況の下で，長期的な取引関係が展開することになる。自動車産業と薄板，ガラスやタイヤなどの供給のケースが，その典型的なものであった。重電機メーカーと電力企業の場合にも同様であったが，これらのケースは，いずれにしても限られた市場の参加者が繰り返し取引を行うという限りでは，敵対的な競争が展開しにくい条件下におかれていた。しかも，こうした長期的な取引関係は，それが製品品質の向上や価格の安定に寄与する限りでは，それなりの合理性を備えていた。

こうして成立した長期相対取引を前提とする企業間関係は，技術情報などの緊密な交流に基づいて日本企業の競争力の源泉のひとつを作り出した。協力体制の下で追求される中間在庫の圧縮などの方策も同様の性格を持ったが，他面でそれが過度に進展したことによって時には脆さをも露呈した。たとえば，阪神淡路大震災によって輸送ルートが寸断された組立メーカーは，部品ストックの不足から生産ラインの操業が維持できなくなった。しかし，こうした場合にも協力企業間での振替生産が行われた。協力会社を垂直方向で組織した生産システムは，協力企業の技術力によって柔軟な生産システムとして機能することが可能であった。また，震災で被災した神戸製鋼所の顧客に対して，他の鉄鋼メーカーが供給に応じ，需要企業の困難を救った。しかも，そうした振替生産を担当した企業は，神戸製鋼所の復旧が実現すると，振替生産で獲得した新しい顧客先をもとの供給業者に戻した。信頼に基づく取引の網は，こうした形でビジネスの仕組みを特徴づけていた。

中間組織としての事業者団体

独占禁止法によって事業者団体の活動が制約されたことは，戦後の企業活動を戦前と分かつ大きな条件となった。事業者団体に対する規制は，基本的にはカルテル規制の延長上に置かれていた。そのために，事業者団体の活動内容に公正取引委員会が監視の目を注いでいた。

そうした条件の下で，ほとんどの産業分野で事業者団体が結成された。その主な役割は，政府に対して，経済団体連合会などを介して，あるいは所管する各省庁の政策原局・原課（担当部局）をとおして，産業政策に対する影響力を行使することであった。多くの産業政策を担った通産省ばかりでなく，海運造船業や運輸交通業と運輸省，製薬業と厚生省，そして銀行・証券業と大蔵省などが政策事項を介して緊密な関係を維持していた。また，しばしばそうした業界の主力企業からは所管官庁に人材が派遣されていた。

経済団体連合会は，有力な事業者団体および大企業を会員とする組織であった。そこでは毎年行われる各省庁の概算要求に歩調を合わせて，政策要求が提言としてまとめられていった。各省庁でも重要な政策は，主要政党の政務調査会などに説明し了解を求めるとともに，経団連などの担当委員会において趣旨説明を行い意見を交換することが慣例化していた。

会員企業は，関心を持つ分野の委員会に参加を認められていたから，そこで意見を表明することができた。産業政策の場合には，事業者団体がその業界に関わる具体的な情報を政策官庁の原課に提供し，政策立案に協力することがしばしば見られた。金融業では全国銀行協会が主要な役割を果たした。

もちろん，その内容によっては，政府と業界団体の意見の対立が生じることもあり，両者は微妙な緊張関係をはらんでいた。しかし，一般的に政府は政策立案の基礎となる情報を自ら収集するだけの能力を十分には備えてはいなかったので，事業者団体の提供する情報は大きな意味を持った。有力な事業者団体は，毎年の業界動向をまとめた年鑑類や，その時々の論争点を特集するような月刊誌などを刊行し，それをとおして政府に対する影響力を培うと同時に，業界内に共有されるべき情報を提供した。

事業者団体がカルテル行為を行ったという明白な事例はそれほど多くないが，石油危機に際して石油連盟がやみカルテル問題で摘発され，あるいは日本土木工業協会によるいわゆる談合に基づく受注割当てなど違法な調整が行われたケースもある。また，衰退産業の設備廃棄などでは，政策スキームに従った設備廃棄の過程で事業者団体が合法的で能動的な関与を求められることもあった。

4 政府・企業間関係

産業政策の段階的変化

政府・企業間の関係は時代によって，また，業種によって異なる展開を見せた。とくに，産業政策を担う通産省と金融政策を担う大蔵省では，国際的な開放経済への移行という点で，大きなスタンスの違いがあった。

産業政策の分野では，重点産業の合理化が推進された1950年代，貿易の自由化が進んだ60年代，知識集約型の産業育成政策が提唱された70年代と，時代を追ってその重点が変化した。

傾斜生産に始まる重点産業の合理化は，産業合理化審議会の政策立案や，復興金融金庫・日本開発銀行などの政策金融をとおして推進された。外貨が管理されるなかでの重点割当て，税制上の優遇，独占禁止法の適用除外などの政策手段がとられ，外貨の節約に資するような国際競争力の改善が具体的な目標とされた。この時期，金融政策を担当する大蔵省と産業政策を所管する商工省・通産省とは，この目標に関して鋭い意見の対立はなかった。

しかし，1950年代後半に入ると，それまで有力な政策手段となっていた財政投融資とこれを原資とする政策金融について，資金の量的な側面ではなく質的な補完機能に徹すべきだとの批判が銀行業界から表明され，大蔵省も質的補完機能の重視へと舵を切った。政策金融機関との融資先の競合が民間の金融機関の貸付業務を圧迫するものとして捉えられ，大蔵省は貸手の利害に沿った方針転換を図ったからであった。

このような変化のなかで，重点産業への政策的な助成は次第に後退することになる。その側面でも，民間と政府との間に認識の齟齬が発生した。資本自由化を控えた1960年代前半に策定された特定産業振興臨時措置法案の挫折が，これを象徴していた。小国・後進国意識に囚われていた政策当局は，企業間競争の規制や企業の合併などの企業行動の自由を政府の関与によって制限することで，国際競争力の強化を図ろうとした。それに対して産業企業は，それぞれの具体的な事情はともかく，総論ではそうした政府の過剰な介入を拒否した。そのため，この時期にとられた積極的な政策は，石油化学工業や電子工業などの新産業の育成，機械工業の底上げとなるような部品工業の合理化の推進などであり，同時に衰退産業化しつつあった石炭，紡績などの分野の構造調整であった。

貿易・為替の自由化によって有力な政策手段であった外貨管理が失われると，通産省が政策的に関与しうる局面は限定されることになった。これに加えて独占禁止法が経済活動の憲法として定着しはじめ，適用除外立法などの手段も採用しうる局面が限定された。開放経済への移行過程で産業政策は，企業行動に与える影響力が大きく減退し，知識集約型産業の提唱などのビジョンの提示と，強くなりすぎた日本企業が引き起こす対外貿易摩擦の対応へと重心を移した。

しかし，こうした変化は金融政策には及ばなかった。1965年の証券恐慌を契機に，大蔵省は証券業界に対する規制を強め，損害保険業界では長期総合保険などの新製品の売出しに際して下位企業に対する発売認可を先行させるなどの方策をとおして，実質的な企業競争力の格差が発現することを抑制しようとした。銀行業を含めて金融行政は，むしろ「護送船団方式」とよばれる性格を強めた。

政策の効果とビジネス・チャンス

以上のような政策展開を企業の側から見ると，産業政策では重点産業に属していたか，あるいは政策展開の隙間に入り込んだかによって，政府・企業間関係は大きく異なった。基幹産業としての鉄鋼や造船，電力などは持続的な政策金融の恩恵にあずかった。これに対して，消費の拡大が外貨の制約を大きくすると考えていた1950年代の政府は，二輪車や乗用車，家電製品などに対する政策的関心は相対的に薄く，過当競争を排除して集約化＝企業統合を図ることなどが推奨されるにとどまった。乗用車工業無用論などはその典型であったが，結果的にみれば消費社会の到来に対応した分野では，政策の隙間に多くのビジネス・チャンスが発生していた。

政策展開が時代を追って変化するなかで，限られた資金を政府系金融機関から配分する機能に着目した場合，政策的関与は企業の成長に貢献した。初期の重点産業だけでなく，1950年代後半からの機械工業振興臨時措置法（1956年）や電子工業振興臨時措置法（1957年）などに基づく政策金融の展開は，新設備の導入や技術の改善に着実な成果を上げ，自動車やエレクトロニクスなどの産業発展を部品製造などの面から下支えすることになる。そうした分野では，政策的な枠組みに積極的にコミットするかしないかという企業家の態度が，その後の企業成長の分かれ道となった。

また政府は，素材を中心とした品質の改善の面で，たとえば造船用の厚板の改質について関連する業界団体の研究活動を組織し，業界間の技術の交流を可能にするための橋渡しの役割を果たしていた。産業合理化審議会の産業別専門委員会がそうした場を提供した。

さらに，しばしば指摘されるように，所得倍増計画に代表される政府の経済計画が，高い目標を設定することで，ビジネス・コンフィデンスを高め，集中豪雨的ともいうべき投資ラッシュを演出することになったことも重要であった。

しかし，そうした積極面とともに，企業の成長に対する過剰な介入ともいうべきマイナス面も存在した。国民車構想や，特定産業振興臨時措置法の下で構想された自動車工業の集約化計画などは，その例であった。これらは自立的な展開を求める企業の抵抗によって実現に至らなかったが，過当競争を排除するために事業者数を絞り込むというこのような発想は，政策介入の重要な側面をなしていた。そのため，合成ゴム事業における日本合成ゴムと日本ゼオンの設立計画の調整，あるいは石油化学工業の育成に関する投資調整の試みなど，類似の目的を持った政策介入が繰り返されたが，いずれも企業行動を十分にコントロールすることはできなかった。過当競争と外貨の制約，これらは民間部門と対比して政府がより強く日本経済の後進性や企業の国際競争力の弱さを意識していた現れであり，そのために発生する過剰な政策介入は，しばしば企業行動に不必要な負荷をかけることもあったというのが実情であった。

参考文献　REFERENCE

浅沼萬里『日本の企業組織　革新的適応のメカニズム』東洋経済新報社，1997年。

J. C. アベグレン（井尻昭夫訳）『日本の企業社会』晃洋書房，1989年。

今井賢一・小宮隆太郎編『日本の企業』東京大学出版会，1989年。

武田晴人「日本の企業組織　鉄鋼協力会社」河村哲二・柴田徳太郎編『現代世界経済システム』東洋経済新報社，1995年，所収。

R. P. ドーア（山之内靖・永易浩一訳）『イギリスの工場・日本の

工場』筑摩書房，1987年。
橋本寿朗『日本経済論』ミネルヴァ書房，1991年。
橋本寿朗『日本経済の成長構造』有斐閣，2001年。
橋本寿朗・武田晴人編『日本経済の発展と企業集団』東京大学出版会，1992年。

第21章　日本の企業間競争と市場

競争的市場と中小企業，産業集積，在来産業

ダイエー1号店
写真提供　株式会社ダイエー広報部

高度成長をリードした巨大産業に比べて近代化が遅れたといわれる流通，とくに小売商業にも1950年代後半に革新の波が押し寄せる。1957年9月大阪千林駅前に開店した「主婦の店」ダイエーは，100平方メートルにもみたない小さな売場と，13人の従業員という小世帯だった。これがスーパーマーケットという新しい流通業態が誕生した時の姿である。それから2年後の情景を写真は表しているが，店の前にまで所狭しと並べられる多様な商品は，品揃えと低価格とによって，次第に消費者の心をつかんでいくことになる。

1 寡占間競争

競争と協調

第二次大戦後の日本の出発点において，技術の後進性と規模の矮小性という認識は，広く官民に共有されていた。それが，技術革新を通じた拡大という企業行動を特徴づける初期条件であった。競争的な秩序が原則とされる一方で，主要な産業分野では大企業がすでに支配的な地位に立っていて，産業別の上位集中度は比較的高かったから，寡占的な企業間の競争が激しく展開した。結果的には，そうした競争過程で大型合併によって上位集中度が高まったが，そのなかで上位企業のシェアはいずれかといえば平準化する傾向にあった。

この競争的な市場関係は，拡大する市場が積極的な投資行動をよび，その投資によって発生する供給余力が競争を激化させるというものであった。高度成長期には，経済成長にともなう市場の拡大が，この累積的で循環的な展開を破綻なく可能にしていた。

規模の拡大は結果的にはコストの低下につながり，価格の低下をとおして潜在的な需要を，主として耐久消費財などの分野にもたらした。しかし，それは単に価格低下によって説明しうるものではなく，全般的に経済成長が進展するなかで家計所得が上昇し，可処分所得が増大することによって実現されたものであった。

競争的な関係とはいっても，中間財などで双方寡占的な状況が出現する場合には，長期相対《あいたい》取引を基礎とするような協調的な枠組みが機能することが多かった。他方で最終消費財では，シェア拡大を中心とした企業間の競争が展開した。その具体的な手段のひとつが流通の組織化を図り，自社製品と消費者との接点をより有利な形で作り出すことであり，もうひとつは，マス・マーケテ

表21-1　寡占間競争の構造

（単位：%）

		1955年	1965年	1975年
ビール	麒麟麦酒	39.6	47.6	60.8
	サッポロビール	31.4	25.2	20.2
	朝日麦酒	31.7	23.1	13.5
	サントリー		2.2	5.5
ナイロン	東　レ	78.0	46.8	34.5
	ユニチカ	22.0	24.9	19.2
	帝　人		9.4	13.1
	鐘　紡		8.9	11.2
	東洋紡		4.9	7.9
	旭化成		4.6	13.4
鉄　鋼	八幡製鉄	34.3	25.0	39.3
	富士製鉄	31.5	24.0	
	日本鋼管	17.8	13.9	16.1
	住友金属	2.8	11.7	15.7
	川崎製鉄	6.3	13.2	14.9
	神戸製鋼所	2.9	6.6	9.4
小型自動車	トヨタ	35.0	39.7	36.5
	日　産	35.8	35.8	33.6
	プリンス	5.0		
	東洋工業		6.6	9.7
	三菱自動車		5.5	6.7
	本田技研		1.2	8.5
	いすゞ	9.1	4.8	1.7

（出所）　安藤良雄編『近代日本経済史要覧』第2版，東京大学出版会，1979年。

ィングを通じて消費者に商品のブランド・イメージや企業イメージを訴求することであった。自動車や家電などでは，販売の組織化とともに広告が多投され，ビール，洗剤などでは主としてテレビなどを通じた広告宣伝が用いられた。

流通革命

消費財の分野では，流通革命とよばれたスーパーマーケットの出現が，低価格と総合的な販売によって消費者をひきつけた。スーパーマーケットは，セルフサービスによる人件費の削減と大量の仕入れによるコスト引下げを武器に，在来の商店街に並ぶ小零細商業者の流通に挑戦した。コンビニエンスストアは，営業時間の延長と小規模店舗での売れ筋商品の品揃えによって，スーパーマーケットに続く挑戦者となった。

こうした新しい流通業の誕生は，在来の流通組織の持つ非効率性を克服する可能性を持っていた。ただしスーパーについては，小零細商業者の保護を目的とする社会政策的な配慮から大規模小売店舗法が制定されて，政治的な妥協が図られた。

物流の効率化や仕入れの統一など，価格革命につながるとされたスーパーマーケットの低価格販売が可能になったのは，多段階の独立業者によって担われていた商品の販売ルートを短縮させうるような企業組織を設計し実現したからであった。ただ，こうした事業展開は，ディスカウント・ショップの出現によって，低価格という武器が力を失うとともに，明確な方向性を失った。一部の店舗において，スーパーマーケットがその初発に力を入れていた生鮮食品等の分野に加えて，家電，寝具，衣類など多様な製品群を品揃えし，百貨店的な性格を強めたのはその現れであった。また独自ブランド（プライベート・ブランド）の形成の試みもなされたが成功しなかった。

コンビニエンスストアの出現は，消費者の求める利便性が単に価格に集約されるものではなかったことを示した。長時間の開店にともなうコストの増加への対応や，少量の在庫で品切れを起こさない工夫が求められ，それは特定地域への集中的な出店によって配送コストを削減することで初めて可能になった。スーパーマーケットの出現によって圧迫を受けていた酒屋や生鮮食品店などの在来の小売業者は，自らの店舗のロケーションの良さなどの経営資源を持ち，これを活かすビジネス再建のチャンスをこの新業態に見出すことになった。コンビニエンスストアの成功は，スーパーによる地均しが基盤となったのである。その一方で，コンビニエンスストアでは独立した店舗がひとつの企業単位として維持されたから，それは大きな企業組織というよりは，中間組織——企業間の緊密な関係——を利用して効率性を追求するものであった。したがって個々の店舗に即してみると，中小規模企業に特徴的な多産多死の性格を残していた。そうした意味では，各店舗の効率性は市場の評価にゆだねられた。

2 中小企業の多様性

中小企業の合理化

中小企業分野は下請制度と結びつけて理解されることが多いが，そうした狭い理解では把握しえない多様性を備えていた。

1950年代後半に二重構造が問題となり，中小零細規模の企業の低賃金や低労働生産性が指摘されたとき，そこでは国内市場の拡大を制約する広範な低所得者層の存在を克服しなければ経済成長が望めないという課題意識と，中小企業に依存する生産システムが日本の企業の国際競争力を制約する低品質につながるという課題意識との両面からの政策的な解決が迫られていた。

そして，前者については1960年前後から顕在化する労働力の不足という事態の結果，中小規模企業の賃金水準が緩やかに上昇することで次第に解消に向かった。もちろん企業レベルでの平均賃金の上昇は，部分的には，こうした事業分野では新卒中心の増員をはかっている大企業と比べて平均的な従業員の年齢が高かったことに基づくものであった。

品質面では，企業診断制度などを通じた中小企業経営の合理化が推進されたことが重要な意味を持ち，下請部品メーカーでは機械工業振興臨時措置法などによる政策的な助成が効果をあげた。しかし，そうした合理化の過程は，中小企業の選別の過程でもあり，すべての分野で企業の順調な成長が見られたというわけではなかった。

小零細産業の存立基盤

部品下請けと形態的には類似しているが，中小企業のなかには製造問屋とよばれるような流通と製造との接点に立つ事業者の下に組織されるものもあった。たとえば玩具の製造では，有力な問屋が，一方で自社での製品の開発生産に進出するとともに，他方で小規模な生産者に委託して製品を製造し自社のブランドで販売するなどの方式も，有力なビジネスの方法として展開していた。洋食器の製造や医療用の器具の製造などそうした事業の展開は，特定の地域に集中して行われることが多かったが，それは，伝統的な織物生産などにも見られた形態であった。

このような産業分野では，基本的に大規模な企業が成立しないという産業的な特性があった。それは，規模の経済性が企業規模で見る限りかなり低いところで失われるという技術的な特性によっていた。また，製品の総量から見れば大規模な事業展開を必要とするほどの市場を持っていないためでもあった。日用品などの多様な製品の分野で，その意味では中小零細企業ではなく，中小零細「産業」として成立する産業分野が存在した。それは，多様な消費者のニーズを反映し，消費者の差別化の意識が強いために一製品当りの製造数がきわめて少ない婦人服などのアパレル分野において典型的に見られる事業形態であり，あるいはメリヤス・

表21-2　産業別に見た零細経営の比率（1967年）

（単位：%）

産　業	従業員数	付　加価値額	産　業	従業員数	付　加価値額
全産業	27.6	15.1	**皮革，同製品**	50.5	48.0
食料品	40.5	22.6	窯業・土石製品	27.4	14.4
繊維工業	34.2	24.8	鉄鋼業	5.0	4.0
衣服・繊維製品	42.6	39.5	非鉄金属鉱業	10.8	6.9
木材・木製品	51.7	43.6	**金属製品**	39.6	29.8
家具・装備品	53.2	43.2	機械器具	20.7	14.5
パルプ・紙	26.0	13.6	電気機械器具	9.3	5.4
出版・印刷	33.0	18.2	輸送用機器	10.1	4.5
化学工業	5.6	2.5	精密機械器具	20.0	15.3
石油・石炭製品	11.6	3.9	**その他**	40.9	27.5
ゴム製品	13.9	8.5			

（注）従業員19人以下の経営が占める従業員数・付加価値額の比率，太字は従業員数で3分の1以上，付加価値で20%以上を占める産業。

（出所）隅谷三喜男「零細経営の経済理論」『隅谷三喜男著作集』第5巻，岩波書店，2003年，より。

ニット製品などのように，その技術的特性が大規模化に馴染まないなどの産業分野を含んでいた。おおざっぱな産業分類で見ても，化学・鉄鋼・電気機械などの大企業分野とは対照的に，従業員数でも付加価値額でも従業員数19人以下の小零細企業が高い占有率を示す産業が広範に存在した（**表21-2**）。

したがって，こうした多様性を持つ産業企業を一括して中小企業として論じるのは適切ではない。徹底した製品差別化が追求され，少量生産であることがブランドのイメージを維持し競争力の源泉となるような分野では，希少性が重視されるがゆえに事業規模の拡大は選択肢とはなりえなかった。伝統産業のなかで，その技法の高さゆえに高価な製品を供給する西陣織や陶磁器・漆器などの分野では，同様にビジネスを拡大するというインセンティブに乏しかった。

産業集積としてしばしば取り上げられる事例のなかには，そうした意味で，少量生産を前提として地域内での分業が活かされているというケースが少なくない。そうした場合，それは大量生産に代替しうる生産システムのあり方を示しているのではなく，多様な市場のニーズを満たすために必要な，補完的な生産のあり方を示しているにすぎなかった。

これに対して，技術的な制約や需要の過小が小規模な事業を余儀なくさせていた場合には，何らかのブレークスルーによって，企業規模は急激に成長した。中堅企業論は，そうした企業の成長に照明を当てたものであり，自動車生産の拡大にともなって成長する部品メーカーや，既成服製品のブランドの確立によって規模を拡大する衣料品製造業者などには代表的な中堅企業が出現した。

市場の多様性への対応

注文生産などの取引形態をとる産業分野では，その注文の頻度，製品の規格化の程度などによって企業形態も規模も異なった。造船業のような大企業分野でも，木造船などの建造では中小規模の製造業者が存続可能であり，そうしたセグメント化された市場において企業規模間の格差をともなう分業が展開した。同様の側面は建設業にも見られ，一方で規格化されたプレハブ型の個人住宅建設事業が展開するなかで，小規模な改築・修繕などについては町の工務店がこれを担うことが多かった。いずれも1回限りの取引であり，その結果が長く需要者に影響を及ぼすために，受注する企業の技術力や事後的に発生する可能性のあるトラブルに対処する能力，あるいは広い意味での信頼が，こうした多様な取引の存続を必要としていたからであった。

もっとも，建設業の場合には，大手の住宅メーカーの建設工事に際して実際の施工には町の工務店が動員されることも多く，その分業関係は，セグメント化されていると同時に別の面で組織化されていた。元来，建設工事では多様な資格を持った専門の技能者がその技能に応じて仕事を分担することが求められているために，建設工事の全般にわたって十全な施工能力を持つ事業者はまれであり，また，そうした能力を備えることは人的資源への過剰な投資となる。そうした意味では，必要に応じて必要な技能を動員しうる柔軟な生産システムが求められ，ゼネラル・コントラクターたちは，そうした技能を持つ協力企業を動員するための元請けという意味で総合的な契約者《ゼネラル・コントラクター》として発注者に対峙した。

産業集積の評価

このような仕組みがもっとも注目されているのが，機械工業などの分野で見られる産業集積であった。それは，非定型の，それゆえに求められる技能がそのつど異なるような製品の製造に対して，柔軟な生産システムを提供していると評価される。しかし，それらは個々の企業に即して見れば，その得意の分野に関わる規模の経済に従った事業であり，特定地域に集中していることによって，その地域内企業間での協力関係が形成されやすいという意味で，産業の集積とよびうる特徴を備えるにすぎない。繰り返しになるが，それは，こうした生産の方法に適合的な限られた製品分野においてのみ有効なサブシステムとして，社会的な分業の一環をなしている。

たとえば，既製服の生産について1960年代前半の東京都の事例を見ると，紳士服では千代田区を中心に製造卸が集積し，広い範囲の縫製加工業者を組織していたことが明らかとなる（**表21-3**）。

また，クリスマス電球では1960年代前半に全国370工場のうち320工場が東京に集中し，そのほとんどが品川区を中心とした狭い地域に集まっていた。さらに，全国生産の4割を占める東京の自転車工場は荒川を中心とする半径6キロ以内の地域に8割の

表21-3　東京都における既製服製造業者の地域集中（1960年代前半）

（単位：社）

	紳士服		婦人服	
	製造卸	縫製加工	製造卸	縫製加工
千代田区	108		93	9
中央区	12		37	2
台東区	9	41	44	73
墨田区	5	89	3	22
文京区	2	29	6	67
江東区	1	96	2	66
荒川区		153	3	63
北　区		33	3	93
足立区		78	2	3
豊島区		43	5	83
板橋区		23	1	48
その他	3	222	19	179
計	140	807	218	742

（出所）　隅谷三喜男『地域経済と中小零細産業』隅谷三喜男産業経済論文選3，通商産業調査会，1998年。

企業が集中していた。同じように，メリヤス工業は本所，玩具は寺島町や本所，四ツ木など同業種が狭い地域に集中する傾向が見られた。

そして玩具製造を例にとれば，それらは図**21-1**のような生産組織のもとに細かな分業を展開していた。墨田区に集中する丸編みメリヤス業でも，同様に染色や縫製を外注しながら製造卸問屋のもとで小零細企業が事業を展開していた（図**21-2**）。

以上のような中小企業分野の多様な展開は，それらが接点を持つ市場の発展に支えられており，その限りで，競争的な市場経済秩序に従っている。小規模なブランドを維持するアパレルの生産者は，材料の仕入れにしても，必要な機材の購入にしても，市場の発展に支えられる。製造問屋が自社のブランドを確立して委託

図21-1　金属玩具の生産組織

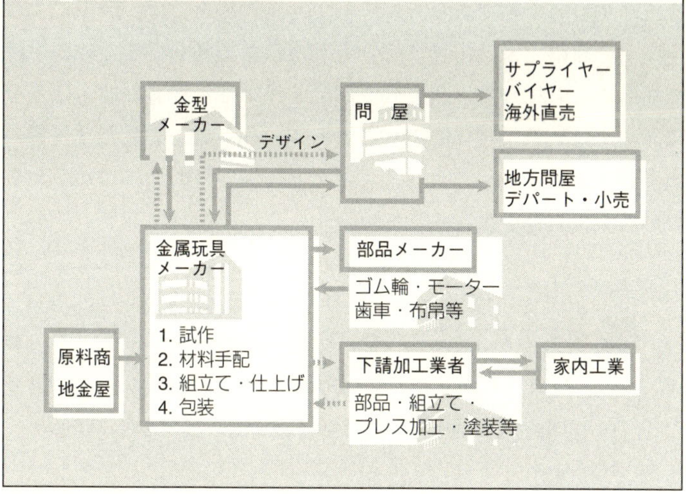

図21-2　丸編みメリヤスの生産組織

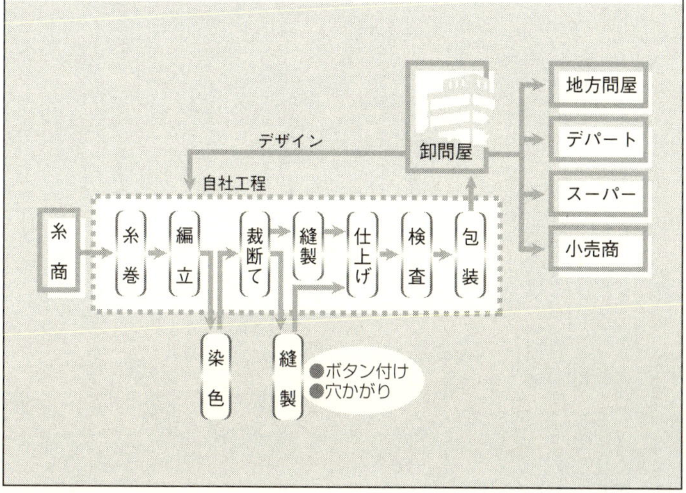

製造を拡大するのは，消費者がそうした品質面で信頼できる製品を求めているからであろう。そして，その場合には，問屋による生産者の組織化は，市場でより有利な競争条件を得るための手段であった。多様な差別化された製品を求める消費者の要求は，その意味では大量生産体制の下にある画一化された製品とは異質の製品を求めている。これに応ずるために，規模の大小にかかわらない事業の展開が試みられていた。

参考文献 REFERENCE

隅谷三喜男「零細経営の経済理論」『経済学論集』36巻2-3号，1970-71年（『隅谷三喜男著作集』第5巻，岩波書店，2003年に収録）。

渡辺幸男『日本機械工業の社会的分業構造』有斐閣，1997年。

第IV部

20世紀末

大企業体制後のビジネス

PREFACE

第Ⅳ部

第Ⅳ部は，大企業体制崩壊後のビジネスのあり方を対象とし，1960年代以降，1980年代までの変化を扱う。大企業体制の崩壊とは，大企業が長期にわたって安定的地位を維持できた時代が終わったということである。1970年のアメリカ最大500社（付加価値）をとると，その大部分は，1950年以前から存在した企業であった。しかしこの500社の半数近くは，1990年までに消滅している。一方，同じ1970年の日本の最大100社（付加価値）をとると，そのほぼすべてが1990年にも存続している。

第Ⅳ部は，大企業における淘汰の開始と，生き残る企業の条件，金融・サービスの復活と繁栄，中小企業や産業地域の再生などを取り上げ，それぞれに異なった論理が働いていることを説明する。

この変化はまだ終わっておらず，どのような重要な結果がもたらされるのかは定かでない。あるところでは，変化はまだ始まったばかりである。しかし，いち早く変化が始まっていたところの歴史は学ぶに値する。

第22章　経営者企業の動揺

国際競争力の低下とM＆A

U.S.スチール・ナショナル工場の溶鉱炉の解体工事

Copyright, Pittsburgh Post-Gazette

1985年，解体作業中のU.S.スチール・ナショナル工場（マキースポート）の溶鉱炉。1970年頃まで世界市場で優位な地位を占めていた，アメリカの大手鉄鋼企業は，過剰設備や革新的新技術の採用の遅れなどから，急速に国際競争力を失った。U.S.スチールは石油産業などへの経営の多角化を試みたが，大きく局面を打開することはできなかった。現在は，衰退過程に入った既存の大手メーカーに代わって，豊富なスクラップを原料基盤とし，大型の電炉と圧延設備を備えたミニミルの成長が著しい。

1 サービス経済化の進行

1970年代以降，アメリカ経済は大きな構造変化を経験した。産業別の就業構造について見ると，農業人口の割合には大きな変化がないのに対して，第二次産業の就業人口の割合が1960年代にピークに達し，その後かなりの速度で低下し始めた。それに代わって，第三次産業の就業者が急増し，1970年代には最大のシェアを占めるに至った。アメリカ経済の脱工業化（de-industrialization）とかサービス経済化などといわれた構造変化が急速に進行し，大量生産型の製造業の大企業は，その地位を大幅に低下させたのである。

このような構造変化にともなって，大企業体制を側面から支えていた労働組合の組織率も大幅に低下した。労働組合員の勢力基盤であった大量生産型の製造業では人員の削減が進められ，組織率の低いサービス産業の比重が高まったためである。現在，アメリカは労働組合の主たる勢力基盤となっているのは公務の分野である。製造業に限るとアメリカの労働組合の組織率はわが国のそれよりもかなり低く，世界でも組織率の最も低い国のグループに属している。

経済政策の基調にも大きな転換があった。レーガン政権は「強いアメリカ」の再建と「小さな政府」を政策目標とし，国防支出を増やし，大幅な減税を実施するとともに，「規制緩和」を推進した。独占禁止政策は大幅に緩和され，航空産業，トラック輸送，電話，銀行など多くの産業で価格や参入経済規制も緩められた。レーガノミックスが想定していた財政収入の増加は実現せず，国防費の増加のほか，環境問題等に関する社会的規制はむしろ強化されたので，政府の歳出は削減されず，財政赤字が急激に増加した。一般消費者の消費意欲は依然として強かったから，アメリカの経済は国内に蓄えられた資金の供給能力を上回る支出を行う状態となり，国際収支の赤字，ドル高，資金コストの高騰などに悩むこととなったのである。

2 「経営者企業」の対応

アメリカ経営者企業の業績悪化

「経営者企業」は，長期的展望に立った専門経営者の「見える手」による経営の舵取りにより，社内に蓄積された膨大な経営資源を活用し，あるいは研究開発活動によって，自ら成長機会を生み出し，それだけでは足りない場合には有望な企業を吸収するなどの方策によって，個別の製品ないし事業領域の消長を超えて存続し，繁栄を保ちうる可能性を備えていたはずであった。しかし，現実には，自動車，電機，鉄鋼，化学等の資本集約的な大量生産型の産業分野の「経営者企業」のなかには，1970年代以降，業績の悪化に苦しみ，消極的対応を余儀なくされるケースが少なくなかった。

その理由としては次の2点を指摘することができる。

第一は，1960年代のアメリカの「経営者企業」が他の諸国の企業との間に持っていた「技術上の優位性」や「経営管理面での優位性」に基づいた競争力の格差が，ヨーロッパや日本の企業の成長によって，急速に縮小したことである。優れた技術や経営上のノウハウが，予想以上に急速に日本をはじめとする諸国に伝播しただけでなく，改良を加えられて，それら諸国の企業の競争力を飛躍的に高めたのである。

第二は，技術や経営面で有していた優位性を保つことができなかったアメリカ企業の経営体質の問題である。アメリカ製造業の労働生産性の上昇率は，設備投資と研究開発投資が停滞したため，1970年前後から大幅に落ち込んだ。1980年代には，生産性は上昇に転じたものの，その復調の少なからぬ部分は，新鋭設備への投資や研究開発活動の成果に由来せず，雇用労働者数の減少，工場の閉鎖と労働者の解雇によって達成されたものであった。このように1970年代以降，アメリカの大企業では，長期的な展望に立った経営戦略の推進よりも短期の財務的な業績を過度に重視する傾向が強まったのである。このような観点から以下では，自動車，鉄鋼の場合について，その経営体質と競争力の低下の背景を検討する。

自動車：ビッグ・スリーの場合

自動車のビッグ・スリーは，1973年の石油危機に伴って生じた需要の構造変化への対応が遅れた。第二次大戦後のアメリカの自動車産業は，安価なガソリン供給を前提して，強力なエンジンを搭載した大型車の生産を中心とした生産体制を整えていた。

図22-1は，1960年前後のアメリカにおけるさまざまな自動車の車種の価格とコストの関係を整理したものである。この図により，大部分の車種について，車体が重くなっても，生産コストは市場価格ほどには上昇していないことがわかる。つまり，大型車と小型車の価格差はコスト差よりも大きく，大型車のほうが小型車よりも収益性が高い。こうして，ビッグ・スリーはもっぱら大型車の生産・販売に的を絞ったのである。

当時のアメリカでは，一家の2台目の車として中・小型車も普及しつつあった。しかし，そうした需要を開拓したのはビッグ・スリー以外のアメリカン・モータースや，フォルクスワーゲンや

図22-1　アメリカの自動車市場の構造（重量と価格とコストの関係）

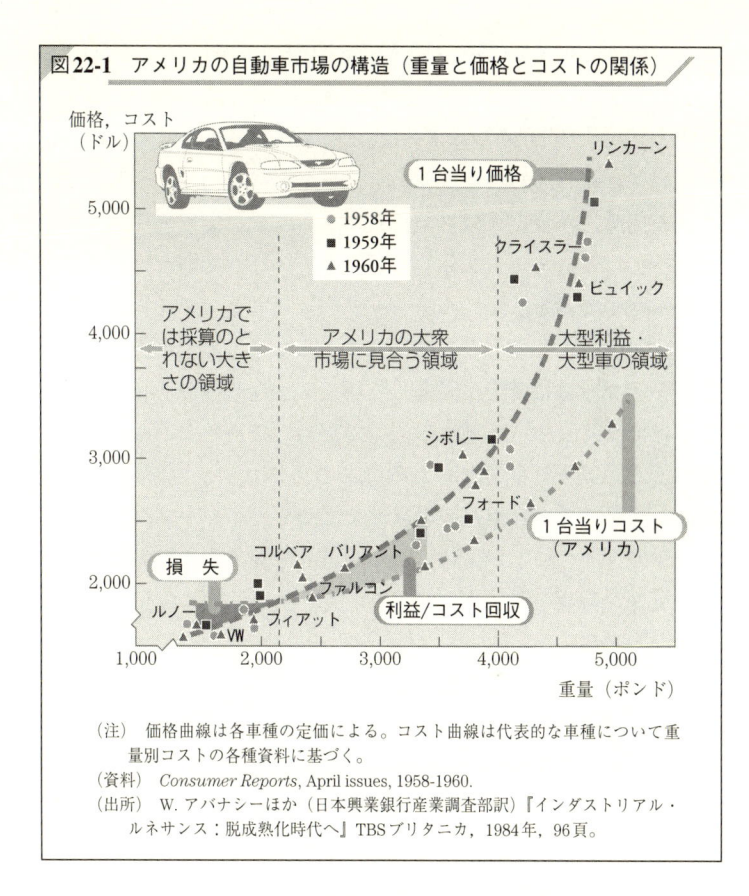

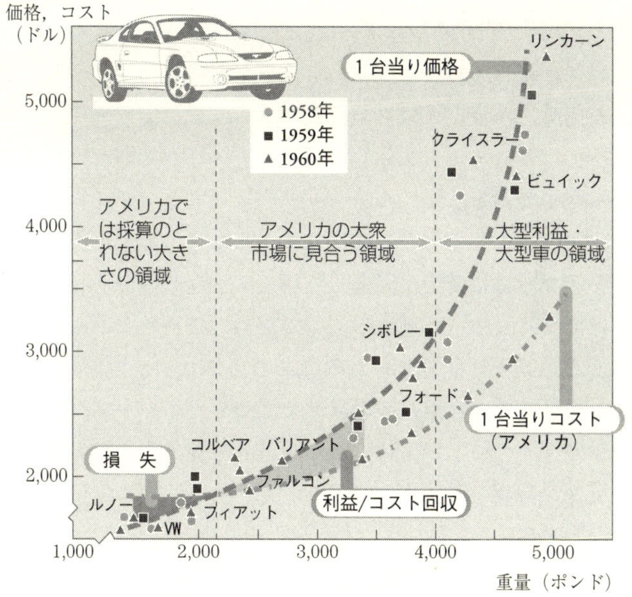

（注）　価格曲線は各車種の定価による。コスト曲線は代表的な車種について重量別コストの各種資料に基づく。

（資料）　*Consumer Reports*, April issues, 1958-1960.

（出所）　W. アバナシーほか（日本興業銀行産業調査部訳）『インダストリアル・ルネサンス：脱成熟化時代へ』TBSブリタニカ，1984年，96頁。

ルノーのようなヨーロッパの企業であった。ビッグ・スリーは中・小型車の市場開発に真剣には取り組むことなく，収益性の高い大型車を大量生産するために，多くの部品や材料を内製化し大規模な設備投資を重ねて，膨大な生産能力を備えるに至っていた。その反面，第二次大戦後から1970年代初めに至る間の四半世紀間に，自動車の基本性能を大幅に変えるような技術上の革新は，オートマティック・トランスミッション装置などに限定されており，華やかなモデル・チェンジとは裏腹に，意外なほどにわずかであった。

こうして，ビッグ・スリーは，大型車を大量生産するために，きわめて生産性の高い生産システムを発展させた。しかし，そのことが同時に，大型車以外の新しいタイプの自動車の開発や生産にとっては不向きな企業体質をビッグ・スリーに植え付ける結果となったのである。オイル・ショックにともなって燃料効率のよい中・小型車へと需要が急速にシフトしても，大型車の生産のための膨大な設備に資金が固定していて，生産設備の切替えが難しいだけでなく，中・小型車の開発のための技術的な蓄積が十分とはいえない状況に陥っていたのである。これが，「標準品の大量生産システムは既存製品の生産性を高めるためのイノベーションを促すが，そのことが同時に新たな製品を開発する製品のイノベーションの障害となる」という，「生産性のジレンマ」といわれる状況である。

オイル・ショックが自動車産業を襲ったのは，このような状況においてであった。世界の自動車企業は，より燃料効率のよい中小型車の新規開発をめぐって激しい競争を演じたが，より早く需要構造の変化に対応したのは，日本の自動車会社であった。ビッグ・スリーも新型車の開発を試み，全世界市場向けに通用するワールド・カーの開発を目指した。しかし，相次いで登場した新製品は，とくに優れた性能を持っておらず，世界のどこの市場でも大きな成功を収められなかった。ビッグ・スリーは，依然として標準製品の大量生産という発想から脱却しておらず，燃料効率のよい小型車の開発については，その開発力は強力とはいえなかったのである。

日本の自動車メーカーの台頭

これに対して，トヨタを筆頭に日本企業は，各国の市場の特性にあった自動車の開発を進めるとともに，多品種を同時に生産し，コストを削減する方法の開発に力を注ぎつつ成長した。元来，日本企業は市場規模の小ささのゆえに，多品種少量生産を余儀なくされ，そうした制約条件の下で，早くからさまざまなコスト削減策を開発してきた。それらの諸施策は，オイル・ショック後に，カンバン方式と自働化を2本の柱としたトヨタ生産方式として体系化され，トヨタを始めとする日本企業の競争力の源泉となった。

日本製品といえば，かつてはアメリカ市場では低品質・低価格の代名詞とされていたが，1980年代になると，高品質と価格競争力を兼ね備えて，折からのドル高の後押しも受けて，急速にアメリカ市場におけるマーケット・シェアを高めたのである。こうした苦境を打開するために，アメリカの大手自動車企業は政府に働きかけた。通商交渉を通じて日本企業側の輸出自主規制を求めたのである。

これに応じて，日本政府と通産省は1981年5月に，乗用車の対米輸出を168万台に自主規制することを明らかにした。その後自主規制枠は，自動車市場の回復に応じて次第に拡大された。しかし，1990年代に入ると一方で円高によって輸出が減少し，他方で日本の自動車企業の現地生産体制が軌道に乗ったことで，その必要性がなくなり，94年に幕を下ろした。

ビッグ・スリーの立ち直り

この対米輸出の自主規制によって，ビッグ・スリーは経営の建て直しのための時間的な猶予を与えられた。この10年間に3社は，大規模な人員削減や工場の統廃合を実施し，日本企業の開発した生産管理システムや部品の調達システムなどを取り入れた再建策を講じた。

3社のうち最も早期に劇的な立ち直りを見せたのは，クライスラーであった。同社はアイアコッカのリーダーシップの下で，大幅な人員削減，工場の整理統合，内製部品の外注への切替えを進めた。これによって，同社の従業員数は合理化前の約12万人から5万人にまで削減された。これらの合理化に加えて，新規に開発したK カー・シリーズ（ミニバン）の売上げが順調に伸びた。その結果，クライスラーは早くも1983～84年に，未曾有の利益を計上することができたのである。

クライスラーに次いで立ち直ったのは，フォードであった。同社は大幅な人員の削減と工場の統廃合を実施し，新しい設備投資を抑制して，既存工場の稼働率を高めることで，生産コストの大幅削減に成功した。同社が営業面で重視したピックアップ・トラックの需要が順調に伸び，さらなる工場の稼働率の上昇とコスト低下が実現したのである。同社は1980年代の後半にはGMを上回る利益を上げるようになった。

これに対して，GMの動きには多くの曲折があった。他の2社に比べ，1980年前後のGMの業績低下は軽微であったため，経営体質の改善への本格的な取組みが遅れたのである。1980年代の前半に，GMは高度に自動化された新鋭工場の建設に巨額の設備投資を実施したが，新規に開発したJカーなどの販売が伸びず，新鋭工場の稼働率は低迷した。その結果，1980年代の後半になると，早期に体制を建て直したフォードやクライスラーにも市場を奪われ，GMのマーケット・シェアは44～45％から34％へ約10％も低下した。

しかし，GMには計画中の2つの大きなプロジェクトがあった。第一は，カリフォルニア州フリーモントにおけるNUMMI計画であり，第二はサターン計画である。前者は1984年に開始されたトヨタとの合弁事業である。NUMMIでは，自動車労組（UAW）の合意を取り付け，トヨタ生産方式が全面的に取り入れられ，顕著な成功を収めたことでよく知られている。

後者のサターン計画は，別会社を設置して，テネシー州のスプリング・ヒルに日本的な生産・労務管理制度や外注管理方式を取り入れた大規模な新工場を建設し，日本車に対抗できる小型車を生産する計画であった。GMは計画段階から労働組合に参加をよびかけ，1985年7月に，伝統的な労使関係とは異質な協調的な労使関係の構築について合意を交わした。サターン計画が成功したならば，その方式をGM全体に広げることが想定されていた。サターン計画のスプリング・ヒル工場は1993年から稼動を開始したが，操業はなかなか安定しなかった。

その間に，GMの業績は大幅に落ち込んだ。GMは1991年末に21工場の閉鎖と15万人の大量レイオフ計画を発表せざるをえなかった。そして，ロバート・ステンペルは，1992年にブッシュ大統領とともに来日中に，社外取締役が中心となって計画した宮廷革命によって，帰国直後に会長職を解任された。経営者企業の典型とされてきたGMにおける経営者の解任の背景には，後に見るような，大企業の所有構造の変化があった。

鉄鋼企業の場合

アメリカの鉄鋼企業は，U.S.スチールのプライス・リーダーシップの下で，長く高収益を享受してきた。圧倒的な規模と技術水準を誇るアメリカのビッグ・スチール各社の優位は揺るぎないもののように見えた。

しかし，1950年代以降，鉄鋼業は画期的な技術革新の時代に入りつつあった。すなわち，まず製鉄工程では，高炉内部の状況の解明が進むとともに，従来のものとは比較にならない大型高炉が建設されるようになった。製鋼工程については，スクラップを原料として鋼を生産する電気炉の技術が目覚しい進歩を見せるとともに，純酸素上吹転炉という画期的な新技術の登場があった。純酸素上吹転炉は，銑鉄に高純度の酸素を吹き付けることによって，きわめて効率よく高品質の鋼を生産することができるため，従来の平炉に比べると建設に要する資本もはるかに少ない画期的な技術であった。圧延工程では，連続鋳造技術の登場によって，従来，製銑工程と圧延工程との間に介在していた分塊工程を取り除き，両工程を直結することで，品質の向上と大きな省エネルギー効果を発揮する。

これらの一連の技術革新は，世界の鉄鋼企業の生産様式を大きく変化させた。しかし，U.S.スチールをはじめとするビッグ・スチールは，これらの新技術の採用に積極的ではなかった。純酸素上吹転炉は初期段階では，公害問題，耐火煉瓦の耐久性，製品の品質など未解決の課題を抱えていた。大型平炉の技術に自信を持っていたビッグ・スチールの各社は，この新技術についておおむね消極的な見方をしていた。

1985年の時点で，冷延鋼板を，新設の一貫製鉄所で生産した場合の製造原価と既存工場で生産した場合のそれを試算すると，既存設備によった方が有利であり，その差はトン当り約50ドルにも達するこという結果が出た。一貫製鉄所を新設した場合には，高性能の新技術が全面的に採用できるので，操業コストは旧設備によった場合に比べると，大幅に低下するが，資本コスト（減価償却費，利子，税金）負担が大きいため，一貫製鉄所の新設は不合理ということとなる。事実，アメリカでは，一貫製鉄所の新設はほとんど行われず，新しい技術も既存工場の部分的な改善という形で取り入れられたのである。

これに対して，日本の鉄鋼メーカーは，最新技術を取り入れた臨海製鉄所を次々と建設し，強力な競争力を蓄えつつあった。日本の対米輸出は，1960年代の半ばから増加したが，当初，ストライキなどの特殊事情に基づく一過性の現象と考えられた。しかし，それはやがて両国の企業の競争力格差という構造的な要因によることが明らかになった。その結果，アメリカの大手鉄鋼企業は，1970年代に入ると，自動車産業の場合と同様に，しだいに保護的な通商政策への依存を強めるとともに，石油やハイテク産業などへの経営の多角化に活路を見出すようになったのである。

その典型例として，U.S.スチールの脱鉄鋼政策をあげることができる。1979年，U.S.スチールの取締役会は議長・CEOにローデリック（D. Roderick）を選任した。U.S.スチールでは1901年の発足以来，トップ・マネジメントは製造部門出身者が占めてきたが，ローデリックは，製造部門とは無縁な財務と組織の専門家であり，就任と同時に財務的な観点から，U.S.スチールの構造改革を推進しはじめた。すなわち，1979年から85年までに不採算設備の閉鎖を実施した。これによって，製鋼能力は約30％削減された。次に，ユニバーサル・セメント社と石炭関連の資産を売却し，それによって得た資金で石油化学のマラソン・オイルや天然ガスの生産者で広汎なパイプライン・システムを有するテキサス・オイル・アンド・ガスなどを買収して，経営の多角化を図った。その結果，1980年代の半ばには，鉄鋼事業の売上げは全体の30％までに低下し，1986年にはU.S.スチールは，USXへと社名を変更するに至ったのである。

このようなビッグ·スチールの動きとは別に，アメリカ鉄鋼業界には1960年代半ばから，新興勢力の著しい躍進が見られた。1973年をピークとして総粗鋼生産量が減少するなかで，鉄鋼業に新規参入した企業群によって，スクラップを原料とする製鋼用の大型の電気炉と連続鋳造および圧延設備を持つミニミルが次々と建設され，その生産量が急増した。1985年には，16社58工場が操業するに至り，粗鋼生産に占めるミニミルの割合は，約

図22-2　粗鋼生産高の推移とミニミルのシェア

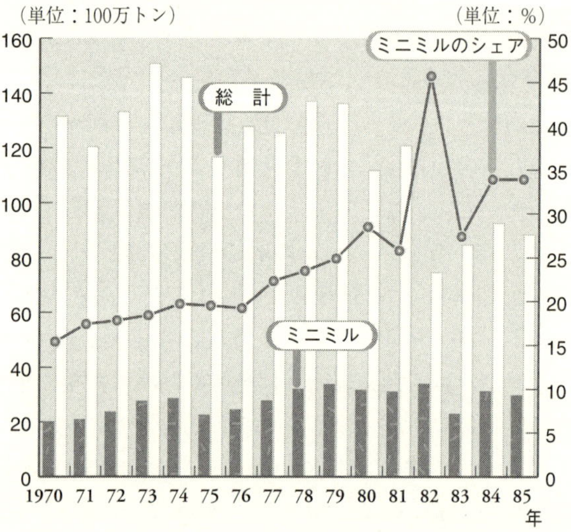

（出所）　D. F. Barnett and R. W. Crandall, *Up From the Ashes*, Brookings Institution, 1986, p. 74, Table 5-3，により作成。

34％に達したのである（図**22-2**）。

多くのミニミルは，既存の大手企業の市場基盤から遠い地域の地方的な市場を選び，当初は高い品質を要求されない建築用の鉄筋などに生産品種を絞り込む政策をとり，高い価格競争力を実現した。ミニミルは，得意の製品分野については，日本の一貫メーカーをもはるかに上回る価格競争力を備えている。鉄鋼製品価格は景気変動の影響を大きく受けるので，ミニミル製品も不況期には製品価格の下落は避けられない。しかし，不況時には原料スクラップの価格も下落するので，生産規模は小さいものの，ミニミルは景気変動に対してかなりの対応力も備えているのである。

ミニミルはその後，棒鋼，線材，山形鋼等の分野へと次第に品種を広げているが，現在までのところ，一貫メーカーによるミニミル建設の動きはない。一貫メーカーにとっては，ミニミルが生産する品種は不採算品種であって，その収益構造の建て直しよりも，最大の市場基盤であり収益源でもある高級な鋼板類の競争力強化が優先課題とされたのであった。

3 大企業の管理システムの問題

管理システムの問題 アメリカの「経営者企業」の行動は，1970年前後から，第21章で述べたような理想的なパターンから逸脱し始めた。その具体的な表れとして，第一に，長期的な戦略的な構想に基づいた大規模な設備投資を回避する傾向を指摘することができる。このような傾向を助長した要因として，高資本コストや資金難などの環境要因とともに，企業内部の管理システムの影響も無視できない。

多くのアメリカ大企業では，投資の決定には，投資利益率(ROI)が用いられていた。ROIがあらかじめ設定されている水準に達しなければ，そのプロジェクトは採用されないのが原則である。1960年代の後半からアメリカ経済はインフレ傾向が著しかったから，ROIの計算に当たってはその影響が大きく考慮され，インフレ調整後の実質投資利益率が8～10％の「ハードル・レート」を超えることが求められていた。インフレの影響を考慮すれば，早期に利益が計上できる投資計画でないと，利益の現在価値が足りず，「ハードル」をクリアできない。

このような状況の下で，早期に利益が得られる比較的小規模な投資案件が多くなり，長期の市場開拓活動を要する大規模な投資案件は敬遠される傾向が生まれた。また，ROIのレベルを上げるためには，分母の投資Iを小さく保ち，分子の利益Rを増やすために即効性のある政策を優先させればよい。そうすることで，当面の企業業績は維持できるが，設備，研究開発，マーケティングなどの分野への新規投資が長期間にわたって抑制されれば，企業の競争力の衰えが避けられないことは自明であろう。

アメリカ企業の管理制度のもうひとつの問題点としてしばしば指摘されたのは，原価計算のあり方であった。アメリカ企業では，伝統的に間接費の配賦に直接労務費の比率が使われてきたが，それが原価認識をゆがめた。一般に製品の質が上がり，生産過程が洗練されたものとなると，いわゆる間接費の割合が増加して，直接労務費の割合は次第に小さくなり，間接費は直接労務費の150～200％に達する。しかし，直接労務費を基準として間接費の配賦が行われるため，総原価に及ぼす直接労務費の影響が決定的に大きくなる。その結果として，経営努力が直接労務費の削減に集中し，そのための最も確実な方策として，生産拠点を低賃金のサンベルトへと移したり，さらに中南米や東南アジア等の海外へと移転させるケースが目立った。

また，販売間接費が「平均ベース」によって各種の製品に配賦されるため，製品の収益性に関する認識にゆがみを生んだ。販売間接費が大量生産品と高級品に平均に配賦されると，高級品の収益性が大量生産品よりも高くなる。そのような認識に基づいて，多くの企業は量産品の市場を海外からの輸入品に市場を譲り渡し，生産の重点を高級品に移したのである。しかし，一度，量産品の分野に足場を確保した日本企業を始めとする海外の競争企業は，やがてより高級な製品の市場にも進出を開始したのである。家電製品のような耐久消費財の場合には，このような傾向が顕著であったといえよう。

M＆Aの広がり

このような大企業経営者の短期的な業績重視の経営姿勢を生み出した要因としては，第一に，敵対的なM＆Aが活発化したこと，第二に，大企業の所有構造の変化があったことを指摘できる。

アメリカの産業界では1980年代の半ばに，多くの敵対的なM＆Aを含む大規模な企業の合併運動が発生した。経営効率が悪化し，資産内容の割には株価が低迷している多くの大企業が，敵対的買収の対象とされたのである。買収を仕掛ける側は，有力な投資銀行と組み，いわゆるジャンクボンドの発行によって調達した資金で，株主に対して現金により高値で株式の買取りを申し出た。現在の経営陣に代わって，自分たちが経営権を掌握すれば企業業績は回復するというのである。

これに対して，乗っ取りを仕掛けられた側の経営者は，さまざまな防御策を講じた。そのひとつが毒薬条項（ポイズン・ピル）で，株式の買収を難しくしたり，良好な資産を売却したりして企業の価値を殺いでしまう方策であった。また，州政府に働きかけて，敵対的買収を難しくするような州法の制定が相次いだ。その結果，敵対的買収の動きは1990年ごろには鎮静化したが，株式市場は企業の支配権の市場という性格を帯びるに至り，経営者の関心を株価と短期業績の維持に向かわせたのである。

所有構造の変化

経営者支配の状況を変化させた要因として重要なのは，1960年から90年までの30年間に，図**22-3**に示したように，アメリカ企業の所有者構成に大きな変化があったことである。1960年当時は，個人株主が全体の85％を占めており，株式所有が多数の小株主に分散していた。このような所有と経営の分離といわれる状況の下で，企業の経営は実質的にいわゆる専門経営者の手にゆだねられていたのである。

図22-3　株式所有構造の変化

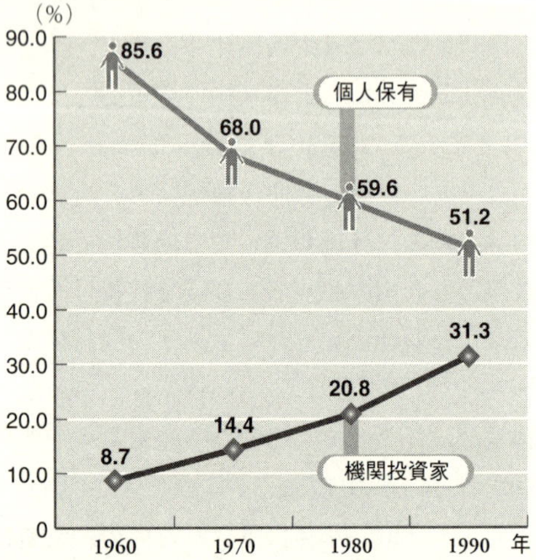

（出所）　FRB, *Flow of Funds Accounts*, から作成。

これに対して，1990年には，個人所有の割合が減少し，それに代わって機関投資家（ミューチュアル・ファンドや年金基金）の所有する割合が大幅に増加した。元来，これらの機関投資家の資金運用は，多様な投資対象に分散投資することによってリスクを分散して安全性を確保することを原則としていた。企業業績が悪化して株価の下落が懸念される場合には，好業績の企業の株式に買い換える，いわゆるウォール・ストリート・ルールに従って行動していたのであるが，1990年代にはカルパース（CalPERS）を始めとする公務員退職年金基金などが，経営者の選任過程への関与や業績不振の理由説明要求等の形で議決権を行使し始めたのである。

カルパースのような年金基金が株主権の行使に踏み切った直接

的な理由としては，年金基金の制度改革によって「受託責任」が明確にされ，運用者の責任が問われるようになったこと，巨大化した年金基金の場合には，従来のようにウォール・ストリート・ルールに依ることが難しくなり，いわゆるインデックス運用によって売買回転率を低めて，取引コストを削減する方針をとるようになったことなどを指摘することができる。

参考文献 REFERENCE

W. アバナシー＝K. クラーク＝A.カントロウ（望月嘉幸監訳・日本興業銀行産業調査部訳）『インダストリアル・ルネサンス：脱成熟化時代へ』TBSブリタニカ，1984年。

J. P. ウォマック＝D. ルース＝D. T. ジョーンズ（沢田博訳）『リーン生産方式が世界の自動車産業をこう変える』経済界，1990年。

MIT生産性調査委員会（M. L. ダートウゾス＝R. K. レスター＝R. M. ソロー）（依田直也訳）『Made in America：アメリカ再生のための米日欧産業比較』草思社，1990年。

L. H. リン（遠田雄志訳）『イノベーションの本質：鉄鋼技術導入プロセスの日米比較』東洋経済新報社，1985年。

第23章　アメリカ企業の復活

半導体とパーソナル・コンピュータ

インテルのG. ムーアとR. ノイス

写真提供　インテル

ゴードン・ムーア（Gordon Moore，右）とロバート・ノイス（Rovert Noyce，左）は，フェアチャイルド社から独立し，1968年にインテル社を設立した。ノイスの開発した集積回路（64ビットのメモリー）の生産販売が当初の主力事業であった。その後，集積回路の集積度は，“ムーアの法則”に従って急速に高まり，インテルも急成長を遂げた。1980年代半ばに，日本企業の急追を受けて同社の業績も一時的に停滞したが，マイクロプロセッサー事業への戦略転換によって，世界最大の半導体メーカーの地位をゆるぎないものとした。

1970年代以降，停滞傾向を示していたアメリカ企業は，1990年代に入ると急速に活力を回復した。よく知られているとおり，アメリカ企業の復活の過程では，自動車のビッグ・スリーやIBMのような既存産業の大企業の業績回復とともに，半導体やコンピュータを中心とする情報通信技術（IT）の革新をバネとした活発な企業者活動が大きな役割を果たした。ITの進歩は，19世紀の蒸気機関や20世紀の電気にも匹敵する大きな技術上の革新である。このような画期的な技術革新が大きな経済効果を発揮するには，一般に考えられているよりははるかに長い時間を要する。その経済的効果が現実のものとなるには，それを補完する大小さまざまな関連技術との結合が必要だからである。

1 マイクロプロセッサーの開発

マイクロプロセッサーの誕生

半導体とコンピュータの技術は相互に刺激しあいながら発展した。1970年代に至って，マイクロプロセッサーの発明により，文字どおり両者は一体となった。

その契機は，1969年にインテル社が日本のビジコン社から計算器に用いる集積回路の開発の仕事を受注したことによって与えられた。このような場合，注文主の求める機能を満たす集積回路を特別に開発するのが通例であり，この場合も当初は特別仕様の12個のチップを開発する予定であった。しかし，この方式を採用しつづければ，開発すべきチップの種類が増えて，早晩半導体メーカーの設計能力の限界を超えてしまう。ノイス（R. Noyce）やホフ（T. Hoff）は，顧客ごとにカスタム・チップを開発する方式ではなく，さまざまな用途に適合できるようにプログラム可能

マイクロプロセッサーの誕生

T. ホフ

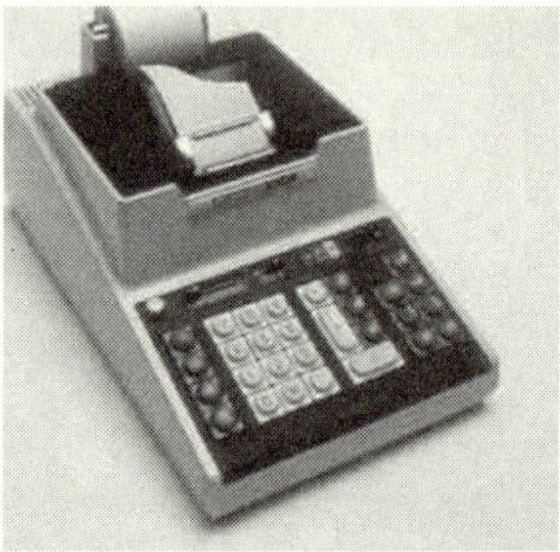

ビジコンの計算機

　インテル社は日本のビジコン社から計算機用のチップの開発を受注した。このような場合，専用の回路を設計するのが従来の方式であった。これに対して，テッド・ホフは，ビジコン社を説得して，個別の注文ごとに専用の回路を設計するのではなく，プログラム可能な汎用チップを開発した。マイクロプロセッサーが出現したのである。

写真提供　インテル

な汎用チップの開発が必要だと考えた。

　ホフはビジコン社に対してプログラム可能な汎用チップの開発を提案し，同社の同意を得て，1970年の夏までに開発を終えた。最初の製品がビジコン向けに出荷されたのは，1971年2月であった。それは中央演算装置，記憶用，記憶レジスター用およびプログラム保持用の計4個のチップで構成されていた。中央演算装置はいわば単一のチップに乗ったコンピュータであり，最初の電子計算機として有名なENIACに匹敵する計算能力を備えていた。

　ビジコン社との契約では，マイクロプロセッサーに関する法的な権利はビジコン社に属するものとされていた。しかし，ビジコン社が経営危機に陥ったため，その独占使用権を6万ドルで買い戻し，マイクロプロセッサーはインテル社で事業化されることとなった。

インテル社は，1971年末に4004型を価格200ドルで発売した。つづいて1年後に同じ値段でほぼ2倍（8ビット）の能力を持つ8008型を開発すると，いったんマイクロプロセッサーの開発チームを解散した。インテル社の中心事業は依然としてメモリー・チップであり，マイクロプロセッサーはメモリーの販売促進策の一環として位置付けられていたからである。しかし，8008型に対する旺盛な需要に応えるために開発活動が再開された。翌1973年に発売した16ビットの8080型は，4004型の20倍の速さを持つ第二世代のマイクロプロセッサーであった。

電卓やクオーツ時計などのメカトロ製品は，すでに広く普及していたが，メモリーを中心事業とするインテルは，これらの既存の論理回路事業に深くは関与していなかった。したがって，同社はマイクロプロセッサーを武器として，既存分野にも自由に進出することができただけでなく，実に多様な新しい用途を開拓した。用途ごとに特別仕様の論理回路を開発する方式に比べると，多様な用途に活用でき，したがって大量生産できるマイクロプロセッサーは，コスト面では断然有利であり，従来は困難であった用途にも進出できる可能性が開けたのである。

マイクロプロセッサーの普及

最初の大規模な新規用途例は，16ビットの8080を用いた交通信号の制御システムであった。これは，音と光のセンサーが交通量を検知してマイクロプロセッサーに伝えると，プログラムに従って交通量を最大にできるように信号を制御するシステムである。このように，マイクロプロセッサーにさまざまな種類のセンサー，トランジューサーとよばれるエネルギー変換機，最適な状況を計算するためのプログラムを組み合わすことで，多様な新用途の開拓が可能となった。

産業的な用途のなかで早期に実現したものに，再ダイヤル機能を持つ電話器，エレベータの運行管理システム，POSシステム端末などがある。エンジンやブレーキの制御をはじめとして，自動車にも多くの有望な用途があると期待されていた。より身近な消費財については，テレビ・ゲームや各種の玩具類を皮切りに，身近な家電製品にもこの頃から次々とマイクロプロセッサーが組み込まれるようになった。洗濯機は全自動化され，電子レンジには各種の調理法があらかじめ組み込まれるなど，従来のものに比べて家庭用の電気製品はとても「利口」になった。

1974年まではインテル社の独走状態が続いた。しかし，マイクロプロセッサーのさまざまな用途が開けていくに従って，当然ながら，新規参入の試みが現れた。同年，モトローラが8080に匹敵する6800型を発売し，インテルから独立したジログ社のZ80，モステック社の6502というように新旧各社からさまざまなマイクロプロセッサーが発売され，その後も，テキサス・インスツルメンツやゼネラル・インスツルメンツなどが参入した。

2 パーソナル・コンピュータの登場

ホビーイストの役割

1982年に開発した80286型について，インテルは50種にも及ぶ用途をリスト・アップすることができたといわれている。しかし，この50種のなかにはパーソナル・コンピュータは含まれてはいなかった。やや意外であるが，マイクロプロセッサーの用途の本命というべきパーソナル・コンピュータについては，当初は強くは意識されていなかったのである。

技術的には，インテル社が1972年に8008型を発売した時点から，パーソナル・コンピュータはいつ出現してもおかしくない状況にあったといえよう。現実にはしかし，パーソナル・コンピュータの原型といわれるAltair《オルテア》 8800の発売は1975年であった。この製品を発売したMITS社は，無線操縦の模型飛行機組立てキットのメーカーである。社主のロバート（E. Robert）は，模型飛行機の組立てキットと同様な発想で，パーソナル・コンピュータの組立てキットの通信販売を試みたのである。手作りコンピュータの組立てに興味を持つ個人客の存在を見込んで，395ドルという個人の手の届く価格を付けた。しかし，Altair 8800には，中央演算装置を納めた箱の側面にスイッチ・パネルとネオン管があるだけで，キーボードもモニターもストーレッジ・デバイスもなかった。数個の拡張スロットを持ってはいたが，メモリーはわずかに256バイトで実用性に欠けていた。ロバートが想定した顧客は，趣味としてコンピュータに興味を持つ人々であり，実用性を求める人々ではなかった。

事実，この頃までに職場や大学でミニコンピュータに触れてその扱いに習熟し，仕事とは別にコンピュータをいわば趣味として楽しむ人々が増えつつあった。そうした人々にとっては，Altair 8800の不完全性はむしろ歓迎された。なぜなら，彼らはソフトウェアを作り，拡張スロットを使ってメモリーの増設やストーレッジ・デバイスを工夫した。ビル・ゲイツ（Bill Gates）とアレン（P. Allen）は，マイクロソフト社を設立しプログラム言語BASICを開発した。1976年には，キルダール（G. Kildall）がオペレーティング・システムCP/Mを作った。後にアップル社を創設するジョブス（S. Jobs）も，ロバートのMITS社のために仕事をした。このような人々が，「手作りコンピュータ・クラブ（Homebrew Computer Club）」のようなクラブをつくり，お互いに情報を交換して楽しむことができたからである。

Altair 8800の初年度の出荷台数は約2000台に達した。ロバートは生産に追われて，周辺機器類の開発や供給ができない状態であった。そのため，熟練したホビーイストのなかには，周辺機器類の供給を趣味ではなく事業とすることを試みる人も出現した。サードパーティー・サプライヤーの出現である。また，IMSAI 8080というクローンを販売する競争企業も現れた。これらの動きが，その後，パーソナル・コンピュータ産業の発展をもたらす重要な契機となったのである。

Apple IIの登場

パーソナル・コンピュータは，1977年になると，ホビーの時代から情報処理のための機器の時代へと移行しはじめた。同年，発売されたTandy《タンディー》-80，Commodore《コモドール》 PET，Apple《アップル》 Ⅱという3つの新製品はそれぞれに特徴を備えていた。Tandy-80は，低価格でゲームなどのホビー市場を想定した製品であった。スクリーンとしてテレビを使い，音楽用のカセット・レコーダーをプログラムの記憶装置として使うことで，低価格を実現した。Commodore PETは，事務用計算器メーカーの製品であり，事務用計算器と同様に自己完結的な製品で，拡張性はまったく考慮されていなかった。

これに対して，アップル社のApple Ⅱが際立っていたのは，性能の高いモトローラ社のマイクロプロセッサー6800を採用したこと，ホビー用としてだけでなく事務機として使える実用性を備えていたこと，企業としての経営体制を整備していたことにあった。ヴォズニック（S. Wozniak）とジョブスは，インテルの経営者からベンチャー・キャピタルの経営に転じたマークラ（M. Markkula）の出資を得てアップル・コンピュータ社を設立し，同

アップルの最初の企業広告

1975年1月に発売されたホビースト向けのPC通販組立てキット「オルテア8800」に刺激されて，スティーブ・ウォズニックはApple I（左側の絵）を発表し，ホビーイストの間で好評を得た。ヒューレット・パッカード社の従業員であったウォズニックは，同社にPCの事業化を提案したが拒否された。そこで，1976年にApple II（右側の絵）を開発し，マイク・マークラの資金支援を得て，1977年1月にスティーブ・ジョブスとともにアップル社を創設したのである。

写真提供　アップルコンピュータ株式会社

じくインテル社から広告業へ転じたマッケナ（R. McKenna）のサービスの提供を受けた。このように，Apple IIは，ホビー市場を超えてより広い需要の開拓を意識し，組織的な経営体制を整えていたのである。

Apple IIの初期の広告では，Apple IIはホーム・コンピュータとされていた。ホビー以外にアップル社が想定していたのは，家電製品に近い使い方であった。すなわち，家計の収支状況，所得税，料理のレシピ，小切手帳の整理などにも便利に使えることが強調されていたのである。初期のパーソナル・コンピュータはアップル社が期待したとおり，相当の割合が一般家庭に入った。しかし，その目的はアップル社の想定していた，上記のような用途のためではなく，ホビーとしてゲームを楽しむためであった。そして，Apple Ⅱが事務機器として注目されるようになったのは，アップル自身の計画によるというより，1878年にブリックリン（D. Bricklin）がApple Ⅱ用に開発した表計算ソフトVISICALC《ヴィジカルク》の登場による部分が少なくなかったのである。

こうして，1970年代末の数年間に，パーソナル・コンピュータの性格が大きく変化した。ゲームのような趣味あるいは娯楽のための道具という側面を持ち続けてはいたが，表計算に続いて，ワード・プロセッサーやデータベース・ソフトも開発され，ビジネス用の機器としての性格がいっそう強化された。そうした背景の下で，Apple Ⅱは爆発的に売上げを伸ばし，1980年には1億1700万ドルに達した。同年の各社のシェアは，アップル27％，タンディー21％，コモドール21％と推定されている。アップル社は早くも株式を公開するに至ったのである。

IBMのPC

パーソナル・コンピュータの市場が急成長を始めると，既存の大企業の新規参入が始まった。IBMは1980年に，エントリー・レベル・システム部にタスク・フォースを組織して，パーソナル・コンピュータの事業化計画の検討を開始した。同年7月にタスク・フォースがまとめた構想では，早期の事業化が計画の成否を分ける最大のポイントであり，早期事業化のために従来のIBMの方式とは正反対の方式を採用することが必要である旨が強調されていた。すなわち，「オープン・アーキテクチャー」方式を採用し，ユーザーが必要に応じて各種のアド・オンを追加できるものとすること，ただちにIBM内部で調達できるものを除いて，マイクロプロセッサーを始めとする部品だけでなく，オペレーティング・システムを含むソフトウェアも外部から購入すること，販売面でも直接販売方式ではなく普通の小売店経由方式をとることなどである。

アップル等はまだ事務機器としてのパーソナル・コンピュータ市場を完全には掌握していない。したがって，まだ新規参入のチャンスは残されていた。しかし，IBMの通常の手順に従えば，開発の開始から発売までには早くても3年は必要であり，それでは間に合わないというのが，タスク・フォースの判断であった。IBMのトップ・マネジメントは，同年7月に，このようなタスク・フォースの提案を承認した。12カ月以内に発売できるように，プロトタイプの開発に着手するように指示したのである。

IBMの開発チームは，パーソナル・コンピュータの心臓部というべきマイクロプロセッサーとして，インテル8088を採用した。このチップは8086と同様に16ビットのエンジンを持つが，従来の周辺機器と接続できる8ビットのバスを持っていた。IBMは後発企業としての立場を利用し，一方で従来の8ビットのチップを搭載している先発企業の製品より優秀なマイクロプロセッサーを利用し，他方で既存の周辺機器を利用できるというメリットをも取り込もうとしたのである。さらに，IBMは強力なソフト開発力を持つ企業であったが，パーソナル・コンピュータ向きのソフトに蓄積は乏しかったので，オペレーティング・ソフトの開発はマイクロソフト社に依頼した。すでに見たとおり1980年頃までに，マイクロプロセッサーを始めとして，半導体メーカーやその他の企業群によって，ハード，ソフトの両面について，多くの技術開発がなされてきた。IBMはそうした蓄積を余すところなく活用したのである。

IBM互換機の意味

1981年8月に2880ドルで発売されたIBMのパーソナル・コンピュータは，関係者の予想以上の売行きを示した。事務機器としてのパーソナル・コンピュータ市場では，IBMというブランドには絶大な価値があった。需要の増加に生産が追いつかない状況となり，生産計画を組み直したが，小売店の予約リストは長大なものとなった。このようにいったん需要の増加に弾みがつくと，その勢いはいっそう加速した。人気の高いソフトウェアはいっせいにIBMのパーソナル・コンピュータ用バージョンを作った。そうしたソフトの存在がハードの需要に拍車をかけて，IBMのパーソナル・コンピュータは数年間のうちに業界標準の地位を獲得したのである。

心臓部のマイクロプロセッサーのインテル8088を始めとして，IBMのパーソナル・コンピュータの主要な部品やサブ・システムは市場で調達可能なものばかりであったから，コンパック社を皮切りにクローン・マシーンを生産・販売する企業が次々と出現した。既存の企業もタンディー，コモドール，ヴィクター，ゼニスが次々にIBM互換機に転換した。IBM互換機に転換しなかった既存メーカーは，アップルを除いて次々と姿を消した。それと並行して，新旧さまざまな企業が各種のソフトウェア，周辺機器類，メモリー・ボード，アド・オンの類の生産・販売を手がけはじめ，月刊誌や週刊誌を含めて，大きな関連企業群が生成した。コンピュータ産業では，IBMのパーソナル・コンピュータへの進出とその急成長を契機として，主要な部品やソフトごとに専門化した企業群とそれらを完成品に組み立てる企業からなる水平分業型の産業組織が形成された。そうした大小さまざまな企業が集中して活動している地域集積が，有名なシリコン・バレーである。図**23-1**は大型・ミニコンの時代の組織とパーソナル・コンピュータ時代の組織とを対比して示したものである。

図23-1　コンピュータ産業の組織構造の変化

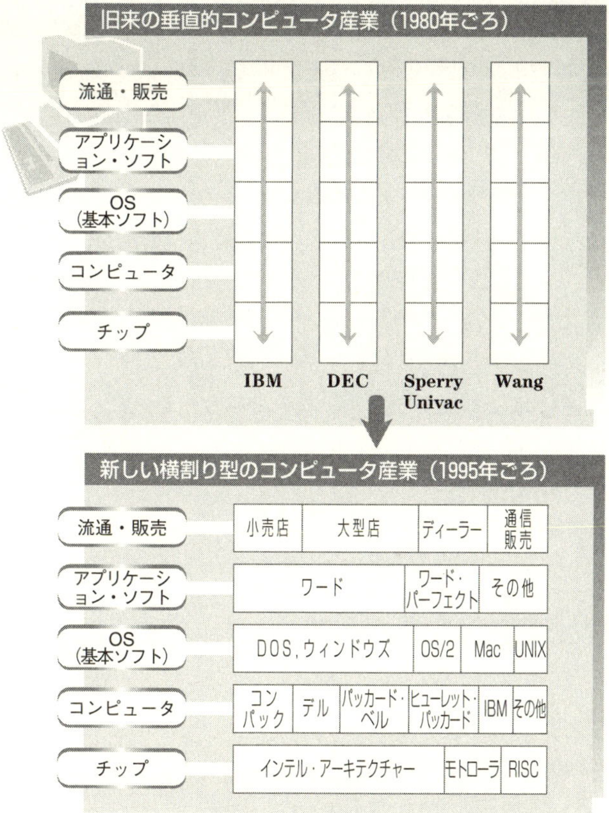

（出所）　A. S. グローブ（佐々木かをり訳）『インテル戦略転換』七賢出版，1997年，54頁。

IBMはパーソナル・コンピュータのメーカーとしてアップルを抜いて首位に踊り出ることができたが，コンパックを始めとする互換機メーカーの成長によって，圧倒的なマーケット・シェアを獲得することはできなかった。マイクロプロセッサーで圧倒的な優位を持つインテル社と業界標準となったオペレーティング・システム（MS-DOS）を持つマイクロソフト社は，大きなシェアと高収益を享受することができた。パーソナル・コンピュータ業界のリーダーシップは，ソフトウェアとマイクロプロセッサーの企業へと移り，伝統的な「経営者企業」型の企業の役割は著しく後退している。

こうしてIBMのパーソナル・コンピュータとその互換機は，事務用機器として急速に普及したが，引き続き技術的な改良が重ねられ，その性能は急速に高まった。1980年代半ばには32ビット，1980年代末には64ビットというように，高性能のマイクロプロセッサーが開発され，グラフィカル・ユーザー・インターフェイス（GUI）が導入された。その結果，パーソナル・コンピュータの情報処理能力と使いやすさが飛躍的に向上した。さらに，インターネットの商用開放が，その普及の速度をいちだんと加速させたのである。

3 半導体産業の転機

日本製品のシェア拡大

マイクロプロセッサーの発明とともに，半導体産業が新たな成長の軌道に乗ろうとしていた1980年代の前半は，それまでの主力製品であった半導体メモリーの集積度が16K DRAMから64K DRAMへと移る過渡期に当たっていた。64K DRAMへの移行は，インテルを始めとするアメリカ企業の想定よりもかなり早く実現した。それにともなって，アメリカ企業の技術的な先導性が失われ，そのマーケット・シェアも急速に低下した。代わってシェアを急増させたのは，NEC，東芝，日立，富士通などの日本の大手電機メーカーであった。DRAMを中心とした日本製の半導体の進出は急速で，1980年代の半ばには日本の生産がアメリカのそれを上回ったのである。

日本製品の進出によって価格が急激に低下し，インテル社の業績も急角度に悪化した。1985年にはほとんど利益がなくなり，翌86年には大幅な赤字の計上を余儀なくされた。インテル社においてすら，このような業績の低下を免れえなかったのであり，アメリカの半導体産業全体が危機的状況に陥った。半導体は実に多様な産業分野にとって基礎的素材となりつつあったから，半導体産業の衰退はアメリカ産業全体の衰退の引き金となることが強く懸念されたのである。

日米間の半導体をめぐる経済摩擦が深刻化したのは，このような状況の下においてであった。アメリカ製の半導体にとって日本市場は系列取引などの市場慣行によって事実上閉ざされている。また，日本企業は通産省の主導で共同研究開発組合を結成するなどの形で国家助成をうけている。日本企業は日本市場で利益を確保しつつ，アメリカ市場においてダンピングを行っているというのが，アメリカ側の主張であった。

今日の時点で振り返ってみると，このようなアメリカ側の主張や懸念は，極論すれば杞憂であった。日本製のDRAMがアメリカ市場を席巻したことは事実であった。しかし，アメリカ市場においては，より高度な回路設計技術を要するマイクロプロセッサーの需要が，パーソナル・コンピュータの普及とともに急成長し始めていた。したがって，アメリカの半導体企業は，DRAMからマイクロプロセッサーへと事業の中心を移すことによって，急速に業績を回復することができたのである。

インテルの戦略転換

インテル社は，1984年11月に，DRAM事業から撤退し，事業の重点をマイクロプロセッサーに移し，32ビットの80386の開発を急ぐことを決定した。しかし，インテル社の中心事業はメモリー事業であり，DRAMは半導体の技術の牽引役（テクノロジー・ドライバー）であるとする通念や，メモリーとロジックの両方を持ったほうが有利であるとの判断が根強く，この戦略転換にはかなりの時間を要した。グルーブ（A. Groove）は，後年，パーソナル・コンピュータ向けを始めとするマイクロプロセッサー需要の急成長を事前に正確に予測していたならば，この戦略転換の決定はより容易であったと回想している。

インテル社はこの戦略転換と同時に，マイクロプロセッサーにおける主導権を確保するために，セカンド・ソース政策を転換し，同時に互換性について周到な対策を講じた。一般に，半導体業界では，ユーザーは安定供給を確保し，価格競争を促すために，メーカーに対してセカンド・ソースの設定を求め，メーカーもそれに応じるという慣行があった。マイクロプロセッサーについても，インテルはIBMの求めに応じて，多くのセカンド・ソースを設定してきた。1987年における8086のセカンド・ソースは12社もあり，インテル自体の供給力は全体の約30％にとどまっていた。これに対して，80286については，アメリカのAMD社，日本の富士通，ヨーロッパのシーメンス社に限定し，全供給量の75％を自社生産する体制を整えた。そして，32ビットの80386については，IBMに自家消費分の生産のライセンスを供与したほかは，セカンド・ソースを設けず，すべてインテル社で生産・供給することとした。インテル社はマイクロプロセッサーの生産・販売をより厳格な統制下に置くことを目指したのである。

このような周到な準備を経て発売された80386は，インテル社の歴史のなかでも最も順調に売上げを伸ばした製品となった。発売から1987年末までの2年間で，インテル社は80万個を出荷し

図23-2　インテル社の業績の推移

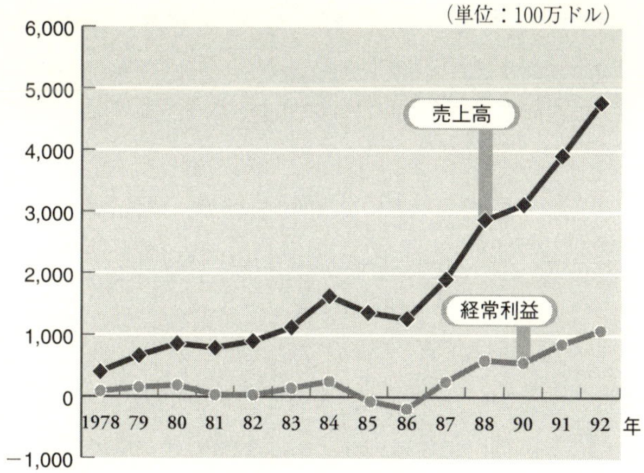

(出所)　インテル社，年次報告書により作成。

たと推定されている。IBMの最初のパーソナル・コンピュータに採用された8086の場合，最初の2年間の出荷量は5万個であったから，その16倍ということになる。1989年の80386の売上げは，サポート・チップのそれを加えると1億ドルに達し，インテル社全体の売上げの30～40％を占めたと推定されている。16ビットのマイクロプロセッサーについて，インテル社のアーキテクチャーは圧倒的な優位を確立したが，前記のとおりインテル自体のマーケット・シェアは大きくはなかった。これに対して，セカンド・ソースを設けなかった32ビットのマイクロプロセッサーについては，インテル社のマーケット・シェアは，当然ながら100％であった。

こうしてインテル社の企業業績は，1980年代の末にはV字型の回復を見せた。それはアメリカの半導体産業と新たなコンピュータ産業の発展，ひいてはアメリカ経済の復活を象徴する出来事であった。

4 生産性のパラドックス

情報処理のシステムの構築と新しい企業者

32ビットのマイクロプロセッサーを装備した製品の登場を契機として，パーソナル・コンピュータは，いっそう広くかつ深くアメリカの社会の各方面に浸透しはじめた。多くの企業で，全社の重要情報のデータベースを蓄えた高性能のミニコンを「サーバー」とし，社内に分散設置されているパーソナル・コンピュータを「クライアント」とするネットワークが構築されるようになった。サーバーに蓄えられたデータベースから経営上の重要な意思決定のための情報を引き出すことができ，パッケージ・ソフトによって日常業務の相当部分の処理できる体制を整えることができるようになった。パーソナル・コンピュータは大型およびミニ・コンピュータと競合するレベルにまで成長したのである。

このような情報処理システムの発展の背景には，新興のノベル社（Novell），スリー・コム社（3 Com）のようなソフトウェア企業があった。スリー・コム社は，ゼロックスPARCの研究者で，エサーネットを開発したメトカルフ（R. Metcalfe）が，1979年に設立した企業であった。ワーク・ステーションの事業は，1981年にミニ・コンピュータのメーカー（プライム・コンピュータ社）から独立したポダスカ（W. Podaska）によって先鞭をつけられたが，スタンフォード大学の4名の卒業生によって設立されたサン・マイクロシステムズ社が新規参入した。

このように，IBMのパーソナル・コンピュータとその互換機の急速に普及によって生じた水平的な産業組織の各セグメントで，新たな機会が出現するたびに，新製品が次々と開発され，それを事業化する企業者活動が展開されたのである。

リエンジニアリング

既存の大企業では，こうした情報処理システムの導入を通じて，業務の全面的な見直しを行う，リエンジニアリングが強力に推進された。クライアント／サーバー方式の普及によって，最も深刻な打撃を受けた企業のなかには，皮肉にもIBMが含まれていた。IBMは，1990年代初頭に連続的に赤字を計上し，97年には6万3000人もの大量のレイオフを実施したのである。1994年には，景気は後退局面を脱し利益をあげているにもかかわらず，ダウンサイジングを実施する企業が続出し，全体で中間管理職を含む10万名以上がレイオフされたのである。

従来，中間管理職は，ほとんどの大企業において事実上，終身雇用を保証された人々であった。大規模なレイオフの実施によって，そうした慣行は大きく揺らいだ。従来は重要な成長戦略とされてきた多角化に代わって，コア・コンピタンスのある基幹事業を重視し，従来内製していた部品や素材をアウト・ソーシングする動きが活発化した。こうした大量のレイオフにもかかわらず，経済環境の好転にも支えられて，1990年代には失業率はむしろ低下し，IBMのように業績の低迷から脱した企業も少なくなった。

しかし，新たに生み出された雇用機会は，高度な知識・経験を必要とする高報酬の職務と，ほとんど熟練を必要としない低賃金職務とに集中している。その結果として，賃金格差は拡大傾向にあり，低賃金職務に従事する人の増加によって，平均賃金は低下傾向を示している。

インターネット

このような情報処理システムの整備に加えて，1990年代には，クリントン政権

図**23-3**　一般家庭へのパーソナル・コンピュータの普及

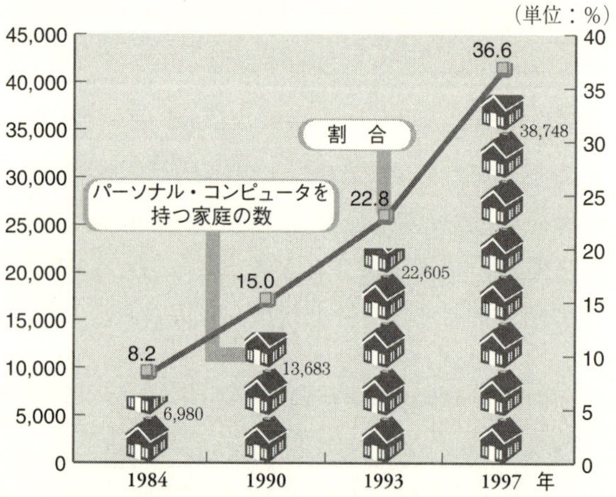

（出所）　D. Chanlder, Jr. and J. W. Cortada, eds., *A Nation Transformed by Information*, Oxford University Press, 2000, pp. 268-69，に基づいて作成。

による「情報ハイウェイ」の構築構想が打ち出され，インターネットに対する期待が大きく膨らんだ。政府の経済政策の基調は，規制緩和と小さな政府におかれていたなかで，10億ドルを超える財政資金が情報基盤整備のために投入された。その結果，情報処理に関する設備投資は，民間設備投資全体の40％にも達したのである。また，一般家庭からもAOLのようなオンライン・サービス企業を経由して，インターネットに接続し，wwwを閲覧し電子メールを交換できる環境がととのえられた。GUIの導入によって，いちだんと使いやすくなったパーソナル・コンピュータは，一般家庭への普及の速度を速めた。図**23-3**に示したとおり，その普及率は1990年の15％から97年には36.6％へと大幅に上昇したのである。

こうして，情報技術に対する巨額の投資によって，コンピュータは仕事においても日常生活にとっても欠かせない役割を果たすようになった。情報技術の発展は急速で，それに従って，経済活動のありようも急速に変化しつつあることは確かである。しかし，ソロー（R. Solow）によって1987年指摘されているとおり，近年まで，アメリカの経済統計では，コンピュータがアメリカの経済活動の生産性を大きく高めたという事実を確認することはできない。周知のとおり，アメリカ経済の生産性は1970年代に大きく低下した。1990年代にはたしかに上昇に転じているものの，60年代の水準にははるかに及ばないレベルにとどまっているのである。

このような生活実感と測定値の乖離，すなわち「生産性のパラドックス」が生ずる理由のひとつとして，伝統的な生産性の測定方法では，情報技術の経済効果をうまく認識できないことが考えられる。しかし，このような要因を考慮に入れても，なお生産性の上昇を確認することは困難であるというのである。

画期的な技術革新であっても，旧技術を駆逐するのに長い年月を要したケースはけっして珍しくはない。経済史家のデービッド（P. David）は，1世紀前に登場した「汎用基盤技術」の「電動モーター」について次のような歴史的な事実を指摘している。すなわち，電気の利用は1880年前後から始まったが，工場動力の電化率が50％に達したのは1920年代であった。この間に，約40年が経過したわけである。「電動モーター」の採用の本格化には，大規模な発送電のネットワークの発達を前提とする。そして，大規模な発送電のネットワークが発達するには，電気をめぐる公・私の産業基準の確立と互換性の問題の解決や大小さまざまな関連技術や制度の発展が必要であったからである。

コンピュータは，「ダイナモ」と同様に情報処理ネットワークに組み込まれることによって大きな威力を発揮する。そして，効率の良い情報処理ネットワークの構築には，さまざまな補完的な技術の開発や制度の整備が進み，互換性の問題や標準規格の問題が解決されなければならない。1970年代の末に出現したパーソナル・コンピュータは，伝統的な垂直統合型の企業組織とは著しく異なった水平的な分業組織によって大量生産され，社会の隅々にまで急速に普及し始めた。1990年代には，多くの企業でクライアント／サーバー方式による全社的な情報処理システムが採用されるようになり，インターネットの開放と相まって，アメリカ社会はコンピュータという「汎用基盤技術」への移行の初期段階を経過しつつあるように思われる。アメリカ企業は活力を取り戻し，業績も回復したが，雇用慣行の急激な変化や所得分配の不平等化が進み，大きな問題を抱えていることも確かであり，新しい企業経営のあるべき姿の模索はなお続くと見なければならない。

参考文献 REFERENCE

A. S. グローブ（佐々木かをり訳）『インテル戦略転換』七賢出版，1997年。

M. ヒルツィック（エ・ビスコム・テック・ラボ監訳・鴨沢真夫訳）『未来をつくった人々』毎日コミュニケーションズ，2001年。

米国商務省（室田泰弘訳）『ディジタル・エコノミー2002/2003』東洋経済新報社，2002年。

R. K. レスター（田辺孝二・西村隆夫・藤末健三訳）『競争力』生産性出版，2000年。

第24章 金融・サービスの復活

金融・サービスセンターの競争

ロンドンのシティ
筆者撮影

マーチャント・バンクをはじめとする金融業者がひっそりと並ぶロンバート・ストリート。

1 場としての金融・サービスセンター

金融・サービスセンターの機能回復

金融・サービスセンターとは，金融やサービスの取引をとおして，資金やサービスの偏在を調整する「場」である。金融業者や各種取引所はどこでも大都市の一区画に集まる傾向が見られたが，ヨーロッパではこうしたセンターの形成がとくに顕著であった。ロンドンでは，19世紀に入るころからシティとよばれる1キロメートル半四方ほどの地区に，世界各地から金融業者を集めていた。そこの主役は，マーチャント・バンク，ビル・ブローカー，ロイズ保険組合，証券ブローカーなど，個人営業の金融業者だった。

このようなセンターの「場」としての意義は，早くから知られていた。すなわちロンドンのシティは，多くの異なった商業・金融活動がひとつの地点に集中することにより，「時間や人員の節約と，一緒に仕事をしなければならないさまざまな人々の間での多様な接触が可能になって効率が向上する」とか，「ロンドンの共同体的な連帯意識は，危機に直面した場合に，自制，連携，相互扶助として働く」などといわれてきた。ロンドンに当てはまることは，条件の類似する他のセンターにも当てはまる。この章は，第二次大戦後にこうした「場」が機能を回復する過程，その制度的条件，その仕組みや担い手の変遷を扱う。

こうしたセンターは，古くは貿易や商取引にともなって生じた金融・商業の拠点であった。ロンドンは19世紀半ば以降，国内の余剰資金と金本位制と基軸通貨とに支えられ，国際金融を中心に多様な機能が密接に絡み合うセンターとなった。しかし第一次大戦以降は，貿易も基軸通貨の地位も失われ，長い間，国際業務は停滞を続けた。

ところが1960年前後から，ロンドンは地域間決済という新たな仲介業務のための国際金融センターとして復活した。そこには，世界を相手にした金融，各種商品やサービスの取引，それらに付随する保険や海運などが集まった。ロンドンやパリの金融業者は，国を越えてヨーロッパ的規模で資金を調達し，世界的規模でそれを運用した。ユダヤ系やギリシャ系の金融業者もロンドンを拠点とした。ヨーロッパは実物経済では輸入超過であったが，金融とサービスにおいて輸出超過であり，ヨーロッパが近代工業での競争力をなくした後も，金融センターは強い競争力を維持した。

国を超えるヨーロッパの金融センター

ヨーロッパの金融センターの特徴は，その国際性にある。「金融家は一種別個の国を作っており，ロンドンのシティがその首都であるが，領土も国民感情も備えていない」などといわれていた。1979年にイギリスの銀行を経由した資金の4分の3は，外国から来て外国に向かっていた。1980年代に入ると，これはさらに増大した。1998年，外国銀行の支店数は，ニューヨーク300，東京100に対して，ロンドン580，パリ420，フランクフルト230であった。外国貸出しのシェアは，ニューヨーク8％，東京12％に対して，ロンドン22％，パリ7％，フランクフルトが8％であった。外国為替の取扱いシェアは，ニューヨークの18％，東京の8％に対して，ロンドンは32％であった。ヨーロッパの金融センターは，その規模に比して，いずれも国際業務の割合が著しく高い。パリやフランクフルトは，ヨーロッパの地域的センターである。アムステルダム，チューリッヒ，ウィーン，ブリュッセル，ルクセンブルグも，地域的な金融センターとして，ヨーロッパ内における国境を越えた資金の仲介業務を行ってきた。

ロンドンがグローバル・センターであり，金融とサービスの総合的なセンターであることも，ニューヨークや東京との違いである。ニューヨークや東京は，扱う資金の規模こそ大きかったが，歴史的に国内資金を国内に向けるという側面が強かったのに対し，ロンドンでは，国際取引が証券取引の4割に達していた。ロンドンの地位は金額においてはニューヨークや東京に追いつかれても，シティしか提供できないサービスも多い。シティには，金属や穀物の取引所，船舶や航空機のチャーター市場もある。総合的なセンターという点では，パリは金融と保険のセンターであるが，フランクフルトはもっぱら金融センターである。ロンドンは商品取引所を持っているが，パリにもフランクフルトにもそれはない。

しかし，1980年代に入るころ，他のセンターに対するロンドンの相対的地位は低下してきた。シティの業者にも興亡があった。しかしそれは，他のセンターも同様な条件を備えてきたということであって，金融・サービスセンターという機能がなくなったということではない。イギリス帝国は没落し，ジェントルマンの将来は不確かであるが，シティは情勢に適応して生きながらえている。

2 制度的要因の変化

規制の撤去

ロンドンやヨーロッパ諸都市の金融センターとしての復活過程には，政策や規制の変化が大きかった。国際的な金融・サービスセンターの機能は，第一次大戦から第二次大戦後まで影を潜めていた。第一世界大戦とともに始まった諸規制は，第二次大戦後も続き，金融政策の中心は国債の管理や固定相場制維持を目的とする為替管理等におかれた。シティの再建は，1950年代，利子率の操作による景気調整が再開され，ビル・ブローカーにとっての事業機会が広がってからのことであった。次いで証券価格が上向き始め，増資や合併による起債業務も伸び，為替取引の再開（1958年）とともに，マーチャント・バンクの機会も広がった。船舶，保険，商品取引が活発化し，金取引も再開されて，国際サービス業務も活況を呈するようになった。

1950年代後半以降，アメリカの貿易赤字のためにユーロドル（米国外で保有されている米ドル）が急増すると，イングランド銀行の肝入りで，ロンドンがその取引の場を提供することになった。1960年代にユーロドル取引が拡大すると，シティは開かれた通貨市場であったため，国際金融センターとしての地位を回復した。1960年代後半になると，アメリカの銀行がロンドンでドルを借りるといった行動をとり始めた。またアメリカ企業が海外直接投資を行ったので，銀行も取引先企業とともにロンドンに拠点を構えることになった。こうしてユーロ債において，次いで証券において，シティは世界の市場となった。

規制の谷間のロンドン

1970年代にはドルの価値が低落し，ドル以外の通貨が求められるようになったが，それらもロンドンで取引された。ユーロ市場は，1983年以降はユーロ債の発行に向かい，伝統市場の外部にもうひとつの資本市場が出現した。シティには，こうした取引に必要な熟練，国際的つながり，施設，環境があった。規制はイギリスにもあったが，ニューヨークや東京の規制が金融業務そのものを制限するのと違って，規制外の業務が存在する余地が残されていた。

シティに居を構えていたイギリス国内の大規模な金融機関や保険会社は，より安価な立地と低い人件費とを求めてロンドン郊外に移動したが，そのあとに世界中から金融業者が入ってきた。

1979年に為替規制が撤廃され，他方で石油からの収入が生まれるようになると，シティは国際投資の拠点としてさらに活況を呈することになった。多国籍企業も，母国の投資家や銀行に頼らずに，外国の投資家から資金を求め，より広い市場から資金を調達するようになった。興味深いことに，これらはシティにおいて，しかしながらロンドン証券取引所の外部で進行した。すなわち，政府やイングランド銀行の規制を受けない「セカンダリー・バンク」が登場し，民間企業の手形取引市場も復活した。「並行市場」とよばれた銀行間の取引市場が，伝統的な市場とは別に発達してきた。

当時，こうした資金の移動を防ぐ目的で，世界的な政府規制がなされたが，銀行は余剰資金から利子を稼ぐ目的でそれをロンドンに振り向けた。

こうして，短期資金がロンドンに形成され，債券の取引に使われた。1960年代におけるアメリカでのドル流出規制の結果，アメリカの銀行は規制から自由な国外に残高を維持するようになった。まずパリが選ばれたが，そこにも規制が敷かれたため，シティに移された。ロンドンは大英帝国の解体，旧植民地における規制のために，帝国の金融センターではなくなっていた。しかし，他の欧米諸国の規制のために，世界の遊休資金を有効に活用できる場所となった。1967年にはポンドが切り下げられ，スターリング圏は終わった。しかしシティは，大英帝国やスターリング圏に頼ることをやめて，世界の金融センターとして生き残った。

金融は自由を求める

1970年代以降，証券市場の国際性が増大し，ニューヨークと東京が台頭してきた。それへの対応が，1986年のロンドン証券市場のビッグバンであった。ビッグバンは，ロンドン証券取引所と並行市場とをひとつにして「国際証券取引所」をつくり，証券取引所の制限的慣行を廃止した。シティの業者は，強さを持ちながらも閉鎖的で伝統的なビジネスに向かっていた。証券市場もそうであった。しかし機関投資家の急成長と，証券取引における国際化の進展は，証券取引所の慣行を変えた。コンピュータ・スクリーンによる機械化された売買システムが導入され，これまでの相対《あいたい》取引に代わった。ブローカーとディーラーという垣根も取り払われた。それによって，シティの国際競争力は回復した。改革によって多くの外国企業がロンドンに定着し，強力なプレーヤーとして力を振るうことになった。

ロンドンは，世界の金融業者を集める場としての強さを持っている。ロンドン証券市場の強さは，シティの他の市場，とりわけ短期資金市場や，豊富な人材，確実な情報網に依存している。また，他のセンターに比べて相対的に規制が緩やかであったことが，強みでもある。しかし他のセンターにおける規制の撤廃や，通信技術の変化によってセンター間の取引や決済が容易になるにつれて，ロンドンは独占的地位を失う可能性を持っている。

3 強力な担い手

シティと外国銀行

シティの有力業者は，事業の内容を変化させつつ新たな機会に対応してきたが，有力業者の顔ぶれも変化した。マーチャント・バンクは，依然として重要な役割を演じているが，かつての勢いはない。株式銀行，手形割引商会，イギリスの海外・植民地系銀行も，かつてほど強力ではない。むしろスイスやドイツ，アメリカなど外国の銀行や，証券業者が地歩を強化している。これらの銀行も，国際業務においてはシティを重要な活動の拠点とせざるをえない。シティでの基盤を強化するために，外国の有力銀行がマーチャント・バンクを買収した例もあり，この種の買収は今も続いている。

外国の金融業者は，ロンドン証券取引所の外部で，しかしまぎれもなくシティにおいて，国際証券取引におけるいわゆる並行市場を形成してきた。取引の対象の中心は，当初はユーロ債であった。ユーロ債は，シティで外国の証券業者によって取引された。1989年までに200を超える国際証券の取引業者がロンドンで取引に従事していたが，いずれもロンドン証券取引所の会員ではなかった。1990年にはロンドン国際証券取引所の408のメンバー中，154は外国の業者となり，60年代までの停滞傾向を打ち破った。

このように有力な担い手は交替したが，シティは金融センターとしての機能を維持している。1971年以降の金融自由化，その後の金融の国際化，とりわけユーロドル市場の発達と，世界貿易の急速な拡大とともに，シティは精算所としての機能を果たすようになった。国際通貨として米ドルが台頭すると，それを求める金融業者が世界中からシティに集まってきた。変動相場制への移行にともない，各国銀行が為替取引を活発に行うようになったが，それもロンドンに大きな拠点を置く理由となった。ニューヨークや東京の国際金融が自国の預金を海外に振り向けているのに対して，ロンドンは国際間の資金の仲介を行っている点に特徴を持っている。

4 金融からサービスへ

総合センターから金融へ

金融・サービスセンターにおける主要な活動基盤は，第二次大戦後も，ほぼ10年単位で高度化しつつ推移してきた。その結果，今日では，シティは総合的なセンターではあるが，金融，商業，サービスの各業者が相互に絡み合ったかつての複雑な取引関係を見ることはできない。総合的センターといっても，金融業務の比重が高くなっている。じっさい，古くからの商品市場は衰滅の一途をたどった。伝統的な第一次産品では，各国政府の介入や多国籍企業の台頭が，ロンドンの機能を奪った。船舶取引は，1950年代から低落し，ボールティック取引所で行われるにすぎなくなった。

株式銀行や保険会社などもシティを去って郊外や地方に本拠を移したから，シティは大手の金融機関の立ち並ぶ金融街でもなくなった。むしろシティは，金融からサービス業務に基盤を移しており，その取引の規模と取引内容の多様さにおいて，世界最大であることに変わりはない。

金融からサービスへ

第二次大戦後のイギリスの貿易外収益の大半は，サービスによってもたらされている。ロイズ保険組合の果たした役割が大きい。大手保険会社による損害保険業務の多くは，通信手段の発達とともに，シティから郊外に移ったが，国際保険や再保険はシティにとどまって発展を続けた。保険は，第二次大戦以降はどこの国も自国主義をとって外国の業者を締め出す傾向が見られた。海上保険への各国政府の規制は，ロイズを再保険業務に向かわせた。ロイズ保険組合は，新たな市場を開拓して新たなリスクに乗り出し，自国主義になるほどリスク分散の必要性が高まることに着目して再保険業務を拡大した。こうしてロイズは保険料収入の4分の3を，会社型保険の場合も3分の2を，それぞれ海外，とくにアメリカから得ることになった。

当初からのサービスには，船舶の等級付けや修理があったが，こうしたサービス化は，さらに新たなサービスを生み出した。損害評価のための業者が出現すると，そのサービスはシティ外部にも提供された。こうして，ロイズ保険組合の関連だけで7万人のサービス業務を必要とし，サービス化は雇用の機会を提供した。

古くからの商品市場が，各国政府の介入や多国籍企業の台頭によって衰微の一途をたどると，シティは商品先物に活路を見出した。先物契約の多くは，新たに登場した「ロンドン国際金融先物取引所」で行われることになった。ボールティック取引所は，海運不況によって打撃を受けたが，ここもチャーター便や先物の取引によって活路を開いた。

マーチャント・バンクも，従来型の直接投資に関わるよりも，財務アドバイス，会社合併の仲介，年金基金の運用といったサービス業務に進んだ。イギリスの大企業は歴史的にロンドン証券市場とは縁が薄かったが，その大企業が第二次大戦以降に資本市場を利用するようになると，マーチャント・バンクが起債や合併に際して重要な役割を果たすようになった。機関投資家が発展し大口注文が増えると，伝統的な個人営業のジョバーやブローカーでは対応できなくなり，証券取引業者の合併が進んだ。巨額の国際的資本移動には，既存の証券業者の規模では対応が困難となった。

税制や法律の複雑化や，国際業務の多様化は，会計士や会社弁護士など専門的サービスの重要度を増した。会計士は，株主の利益を守るためにも会社清算の際にも，必要とされた。当初は監査から始まった会計士の業務は，財務アドバイザー業務へと拡張し，合併，起債，税金，とりわけ国際的な税金に関して助言を行うようになった。会社弁護士は出現が遅れたが，その経緯は同じであった。第二次大戦後，合併や国有化などで法律問題が複雑になると，会社弁護士の需要が増大した。シティへの進出ではアメリカの弁護士事務所が先んじており，1990年までに60事務所が拠点を構えた。

図 **24-1**　シティの地図（1975 年）

リバプール・ストリート駅
ギルドホール
証券取引所
イングランド銀行
PRINCES St.
ミッドランド・バンク
ボールティック取引所
セントポウル寺院
ロイズ・アンド・ボルサ
ウィリアム・グリンス
LOMBARD STREET
ロイズ
フィナンシャル・タイムス
FENCHURCH
キャノン・ストリート駅
穀物取引所
テムズ川
ロンドン橋
1 ヒル・サミュエル
2 S. G. ウォーバーグ
3 シュローダー
4 モーガン・グレンフェル
5 サミュエル・モンタギュー
6 ナショナル・ウェストミンスター銀行
7 ハンブロー銀行
8 チャータード銀行
9 コマーシャル銀行
10 スミス・セント・オーバン
11 ジレット
12 ガーディアン・ロイヤル・エクスチェンジ
13 ロイズ銀行
14 ユニオン割引会社
15 ケーター・ライダー
16 ロスチャイルド
17 ジェラルド&ナショナル
18 バークレー銀行
19 ナショナル・グリンドレーズ
20 金属取引所

5 繁栄の条件

競争優位の条件

金融・サービスにおいて優位を形成する条件には，次のようなものがあった。第一に，規制からの自由である。シティは他より規制が緩やかであった。シティで規制が強化された時代には，国際的機能は減退した。また，アメリカにおける兼営業務の禁止やドル流出規制の結果，金融業者たちは活動の拠点を自由なロンドンに移すことになった。

第二に，安定した条件があげられる。第一次大戦以前は，それは債権の保全や通貨の安定で優っていることや，戦争や経済的混乱がないことを意味した。危険や変動を分散する取引方法はその後，格段に進んだが，シティは柔軟に対応してそうした技術の多くを取り入れてきた。

第三に，参入の容易さがあげられる。事業を行う設備や人材入手の容易さとか，資金のコストといった条件は，新規参入に際して重要な要件である。

第四に，集積効果をあげることができる。外部経済における規模の経済性である。金融・サービスでは，製造業と異なって内部経済の規模はさほど重要ではない。専門化した企業が，大きく効率的な市場で事業を行うことが優位に結びついてきた。経験，取引関係，関連サービスといった条件が重要であった。こうした資源を求めて諸外国の業者がロンドンにきた結果，規模の経済性が実現された。半面，個々の業者は，その業務を絶えず高度化させることによって自らを維持してきた。そのために必要な関連支援事業がこれからも必ず形成され，従来のような集積が再生産されるという保証はない。

最後に，シティだけが特別であるというわけではない。シティが比類のない地位を持ったのは，第一次大戦前のことであった。シティを繁栄へと導いたのと同様な，あるいはそれ以上の条件が見られるところでは，繁栄が見られるということである。

参考文献 REFERENCE

青野正道『金融ビジネスの歴史』中央経済社，2003年。

布目真生『マーチャント・バンキング』金融財政事情研究会，1976年。

H. マックレイ＝F. ケアンクロス（中前忠訳）『キャピタルシティ』東洋経済新報社，1986年。

第25章　産業地域の再生

地場生産システムと中小企業

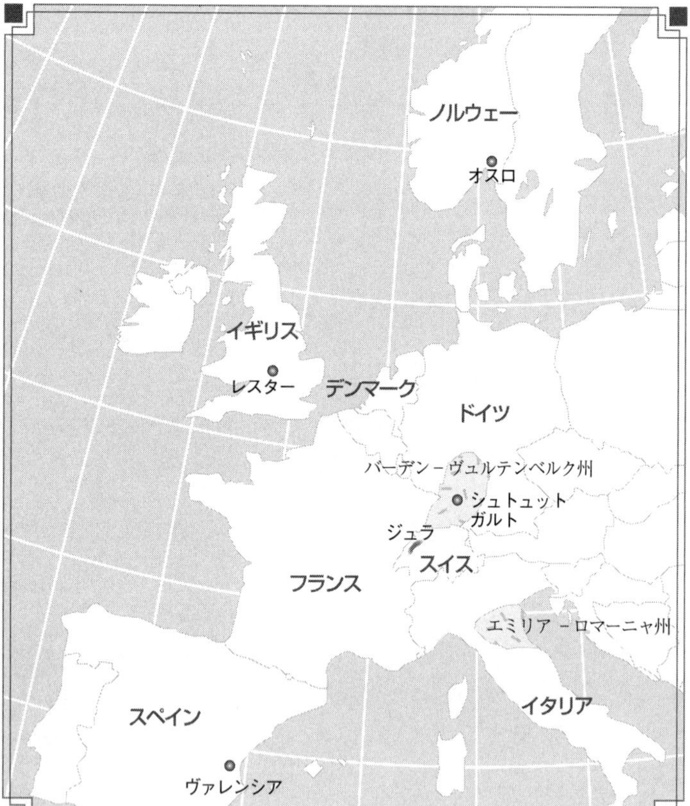

本章に出てくる中小企業地域

1960年前後から中小企業の繁栄が諸地域で見られた。

1 第二次世界大戦後の産業地域

産業地域の復活

大企業体制の崩壊によって，代わって姿を現したのは，金融に象徴される市場世界だけではなかった。大企業体制は各種の経済・社会政策と結びついた各国ごとのシステムであり，その強弱や崩壊の時期に関しては国による違いが見られた。しかし，いずれにしても大企業体制の崩壊は，中小企業の存続にとって有利な仕組みに再登場の機会を与えた。スイスのジュラ，西南ドイツ，ノルウェーのオスロ近郊など，各地で中小企業は息を盛り返し，イタリア中部，スペインのヴァレンシア，デンマーク西部などでは新たな中小企業の登場が見られた。これらは大量現象として持続している。この章は，1960年前後から中小企業によりつつ目覚しい発展を遂げた諸地域を取り上げ，繁栄のありさまやそれを支えた条件を明らかにする。

中小企業の繁栄が指摘される諸地域には，西南ドイツやスイスのように，大企業の時代をかいくぐって生き延びてきたところもあった。また，第二次大戦後の「第三イタリア」のように，新たに登場したところもある。他方で，大企業体制の解体にともなって，大企業と密接な関係を維持していた中小企業が揺らいでいるところもある。大企業によらないこのようなビジネスのダイナミズムの源は，「地域」(A.マーシャル)，「クラフト・システム」(M. J. ピオーリ = C. F. セーブル)，「価値連鎖」(M.ポーター) などにあるとされてきた。さらに近年は，大量生産と大企業によらない繁栄を生み出す仕組みは，ヨーロッパ各地の経験に基づいて，「産業集積」や「地場生産システム」に求められている。

2 産業地域の再興と登場

●地場生産システムの出現

伝統的産業地域

第二次大戦後のヨーロッパでは，イタリアやスペインのように，中小企業数とその従業者数が，絶対数でも経済全体に対する割合においても，増加しつづけたところがある。他方，イギリスやフランスのように，中小企業が衰微したところもあった。中小企業が発展したところには，「地場生産システム」が出現したとされている。「地場生産システム」(local production system) とは，ひとつの商品に特化した地域内で，その商品を作り上げるために，必要な諸工程や関連産業が分業をなしているような仕組みである。地場生産システムの出現には，いくつかの異なったプロセスが見られた。

第一は，大量生産体制のはざまで生き延びてきた伝統的産業地域の再興があった。西南ドイツのバーデン-ヴュルテンベルク州は，19世紀末からの工作機械の生産地であり，第二次大戦前には自動車や電気機械など各種機械工業を発達させていた。第二次大戦中，工作機械は重要品目として統制下におかれたが，1950年代以降，バーデン-ヴュルテンベルクの工作機械工業はめざましく発展した。この地域の自動車産業は，大企業を基盤に大都市シュトゥットガルトに立地し，大企業化を進め，大都市への就業者の集中を促した。

これに対して工作機械工業は，地域内の中小企業の割合を維持し，中小企業によりつつバーデン-ヴュルテンベルク各地に立地した。工作機械工業は，地域内に蓄積した技術者や高度な熟練労働者によって，隣接するスイス，北フランス，西南ドイツにかけて発達した時計，精密機械，重機械，自動車などの産業に，最先端の技術に基づく高級機を供給していった。すなわち，伝統的な機械技術における優位を基盤に，個々の顧客の求めに応じて個別に設計され，高度に工夫を凝らされた製品を供給して発展した。さらに数値制御などの技術革新にも対応し，高速・高精度加工を実現しつつ，後発地域の追随を許さなかった。

大企業の解体

第二に，1950年代には，長い産業的伝統を持つ工業中心地で大規模工場の解体が起こり，中小企業への生産移転が始まった。イタリア北部の大工場では，1950年代に，企業の存亡がかかるほどの激しい労使紛争を経験し，これをきっかけに，多くの熟練労働者やホワイトカラーが大企業から出て，隣接する中部イタリアのエミリア－ロマーニャ州に事業を設立した。熟練労働者やホワイトカラーは，大組織内で管理されるのを好まなかった。工場経営者も，大規模工場における労働者との対立を避け，生産を小単位に分散化することを選んだ。

ボローニャの金属加工業では，ダカッチ，サシーブ，ミンガンティといった大工場が，1970年までに従業員数を40年代の半数ないし7分の1に縮小した。他方で，エミリア－ロマーニャ全体では，金属加工企業の数は1950年以降，2.3倍に増加した。各種機械，とりわけ包装機械は顕著な発展を見せ，1981年までに282の企業と9200人の従業員を擁するまでになった。このように，産業的伝統を持つ都市が，中小企業の母胎となることもあった。

新興産業地域

第三に，新たな産業地域の形成があった。イタリアのエミリア－ロマーニャに隣接するトスカーナ州のヴァルデルサ，ヴェネト州のバッサーノ，マルケ州のモンテグラナロやカステルフィダルドなどは，1950年当時，いずれも農業を中心とする地域であった。しかしながら，それまでも農業だけで存立していたわけではなく，副業的な家内

図25-1　イタリア産業地域地図

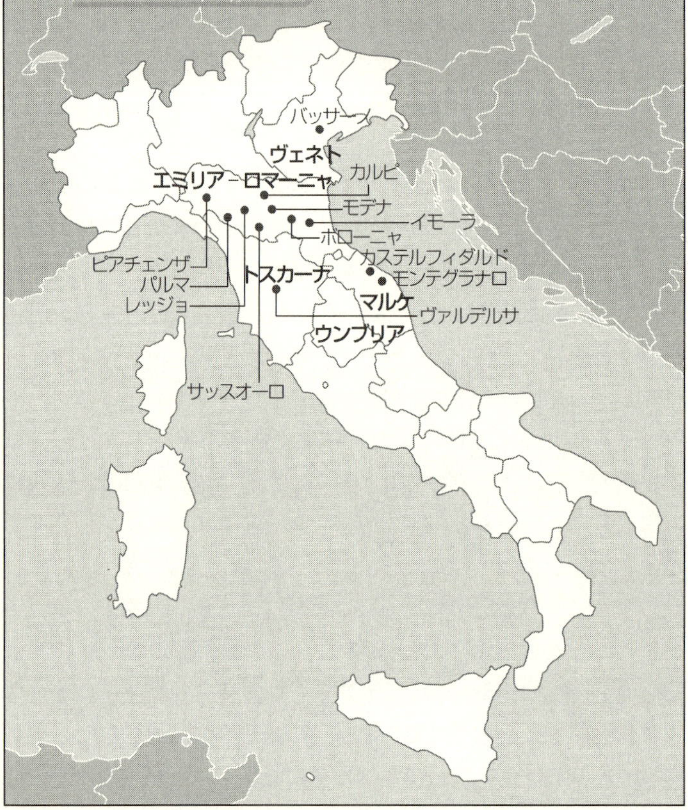

工業が広範に行われていた。ヴァルデルサでは，製紙，ガラス，紡糸，織布などが農民の家族によって営まれ，後に木工業が加わった。バッサーノでは，製陶と木工が行われていた。モンテグラナロは，農業のかたわら製糸業を営む町であった。1970年までに，ヴァルデルサは家具，ガラス，衣料品の，バッサーノは製靴，家具，製陶の，そしてモンテグラナロは靴やその他の履物の，新産業地域となっていた。

このように，新たな産業地域も以前から副業的工業の経験を持っていた。モンテグラナロでは，製品を域外に販売したり，近隣の農村に原材料を前貸ししたりすることも以前から行われており，原材料を準備する作業場も見られた。比較的容易に独立自営の工業生産が始まった背景には，本格的な発展に先駆けて農村における副業の経験があったこと，各家族が農工にわたって複数の収入源を持ち，新規創業や自営の危険を家族の他の収入源によって補うことができたこと，などを指摘できる。

こうして，一，二の製品に特化した「地場生産システム」が，イタリアだけでも1980年までに数十も出現した。類似の産業地域は，ヨーロッパ周縁部各地にも出現した。

大企業と大量生産によらない地場生産システムが広まった一般的な背景として，1960年代における嗜好や消費構造の多様化を指摘することができる。それまで大量生産によって供給されてきた各種の消費財のライフサイクルは，短くなってきた。この傾向は，衣料品や靴から始まって，家具や他の耐久消費財に及んだ。それらに合わせて大量生産のラインを組み直したり，部品生産のための専門機械を入れ替えたりすることは，新たに設計の手間と新規投資とをともなうことになる。

このような需要構造の変化は，多品種少量生産が可能な機械や生産システムに登場の機会を提供した。ここでいう「地場生産システム」も，ひとつの代替的方法であり，分散的生産が可能な分野に広まった。ボローニャのモリーニ・バイク工場では，部品生産の多くを賃加工に出し，分散的生産を行っても精度は損なわれないことが判明した。以上のような理由から，大規模工場での大量生産に代わって，分散的生産が選ばれることになった。そのような産業構造や小企業によってもやっていけるようになったことが，変化のひとつの原因である。

しかしこうした生産システムは，消費財以外にも出現していた。中小企業に基盤を置いた産業そのものは，部分的には他産業における大量生産システムの産物でもあった。たとえば，ボローニャの包装機械産業は，食品，医薬品，化粧品，石鹸等の量産の最終工程において，包装を機械化する必要に基づいて発展した。しかし，これら大量生産産業は製品種類も著しく多く，その仕様は国際的にも異なっているため，そこで用いられる包装機械そのものは多様な個別の必要に対応することが求められた。こうした注文ごとに異なる包装機械を製作するためには，地域内の柔軟な分業関係に依存したほうが有効であった。

3 新たな産業地域とその特徴

地域内分業と協業

以上のような「地場生産システム」は，多くの場合，互いに関連しあう次の4つの要素から構成されていた。

第一は，地域的な製品別特化傾向である。エミリア-ロマーニャ州では，10人未満の小規模企業の割合がイタリア全体に比しても顕著であったが，それらの小企業は，州内各地に，産業ごとに群れをつくって立地していた。すなわちモデナにはニット製品，レッジョとサッスオーロではタイル，ピアチェンザではボタン，パルマでは農産物加工というように，町ごとに一，二の消費財に特化していた。ボローニャだけが，自転車，靴，機械類など多様な製品を産していた。加えてこの地域では，ボローニャでは包装機械，パルマでは食品加工機械，カルピでは木工具というように，これらの消費財に関連を持つ各種機械類をも生産しており，それらを地域外へも出荷していた。

第二は，下請けや家内工業を含む地域内企業間の分業と密接な相互依存関係である。いずれの企業も，製品系列においても機能においても高度な専門化を遂げていたが，半面，近隣の他企業と密接な関係を保っていた。また，専門化の進行にともなって，自ら作っていた部品を外注にまわすようになった。モデナとレッジョの衣料品産業では，それに従事する人々のうち，自ら出荷まで行う独立自営の製造業者は4分の1ほどだった。全体の4分の1は下請業者で，残りの半数は自宅で働く婦人たちだった。独立自営の製造業者は，半製品や部品を他の業者や自宅で働く婦人たちに加工させていた。大規模な企業は，見本の用意や製品の包装，出荷にたずさわっていた。さらに周辺地域では，規模の大きな企業はモデナおよびレッジョの業者が所有し，独立自営の業者は8％程度だった。このように実際の生産は，極度に分散的に営まれていた。しかし事業主は，新たな技術や知識，原材料の購入や製品の出荷などにおいて，さらには経理や信用の供与において協力し合っていた。こうして，生産においては分散が進行する一方で，それらは家族とか地域といった共同体に基盤を置いた強いきずなによって互いに統合されていた。

もっとも地域内企業間の相互依存関係については，バーデン－ヴュルテンベルクの工作機械工業では異なった様相が見られた。ここでも第二次大戦以前から，各企業は自らの特徴を生かす製品系列に専門化し，他の製品を同業他社に譲ったり，業界団体の形成を進めたりした。多くの業者が，高い内製比率を達成しつつ類似の製品を作っており，企業間の分業や下請関係による協力よりは，同業者間の競争の局面のほうが強かった。血縁や地縁のきずなよりは，地方政府のイニシャティブによる制度化された協力関係が多かった。

地域内調整メカニズム

第三は，作業の配分や雇用契約などに関して，事業主と従業員との関係に見られた特徴である。作業場内では，各従業員間で職務の分担があったが，それは固定的なものではなく，必要に応じて他の仕事も割り当てられていた。作業機も高度に専門化せず，多様な作業をこなせるものであった。高度な専門化には，柔軟な側面が見られた。こうした雇用関係は，劣悪な仕事の環境や低賃金をも含むものであり，雇用契約も必ずしも制度的に整い形式化されたものではなかった。事業主と従業員の関係も固定的なものではなく，職人，請負人，従業員のなかから，起業したり雇用者の地位に転じたりする者の割合も，小規模企業の場合と変わらないほど高くなっていた。

第四は，地方政府や諸機関の役割である。中央政府の役割が小さい一方で，地方政府は技術教育，資金供給，労使関係において重要な役割を演じた。ボローニャ，モデナ，イモーラには自治体が設立した技術学校があり，幅広い技術教育を提供してきた。自治体は，従業員に対して交通，公営住宅，学校，デイケア・センターなどを，事業主にはインフラストラクチャー，工業団地，職業訓練，共同集荷・輸出の便など，各種のサービスを提供した。また不動産の価格を抑えて，新規開業の負担を減らした。

同じことはバーデン-ヴュルテンベルクでも見られた。地域融資銀行は資金を提供し，地方政府は技術育成や生産技術研究を推進した。そして，地域通商局を中心とするコンサルティング，共同技術育成センター設置など，絶えず新たな状況に対応しつつ政策を打ち出した。

中小企業が担う産業の多くは労働集約的で，後発工業国の追い上げに容易に屈すると考えられがちである。しかしイタリアの産業地域は，底辺市場ではなく高級品市場に基盤を置いていた。地域外の市場における消費者の動向をすばやく把握して製品化し，製品を世界の市場に販売できる流通のルートを自ら作っていった点に，競争力の基盤があった。このことはバーデン-ヴュルテンベルクについてもいえる点であった。

4 繁栄の条件

競争か協調か

「地場生産システム」そのものは，いつの時代にもどこにおいても，多かれ少なかれ見られたが，その構造や置かれた環境によって果たす役割は異なっていた。先に第17章で取り上げた大企業体制下の中小企業や産業地域と，どこが異なっているのだろうか。

1960年以降の産業地域は，マーシャルの「地域」(第17章) としばしば類比される。両者の間には，分業と専門化の進行，外部経済における規模の経済性，地域内での知識や技能の蓄積と伝播，域外の先進市場との結びつきなど，類似の側面も見られる。しかし決定的な違いがある。

第一に，マーシャルの分業は市場によって調整されるものであったが，1960年以降の繁栄する産業地域には，分業を統合する協調的な家族や地域のきずな，業界団体，地方政府がある。第二に，マーシャルの地域では，熟練は大工場内の基幹職種を構成したが，1960年以降の繁栄する産業地域では，熟練に基づく柔軟な専門化が中小企業の基盤をなした。第三に，マーシャルの地域と異なって，地方政府を巻き込んだ繁栄維持策が見られた。

では，同じ第17章で明らかにされた大量生産体制下のゾーリンゲンやジュラとはどこが異なっているのか。違いは程度の問題であろう。ゾーリンゲンの場合には，過当競争を防ぎ，好況期の賃金つり上げを防ぐための調停委員会をとおして，賃金安定化がはかられていた。ジュラの場合も，製造業者と熟練工の協力関係を維持できるような紛争解決や団体交渉規則，工程間の密接な関係を維持するための調整が行われた。いずれも地域の結びつきを維持するために制度や機関，制定化された規則や協定があり，それらを遵守することによってシステムの存続がはかられた。国家の経済・社会政策に擁護された大量生産体制からの競争にさらされた環境では，この種の防衛策が必要であった。1960年以降のイタリアでは，この種の賃金協定や規則は緩やかであり，また必要ではなかった。

市場経済のなかの中小企業

中小企業が経済全体に占める割合は，それが圧倒的に低いことで知られるイギリスにおいても，1970年以降増大した。この現象は，これまで紹介してきた仕組みとどこが違うのであろうか。

第一に，イギリスの中小企業は，廃業率が非常に高く持続的ではない。第二に，イギリスでも，中小企業はひとつの産業が同一地域に立地することが少なくなかったが，企業相互は孤立しており，相互作用の恩恵に浴していない。レスターのニット産業では，低賃金移民に基づく新規参入が多く見られたが，企業間の専門化も進行せず，流行の微妙な変化に柔軟に対応できる下請関係などの協力も見られない。また，共同して最終市場に出荷するような企業間の協力もない。内部の紛争を解決し，技能教育や技術開発を共同で推進する試みも弱い。第三に，中央政府の政策が大企業体制と市場システムとの間を大きく揺れ動き，いずれの政策も産業地域の繁栄にはそぐわないばかりか，しばしば産業地域を解体した。

繁栄の条件

1960年以降の「地場生産システム」は，地域内部における柔軟な分業と，密接な協業に基づいていた。諸要素は互いに促進的に作用しあってイノベーションを呼び起こし，その成果を普及させ，持続的発展に必要な事業主や労働者の参入を促してきた。

すなわち，第一に，新技術導入に対する従業員側の抵抗は小さかった。また，下請業者が自立したり，新規参入や起業を容易にしたりする仕組みがあった。

第二に，顧客の嗜好の変化に対応して，多様な製品を供給することが可能であった。衣料品では，パリやフィレンツェのコレクションに発表された作品は，ただちにモデナやレッジョで製品化することができた。包装機械や農業機械をはじめとする特殊機械類についても，地域内の分業は顧客の求めに応じた多様な製品に対応した。

第三に，模倣や同業者間の相互作用が，急速に新たなアイディアを生んでいった。新製品や新技術が持続的に生み出されてきたが，そうした革新は研究所における産物ではなく，実際の必要を知る企業者と労働者の協力の産物であった。

しかしこのような仕組みは，産業地域の繁栄条件を説明したことになるのだろうか。

第一の，新規参入は持続できるだろうか。技能を養成したり，後継者を育成したりする試みは，いずれにおいても盛んである。しかしいったん設立された技術学校は，しばしば独自の歩みを始め，所期の目的とは異なった展開をするものである。

また第二の，高級品市場への差別化はどこまで可能性があるだろうか。顧客は安価で，質的にも劣らない製品を得ることが可能となってきている。

第三に，絶えざるイノベーションをどのように持続するか。イノベーションには中小企業の資金力を上回る投資が必要となってきている。

うまくいっているところに関しては，これらすべての条件が絡み合ってうまくいくような説明をすることが可能である。しかし類似の条件を持っていても，同じ方向に進む保証があるだろうか。いったん歯車がかみ合わなくなった場合，すべてが逆転して反対に向かうことになるのではないだろうか。

参考文献　REFERENCE

M. J. ピオリ＝C. F. セーブル著（山之内靖・永易浩一・石田あつみ訳）『第二の産業分水嶺』筑摩書房，1993年。

A. Bagnasco and C. F. Sabel eds., *Small and Medium-Size Enterprises*, Pinter, 1995.

索　　引　Index

事 項 索 引

アルファベット

50　音

あ　行

か　行

❒さ　行

❐な　行

❐は　行

❒ま　行

人名・企業名索引

アルファベット

50 音

あ 行

か 行

さ 行

● **著者紹介**

鈴木良隆（すずき　よしたか）

一橋大学名誉教授，東京工業大学環境・社会理工学院特任教授

大東英祐（だいとう　えいすけ）

東京大学名誉教授

武田晴人（たけだ　はるひと）

東京大学名誉教授

ARMA

ビジネスの歴史

Business History

有斐閣アルマ

2004年10月20日　初版第1刷発行
2022年1月30日　初版第11刷発行

著　者　鈴木良隆
　　　　大東英祐
　　　　武田晴人

発行者　江草貞治

発行所　株式会社　有斐閣

郵便番号　101-0051
東京都千代田区神田神保町2-17
http://www.yuhikaku.co.jp/

印刷／株式会社理想社・製本／大口製本印刷株式会社

ISBN 4-641-12228-8